U0500242

褚 峻 谭新政／著

现代企业服务通论

知识产权出版社
全国百佳图书出版单位
—北京—

图书在版编目（CIP）数据

现代企业服务通论/褚峻，谭新政著. —北京：知识产权出版社，2022.1
ISBN 978 - 7 - 5130 - 8042 - 2

Ⅰ.①现… Ⅱ.①褚… ②谭… Ⅲ.①服务业—企业管理 Ⅳ.①F719

中国版本图书馆 CIP 数据核字（2022）第 013193 号

内容提要

本书从宏观的产业视角、微观的管理视角、外部评价的视角和未来的发展四个角度研究了现代企业的服务管理。从对企业服务活动的基本认识开始，剖析服务活动的价值及其产业化的过程，梳理现代企业服务的管理问题，研究现代企业服务活动的评价，探究现代企业服务活动的创新，结合当前创新发展的环境，对服务的理念创新和服务的模式创新作了相应的分析和讨论，可以用于高校企业管理、服务管理等专业学生的教材或参考用书，也可用于服务相关职业培训的理论教材。

责任编辑：王玉茂	责任校对：谷　洋
执行编辑：章鹿野	责任印制：刘译文
封面设计：杨杨工作室·张冀	

现代企业服务通论

褚峻　谭新政　著

出版发行：	知识产权出版社 有限责任公司	网　　址：	http：//www.ipph.cn
社　　址：	北京市海淀区气象路 50 号院	邮　　编：	100081
责编电话：	010 - 82000860 转 8541	责编邮箱：	wangyumao@cnipr.com
发行电话：	010 - 82000860 转 8101/8102	发行传真：	010 - 82000893/82005070/82000270
印　　刷：	三河市国英印务有限公司	经　　销：	各大网上书店、新华书店及相关专业书店
开　　本：	720mm×1000mm　1/16	印　　张：	16
版　　次：	2022 年 1 月第 1 版	印　　次：	2022 年 1 月第 1 次印刷
字　　数：	250 千字	定　　价：	80.00 元
ISBN 978 - 7 - 5130 - 8042 - 2			

前　言

2017年10月18日，党的十九大报告提出了中国发展新的历史方位——中国特色社会主义进入了新时代，并指出"我国社会主要矛盾已经转化为人民日益增长的美好生活需要和不平衡不充分的发展之间的矛盾"。这一重大论断深刻揭示了经济社会发展的阶段性特征，我国经济已由高速增长阶段转向高质量发展阶段，正处在转变发展方式、优化经济结构、转换增长动力的攻关期，"调整优化产业结构，加快构建现代产业体系"成为当前主要任务。正是在这样的经济背景和任务要求下，发展现代服务产业成为实现优化经济结构、促进产业升级、提升消费结构等目标的关键。从全球经济结构的演变来看，发达国家都经历了以发展服务产业来调整经济结构的过程，服务产业的发展程度成为衡量一个国家现代化水平和国民经济实力的重要指标。

新时代经济转型是现代服务产业发展的"培养基"，为服务产业发展创造了良好基础条件和巨大上升空间。在产业层面，新一轮科技革命正引发服务产业的不断创新升级，加速服务内容、服务业态和商业模式等方面的创新，推动现代企业服务活动的网络化、智慧化和平台化发展。而在企业层面，经营活动不仅是生产活动，还包括为客户提供的服务活动，并且服务活动的重要性日益得到重视，越来越居于经营活动的核心地位。改革开放以来，广大企业在市场经济大潮中经历了从重视产品到重视销售，再到重视服务的过程，这是一个不断学习、不断历练、不断提升的过程。现代企业越来越重视服务工作，拓展服务项目，提升服务品质，无论在思想观念层面，还是在业务实践层面，都取得了巨大的成绩和进步。但发展是无止境的，尤其是技术创新带来的社会变革对企业的服务活动提出了更多且更高的要求，一方面是数字经济和共享经济等新经济模式为经济增长提供了新动力，另一方面是人民群众对美好生活的需求日益增长，发展服务可以改善民生，增强人民群众的幸福感。这就需要我们用更高、更广的视野来看待企业服务活动的发展问题。这跟从产业结构调整、经济结构转型的层面的思考形成了呼应。

正是在这样的背景下，著者有了撰写一本有关现代服务著作的想法，它既应该具有一定的研究性，也应该具有一定的通识性。著者在过去的十多年里一直从事企业客户服务方面的研究和教学工作，先后参与《商品售后服务评价体系》（GB/T 27922—2011）、《现代服务业分类与代码》（T/CGCC 16—2018）等多部服务领域的国家标准、行业标准和团体标准的起草、制订工作，并长期担任全国企业售后服务管理师认证培训的授课讲师。著者在这些工作中积累了对企业服务活动的深刻理解，了解了企业服务领域存在的诸多问题，同时也意识到广大企业及其服务从业人员对于服务理论、服务方法的迫切需求。因此，本书是对教学和研究工作中相关问题进行思考的一个阶段性总结，以及对企业服务领域相关知识的一个体系化梳理。它既可用于服务领域学者的研究参考，也可以用于高校中企业管理、服务管理等专业学生的教材或参考书籍，以及作为服务相关职业培训的理论教材。

本书从四个方面讨论现代企业的服务管理。首先，从产业视角整体分析现代服务产业的发展与构成，具体从对企业服务活动的基本认识开始，剖析服务活动的价值及其产业化的过程，阐述现代服务产业的形成及其在经济结构中的地位，探讨现代服务产业分类。其次，从微观视角梳理现代企业的服务管理问题，包括服务运营管理、服务质量管理、服务过失管理、服务人员管理，以及客户关系管理等。再次，从外部评价的视角研究现代企业的服务评价，阐述服务评价的原理和策略，主要从服务质量、客户认知及行业管理的角度阐述服务评价的不同方法。最后，着眼于未来的发展而探究现代企业服务的创新，结合当前创新发展的环境，对服务的理念创新和服务的模式创新作了相应的分析讨论。

本书的整体结构由褚峻提出并整体撰写，褚峻和谭新政策划各部分的主体内容，王雷、杨绰、杨凯、杨谨蜇等参与部分章节基础内容的写作，本书统稿均由褚峻完成。本书形成过程中，借鉴大量文献资料，向各位作者表示衷心感谢，有些因未被直接引用而未被列入参考文献，但其仍带给我们不少思想的启发和帮助，也在此表示感谢。由于编著者水平有限，书中存在需要改进和完善之处，敬请读者批评指正。

褚 峻

2021 年 8 月于北京

目　录

第 *1* 章
企业的服务活动

企业经营中的业务活动可以分为两类。一类是生产活动，以创造或制造出新的物质实体为目标；另一类是服务活动，以解决实体商品所需的辅助支持和客户遇到的相关问题为目标。这两者都是为了满足客户的需求，并且相互关联、相互补充。人类在生产劳动发展过程的前期较为重视生产活动，随着生产力水平的提升，服务活动才逐渐被重视起来。本书要研究的正是现代企业的服务问题，而本章是全书讨论的起点——对企业服务活动的基本认识。

第 1 节　对服务活动的认识

一、服务的概念

（一）基本含义

"服务"一词在我们日常工作、学习和生活中经常用到，它所对应的一些社会活动也是普遍存在的。人们能够理解其基本含义，但很少会有人对其进行深究，既然要对企业服务问题进行研究，概念解析是必要的基础。

按《现代汉语词典》（第 6 版）的释义，服务就是为集体（或他人）利益或为某种事业而工作。这是对"服务"一词最为基础、最为本质的理解，它对应到各个领域中时，可以赋予更为具体、明确的释义。企业所开展的服务活动是一种发生在经济领域的社会性活动，本书将其定义为：企业通过必要的手段和方法，以劳务（非实物）形式，为客户提供能满足其需求并从中受益的有偿劳动。这一释义有三个关键要素：一是"必要的手段和方法"，它既可以是非实物手段和方法，如劳动或体力、智慧、知识和咨询、管理、调解等软技术手段，也可以是实物手段，如工具、机器、设备等一切必要的自然物或制造品；二是"客户需求"，它涉及物质需求、精神和感觉需求、提高能力的需求等，例如，在解决问题的有形或无形的工具和手段的功能需求、直接获得帮助而感到舒服和愉快的心理需求等；三是"有偿劳动"，这表明这种服务是社会劳动，是可以创造劳动价值，并且可以用来进行价值交换。

（二）其他解读

除了服务的基本含义，服务还可以有更多角度或不同层次的释义，如下所列。读懂这些释义可以帮助我们加深对服务概念的理解和对服务活动的认识。

强调服务是一种能力。将服务视为企业员工的能力，通过员工为客户销售商品和提供服务时所具备的知识水平、业务能力和工作热情等方面展现出来[1]。这种观点实质上是强调服务人员在客户服务中的重要性，认为客户服务应被内化为员工的能力，再通过为客户提供服务而体现出来。

强调服务的价值共赢。将服务定义为，企业在适当的时间和地点，以适当的方式和价格为客户提供适当的商品和服务，满足客户的需求，使企业和客户的价值都得到提升的活动过程[2]。这个观点强调的是服务双方共同的价值诉求，而非单方面满足客户的利益或价值。

强调服务的信息功能。《哈佛商业评论》《Harvard Business Review》前主编西奥多·莱维特（Theodore Levitt）认为，服务能够使客户更加了解核心商品的潜在价值的各种行为和信息。在他看来，是客户决定企业的生产和销售，而

---

[1] 罗伯特·W. 卢卡斯. 客户服务：面向 21 世纪的客户服务指导手册 [M]. 朱迎紫，艾凤义，译. 北京：企业管理出版社，2009：4.
[2] 赵溪. 客户服务导论与呼叫中心实务 [M]. 北京：清华大学出版社，2013：81.

不是企业的生产和销售去决定客户；要让商品成为营销的结果，而不是让营销成为商品的结果。于是他将营销和销售分离，将营销定义为一个发现、创造、激发和满足客户需要的商业过程，而客户服务就是在这个过程中重要的信息要素。❶

强调服务的行为特征。学者克里斯廷·格罗鲁斯（Christian Grönroos）曾这样定义服务，以无形的方式，在客户与服务人员、有形资源等产品或系统之间发生的，可以解决客户问题的一种或一系列行为。❷ 这个定义明确表达了服务是以解决问题为目标的一种行为，而且强调的是行为过程本身。

强调服务的无形特性。营销学泰斗菲利普·科特勒（Philip Kotler）在《营销学导论》中给服务下的定义是，一方提供给另一方的不可感知且不导致任何所有权转移的活动或利益，它在本质上是无形的，它的生产可能与实际产品有关，也可能无关。❸ 这也是服务区别于实体商品的最主要属性。

上述对于服务的定义体现了不同人对服务的不同理解，它们所强调的不同之处也恰恰反映了服务的多种特性。

（三）非实体属性

服务的无形特性源于其非实体属性。一般认为，商品就是实实在在的有形实体，其大小、款式、功能等都是事先设计好再生产出来的，其生命全程是从研发设计到生产加工，到仓储运输，再到推广销售，最后被终端客户消费使用，直至其功能丧失或价值灭失。在此过程中，人们关注的是商品的实体特性，所有的活动都是围绕其实体特征展开的。服务虽然是一个过程，但它具有非实体属性，通常是先被销售，再在生产的同时被消费，这是它和实体商品的最显著区别。服务过程中起价值主导作用的往往是服务活动中的一些无形要素，例如，消费者去餐馆吃饭，饭菜原料、餐桌碗筷等有形要素所起的价值创

❶ 西奥多·莱维特. 营销想象力［M］. 辛弘，译. 北京，机械工业出版社，2007：7.
❷ 克里斯廷·格罗鲁斯. 服务管理与营销：基于顾客关系的管理策略：第 2 版［M］. 韩经纶，译. 北京：电子工业出版社，2002：7 - 8.
❸ ARMSTRONG G，KOTLER P. Marketing：An Introduction［M］. 4th ed. New Jersey：Pearson Education Inc. ，2005：223.

造作用相对较小，而大部分的价值创造来自于烹饪手艺、餐桌服务、就餐环境、服务态度等无形要素。正因为这些要素是无形的，又很容易让客户忽视服务的重要性，或难以准确理解其价值。这也是为什么很多企业在提供服务的时候，总是试图提升它的"有形性"，例如，旅行社会为游客提供旅游纪念品，培训班会给学员提供培训教材，或者增加服务设施的显示度等。

随着服务经济地位的提升，商品的内涵得到扩展。除了有形商品，一些具有相对固定内容和模式的服务也被纳入进来，被称为"服务商品"，例如，旅行社把事先设计好的一条旅游路线及相应的游览内容和服务内容统称为"旅游商品"；银行把专门设计的理财模式和内容统称为"金融商品"。于是，人们逐渐把服务与商品放在同一层面上来考虑，并根据其实体化的程度对服务进行划分。美国花旗银行前副总裁肖斯塔克（Shostack）在《从产品营销中解放出来》一文中提出了区别商品和服务的方法：将商品和服务按照"有形要素主导"到"无形要素主导"进行排列，判断是商品还是服务的依据是其一半以上的价值是否来自无形要素的创造。❶

当然，还可以有更细致的划分。根据菲利普·科特勒的观点，从"纯商品"到"纯服务"有四种类型：一是纯有形商品，如牙膏、香皂等一般没有附带服务或可忽略服务的商品；二是附带服务的有形商品，可利用服务来吸引客户，但其主体价值仍在实体商品本身，如家电、汽车等；三是附带少部分商品的服务，如维修业中以维修服务为主，但会附带零配件等实体商品；四是纯服务，如照顾小孩的保育服务、心理或法律咨询服务等。实际上，这一划分并没有绝对严格的边界，它说明了绝大多数企业都存在服务的问题，只是对服务有不同侧重，有的是以生产实体商品为主但兼顾必要的服务，有的是对生产和服务同等重视，也有的是专门提供与实体商品相关的服务活动，当然也有可忽略实体商品的纯服务。

---

❶ SHOSTACK G L. Breaking Free From Product Marketing［J］. Journal of Marketing, 1977, 41（2）: 73 - 80.

（四）阶段划分

按照服务活动的不同阶段，服务可以分为售前服务、售中服务和售后服务。

售前服务的主要作用表现在两方面，一方面是帮助客户明确自身需求，给客户提供详细的商品介绍以及选择参考服务；另一方面是便于企业理解客户需求的特点及变化，反馈给企业研发或者设计部门，为以后的产品设计提供参考。售前服务的形式主要包括商品销售前的宣传与咨询、操作示范等。从服务形式来说，主要是为客户提供咨询和宣传，这对于企业非常重要。良好的咨询和有效的宣传服务可以帮助客户解决各种疑问，促进产品或服务的销售，同时也给客户留下好印象，有助于企业品牌和形象的树立。

售中服务的主要内容是选购服务和支付服务。传统条件下企业的销售活动主要是通过实体店面帮助客户选购，互联网的发展将这项服务搬到网上。一方面企业利用互联网扩大销售范围和延长销售时间，另一方面客户通过互联网能更好地了解企业的产品和服务，从而便于客户做出购买决策。在此基础上结合大数据以及查询浏览记录等，企业可以向客户提供选购推荐，实现企业与客户的双赢。随着信息技术发展，大量产品可通过网络方式进行购买，且电子支付手段更加快捷方便，支付服务在当前环境下有着更多的选择，包括选择第三方支付平台的服务。

而售后服务所涉内容较多，包括包装服务、送货服务、安装调试、维修服务、培训服务、退换服务等。这些服务内容有相应的服务流程，按照各自流程考察服务人员的工作是否达到要求或符合规范。在过去很长时间里，人们都将售后服务视为服务的全部内容，甚至很多企业以"售后服务"之名称覆盖全部服务内容。

（五）类型划分

从最基础层面考虑，可以结合两个基本准则对服务活动进行类型划分：一是服务行为直接针对的目标对象，可以分为人和物体；二是服务行为所解决的问题，可以分为有形特性和无形特性。在这两个准则的共同作用下，可以把服务活动分为针对人体的服务、针对人脑的服务、针对实物的服务和针对信息的服务四类，如图1-1所示。

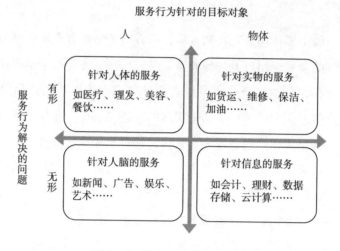

图1-1 服务活动的二维划分

针对人体的服务是指以满足客户自身生存或生活的需求所提供的服务，涉及衣、食、住、行、医等方面。这类服务通常需要专门的服务场所，需要客户与服务提供者互动或配合，除了支付费用，客户往往还要花费时间和精力等成本，一般不能远距离享受该类服务，属于接触度比较高的服务。

针对人脑的服务是指以满足客户精神、思维、认知等基于大脑活动方面的需要而提供的服务，包括新闻、广告、教育、娱乐、文艺等方面内容，其核心是以信息为基础。与针对人体的服务不同，客户接收了信息，服务内容才能得以传递，客户的参与方式也因此有所区别。例如，在客运服务中，乘客上车后可以睡觉、聊天等，到达目的地后其核心需求（位置移动）即得到满足。但若是学生在课堂上睡觉，那一堂课结束他并未获得相应的知识，未满足其学习知识的根本需求。这类服务可以不要求客户到特定服务场所，尤其是随着技术的进步，远距离同样可以获得服务，例如远程教育、远程心理咨询、各种网络娱乐等。

针对实物的服务，是指客户的需求在于使某项物品按客户要求被处理，例如设备维修服务等。服务提供者需要直接跟被处理的实体物品接触，并做相应处理，因此可以是服务方上门提供服务，也可能是需要客户把物品送到接受服务的指定地点，服务完成后客户再取回。这类服务非常普遍，也容易被绝大多数人所能理解，服务所解决的是实体商品的功能性问题。

针对信息的服务，是指服务的内容是围绕着信息的，服务的产出也是围绕着信息的，服务过程高度依赖信息的有效收集，以及服务提供者在该领域的专业知识和专业技能，例如，金融投资服务、管理咨询服务等。这类服务与上述针对人脑的服务都属于信息层面的服务，区别在于前者以解决客户的现实问题为目的，后者以解决客户大脑的认知为目的。

二、服务活动的要素

（一）服务提供者

服务提供者是实施服务活动的主体，通常又称为服务人员或服务者，是服务活动的必要主体之一。任何服务活动都不可能没有服务人员的参与，即使在非人工的自助服务过程中，也不代表没有服务人员参与，只不过他们是隐藏在自助服务设备的背后，间接参与服务活动而已。技能、素质和态度，是服务人员应该具备的三项基本素质，也是决定客户对服务满意程度的三大关键因素。服务技能是提供服务所必备的专业技术或专业能力，是服务上岗的必要条件。不同行业和领域提供的服务不同，所需的技能也不同，例如，对理发师要求的是理发美发的技能，对餐厅服务员要求的是托盘、摆台、上菜、分菜等技能。服务人员应具备良好的个人素养和专业素养，前者是服务过程中客户愿意与之交往的基础，而后者是服务过程中遇到专业问题时的应变能力、解决能力以及心理素质的综合体现。服务态度直接影响服务效果，态度的形成往往由人的认知能力决定。服务属于情感密集型活动，本质是一种体验，服务提供者的态度会被客户直接感知，因此积极、主动、真诚、负责、细心、包容等态度更容易赢得客户的肯定。

（二）服务接受者

与服务提供者相对应的主体是服务接受者，即接受服务的人或机构，通常也被称为客户、用户、顾客等。由于服务的生产和消费不可分离，客户对服务过程的参与不可避免，这也是服务双方互动的过程。在双方关系中，客户希望通过服务人员的技能和劳动，以及服务设施的支持来获得价值，并为此支付费用，而服务人员的目的是通过为客户创造价值而获得收益。接受服务的客户由于参与到服务过程中，通过比较其服务期望和感知到的服务水平形成满意或不满意的评价。在此过程中，客户的主观认知起决定作用，而诸如设施、环境等只是客户感知的辅助因素，因此在服务活动中倡导以客户为中心。当然，这并不代表无原则、无底线地顺从客户要求，服务双方的互动是建立在人格平等、社会公德、职业道德、风俗习惯、人情世故等文化观念和行为规范的基础之上。

（三）服务过程

服务过程是指服务提供者向客户提供服务的过程，也是客户接受服务的过程，因此服务的生产过程和消费过程是一体两面。一方面，服务过程中服务双方的视角具有一定的对立性，他们对服务的期望、主动性程度、认知水平等都会不同，虽然其最终目标可以协调一致，但基本的对立性还是难以完全消除。另一方面，服务过程就是服务关系构造和价值实现过程，参与各方从服务接触到建立和发展互惠关系，并且服务双方的良性互动对于提高过程质量、提高客户满意度起关键作用。此外，服务过程具有显著的客户参与性，虽然服务一般不涉及所有权的转移，但却有多元主体要实现其利益的诉求目标，因此客户的参与是兑现其利益诉求的重要环节。

（四）服务管理

服务管理是对服务活动的决策、计划、组织、协调、控制等措施，是促进企业服务水平提升，并提高客户感知服务质量的重要活动。服务管理要做的事情，就是把整个服务系统涉及的服务提供者、服务接受者，以及服务过程所需的各种设施、物品、人员等要素综合起来考虑，发挥各要素总体功能，提高服务系统的整体效能。

服务管理的内容应该包括服务战略管理、服务运营管理和关键要素管理等方面。服务战略管理是企业基于外部环境和内部优劣势分析进行的服务竞争战略选择，其目的在于找准定位、瞄准方向、获得竞争优势。服务运营管理涉及服务产品的设计与创新、服务生产、服务供求、服务质量、服务传递、服务营销等方面，其目的是提升客户对服务的感知。关键要素管理包括服务文化和服务理念、服务技术、人力资源、设施设备等，是服务进行的关键支撑，是服务功能实现和服务质量提升的有效保障。

三、服务的关键特征

（一）生产与消费一体化

实体商品的生产过程和消费过程是分离的，而服务则是生产和消费同时进行的活动，例如，电影放映就是影院的播放行为（提供服务）和观众的观影行为（接受服务）同时进行的。要保证服务全部完成，服务提供者和服务接受者都必须参与服务的全过程。因此客户参与是服务的生产与消费一体化特征的具体体现，但不同情形下客户参与的形式和程度是不同的。有些简单服务，客户是被动参与的，只是在服务开始时提出需求或问题，之后主要是单向接受服务。有些则需要客户主动参与，比如自动取款机（ATM）取款等一些自助型服务。还有一些是以互动方式参与的，例如教育培训类的服务，需要学习者在学习过程中跟老师不断沟通互动才能完成。

（二）不可存储也不可预支

正因为服务是生产和消费一体的活动，决定服务是不可存储的，也是不可预支的，即服务活动不能像实体商品那样生产后放在仓库慢慢销售。这一特性使服务的生产与服务的需求并不能总是完美匹配。提供服务的设施、人员等要素代表服务的生产能力，当服务需求变小时，生产能力就被浪费，例如高铁或飞机上的空座位、酒店里的空房间等。当需求变大并大于生产能力时，客户的需求又得不到满足，例如，医院的患者挂不到号，春运时乘客买不到回家的火车票等。

（三）服务质量标准不唯一

实体商品的生产有明确的技术、工艺或质量标准，通过规范的生产流程和工艺进行控制，保证产品的质量符合标准要求。而对于服务活动，即使是同一服务人员向同一客户提供服务，在不同情境下服务质量也难以完全一样，因此客户获得的服务具有异质性。企业虽然也可以制订一些服务规范，并对服务人员进行服务标准化的培训，但由于面对的是不同类型、不同特征的客户，并且可能服务环境也不同，以及客户和服务人员的互动和影响，使对服务结果的标准化要求比较困难。同时，客户对服务活动的评价很多时候依赖于对服务的体验而形成的主观感受，再结合对服务的预期，形成对服务质量优劣的主观判断。这些因素都决定了服务质量难以形成唯一标准。

（四）核心不是物权转移

实体商品随着销售完成而实现物权转移，服务则是客户通过服务提供者提供的服务行动直接满足需求或者获得价值，其本身并不是一个物权转移问题。尽管在有些服务活动中，会涉及一些有形物品的传递，但这些物品既不是服务的目的，也不是服务的核心，仅仅是以达到服务效果为目的的共享性或辅助性物品。例如，购买一辆汽车不仅获得了该车的使用权，还获得了它的所有权，而租用一辆车时，对其只有使用权，并不具备所有权。再比如去电影院看电影，只留下了对电影的记忆和在影院时的美好感受，而对电影院的各种设施并不具有所有权。这也是客户的风险感的主要来源，服务的过程中不涉及任何物品的所有权转移，服务商品在服务完成后便会消失，客户看似没有实质性地拥有某个物品，因此在购买服务时会感受到较大的风险。

第 2 节 基于商品的服务活动

传统服务模式都是以商品为中心的，即各项服务活动是围绕商品本身开展的，涉及物流服务、质量服务和技术服务等三个方面。其中，物流服务是解决商品的空间位置转移问题，质量服务是解决商品的可用性及权益保护问题，而技术服务是解决有一定技术性要求的商品的使用效果或效率问题。

一、物流服务

物流服务就是为客户提供对商品利用可能性的物流保证，解决的是企业与客户之间的商品空间移动的问题，包括商品包装、仓储服务、运输服务、配送服务和流通加工等内容。

（一）商品包装

商品包装的根本目的可以归结为便于运输和促进销售，分为商业包装和工业包装两种。商业包装又称为销售包装，随同商品一起出售给客户，也是客户挑选商品时认识商品、了解商品的一个依据，主要起保护、美化、宣传商品，促进销售和方便使用等作用。工业包装又称为"运输包装"，一般不直接接触商品，而是由许多小包装集装而成，主要以满足运输、装卸、储存需要为目的，起保护商品、方便管理、提高物流效率等作用。

不同的商品对包装有不同的要求，不仅要符合商品包装的目的，还要符合包装功能上的特定要求。例如，在承载功能上，应适应所包装商品的物理特性；在保护功能上，应能防止商品破损变形、化学变化、异物混入、污物污染以及丢失散失等，对于危险品还需要防燃防爆、防腐蚀、防挥发等。在信息传递功能上，应按法规要求标记或标示企业名称、商品名称、商品代码、重量体积、容器类型以及运输装卸作业的指示标志等；在物流功能上，应通过选择合适的包装和提高包装利用率来达到提高运输效率的目的；在促销功能上，可以通过包装的文字、图案、色彩刺激客户的购买欲，精致美观的包装效果，可增强商品的美感，给客户留下美好的印象。

（二）仓储服务

仓储服务就是为存放有形商品提供场所、利用相关设施设备对存放商品的保管进行管理、控制的过程，解决生产、销售与消费间的不协调问题，以确保商品流通的连续性。

仓储服务的主要内容包括：（1）储存保管。因商品本身原因以及外部环境因素的影响，可能会发生各种变化，降低甚至丧失其使用价值，因此需要采取有效措施和科学的保管方法，创造适宜储存的条件，保持储存商品的使用价值，减少损耗。（2）分类处理。商品入库后可以根据客户需求或生产需求进行分类匹配后开展拆包、分拣、组配等作业活动，并可通过集中分类形成较大批量进行运输，从而降低总运输成本。（3）时间调节。利用仓储可以改变商品时间状态或调节生产与需求之间的时间差，以获得更好的收益，例如，当交易不利时对商品先进行存储，等待有利的交易机会，或者某些原料市场价格波动到低点时，为享受低价而提前购买，以发挥仓储的调节器作用。（4）转运衔接。由于不同的运输方式在运输方向、运输行程、运输能力和运输时间上存在差异，一种运输方式不能直接把商品运达目的地，需要通过在车站、港口、机场等场所有效衔接不同的运输方式，仓储可以协调运输时间和完成商品倒装、转运、分装、集装等物流作业。

（三）运输服务

运输服务是指用运输设备将商品从一个地点向另一个地点运送，包括集货、分配、搬运、中转、装入、卸下、分散等一系列操作。企业为客户提供运输服务是非常必要的，它可以通过改变商品的空间位置，解决其在生产和消费之间的空间位置背离问题，或者是解决从效用价值低的地方转移到效用价值高的地方的问题。

运输服务一般根据运输方式的不同，分为公路运输、铁路运输、水路运输、航空运输等。公路运输主要承担距离短、小批量的商品运输任务，其优点是机动灵活，可以实现"门到门"的直达运输，也可以作为其他运输方式的补充，不足在于运量较小、效率较低，长途运输的成本较高。铁路运输主要承担远距离、大批量的商品运输任务，其优点在于运载量大、成本低和能耗低、速度快、连续性强和可靠性好，但受线路和站点约束，其机动性和灵活性较差。水路运输主要优点是运量大、成本和能耗低，利用天然水道，线路投资少，运输距离较长，但速度慢，受气候、港口、季节、水位等影响大。航空运输主要用来运载价值高、运费承担能力强、重量轻、易损、鲜活或急需的商品，缺点在于载运能力低、单位运输成本高，对飞行条件的要求较高，易受天气情况的影响。

（四）配送服务

一般对于体积较大的商品，或一次购买数量较多的商品，或自行携带商品不便的客户，企业均有必要提供送货服务。随着服务的提升，送货服务已经不再简单的是一个"送"的问题，而是发展为综合性的终端配送服务。终端配送是"配"和"送"的有机结合，与一般意义上的送货不同，配送是一种专业化的分工形式，需要根据客户的要求对商品进行分拣、组配等操作，既有商品空间位置的变化，又有商品形态、数量、规格等方面的处理变化。终端配送实际是物流运输的末端，一般来说主要发生在一定区域范围内的短距离运输，因此可以形象地表述为"物流的最后一公里"。

（五）流通加工

流通加工既是现代生产在流通领域的延伸，也是经营者为满足客户多样化需求而形成的物流服务，起到有效衔接生产和消费的作用。国家标准《物流术语》（GB/T 18354—2006）对"流通加工"的定义是：根据顾客的需要，在流通过程中对产品实施的简单加工作业活动（如包装、分割、计量、分拣、刷标识、拴标签、组装等）的总称。它与生产过程中加工的主要区别在于，它是简单的加工作业，是对生产加工的辅助和补充，不改变产品的功能，对产品的使用价值完善和提高主要由商业企业、运输企业等完成。生产追求的是"标准化、大批量、专业化",消费追求的是"个性化、小批量、多样化",流通加工实现生产环节向消费环节的有效过渡,以满足消费需要为目的,提高产品的使用价值。

二、技术服务

在给客户提供的服务中,有些是存在技术性要求的,例如设计、测量、分析、安装、调试,以及提供技术信息、改进工艺流程、进行技术诊断等服务。

(一)安装服务

安装服务是指企业为保证客户购买的产品能正常投入使用而按照相应的技术要求进行的安装和调试工作,是一种典型的技术性售后服务工作。一般需要派出技术人员到现场提供服务,负责安装调试或给予相应指导,适用于有一定技术性能要求的耐用消费品、工业机器设备、大型机具等。

安装服务由安装和调试两步构成。安装包括两个层面:一是位置固定,例如家用热水器安装等;二是部件组装,例如家具各部件的组装等。位置固定一般需要满足安装操作条件、符合技术安全、便于检修维护、避免磨损变形等方面的要求。部件组装则需要符合产品工艺要求、部件连接稳固、能保证产品稳定运行等。安装完毕后应进行运行调试服务,它也包括两个层次:一是试运行,二是调整试运行的状态。前者是检查安装是否成功以及产品是否存在问题,后者是保证产品达到实际可用的要求和状态。有些产品涉及软件安装,这部分内容主要是运行调试的工作,不涉及产品物理形态的改变。

(二)维修养护

维修养护是指为保证或恢复产品的功能而进行的技术活动,包括硬件保养、故障检修、隐患排查、配件更换、疑问解答、错误纠正等内容。一般分为定期与不定期两类,定期技术维修养护是按维修计划或服务项目所规定的维修类别所进行的服务工作。不定期维修养护是指商品在运输或使用过程中，由于偶然事故导致设备技术状态劣化或发生故障而需要提供的服务。维修养护的主要目的是保持或恢复用户需要的商品性能，保持良好的技术状态和延长使用寿命，保证客户的生产或生活能顺利进行。提供维修服务的方式包括定点维修、上门维修、巡回维修、委托或外包维修等。

（三）技术培训

技术培训服务是指企业根据客户的要求，为保证客户能够有效地操作使用和维修或保养所购买的设备，而帮助客户培训有关技术人员的一种服务工作。技术培训服务可使客户掌握操作使用和维修保养技术，保证客户所购买的产品能够发挥使用效能，以激励和引导客户购买企业的产品。同时，也可使企业在市场树立良好的声誉，从而有利于创造新的市场机会，拓宽产品销路。技术培训服务的内容包括：①为客户培训技术操作人员，以保证客户能够掌握设备的操作使用方法。②为客户培训设备维修保养人员，以保证客户在设备使用过程中，一旦发生故障能够自行检修。③为客户培训设备管理人员，以便于其掌握设备的管理知识和方法，不断提高设备产品的使用效率。

（四）改装改制

改装改制是以客户需求为前提，在现有产品或旧设备的基础上，进行外观、结构、装置、质量、性能等方面的技术改造。改装改制的内容包括：对通用产品的改装改制以满足个性化需求，将新技术应用于已购设备以提升使用价值，对废旧设备或已购产品的改装改制以改善或改变其使用价值等，常用方式有加装与配装、换装与调校、强化与升级等。经过改装改制，设备更能满足客户的具体要求，在某些情况下，改装改制的设备技术性能甚至比新设备还高。对一些陈旧设备的特定化改制，可以使产品获得新生，具有时间短、投资少、见效快的效果，也改善了客户设备拥有量的构成。

对于一般产品的改装改制，主要作用在于提升使用价值和满足个性化定制需求，例如，对汽车的改装改制，能提高汽车的舒适性和安全性，提升汽车的动力和操纵等性能指标，满足客户对汽车外观内饰的时尚追求等。而企业生产设备的改装改制，是在已购设备的基础上通过局部更新改造、结构创新、技术升级等，来提高技术先进性和生产适用性，满足客户对设备的定制化要求，起到提高产品质量、增加产量、降低消耗、提高效率、节约购新成本等作用。

三、质量服务

质量服务是对商品使用可能性的质量保证及权益维护，包括质量鉴定服务、检验检测服务和商品退换服务等。

（一）质量鉴定

质量鉴定是对商品功能、性能、价值、真伪等方面所进行的评估判定，目的在于提供商品质量凭证、明确产品价值，或者解决产品质量纠纷。实践中，质量鉴定服务往往围绕因产品质量问题产生的纠纷而展开，是为了处理产品质量争议而进行的产品质量状况判定活动。因此需要遵循以下要求：①应当坚持公正、公平、科学、求实的原则，质量鉴定服务商作为第三方，应确保客观公正；②产品质量鉴定必须有针对性，以委托书中明确的质量鉴定事项为中心，针对质量纠纷的争议焦点，进行鉴定过程设计；③根据标准和要求开展检验和鉴定，不能在被鉴定产品没有标准、不是质量争议双方约定的标准或约定的质量要求不清楚的情况下进行质量鉴定；④检验结果是进行质量鉴定的参考依据而不是最终结论，应根据检验结果分析产品质量存在的问题及成因，在全面分析的基础上形成鉴定报告。

（二）检验检测

检验检测是指商品交换活动中供需双方出于各自利益需要，或者为判定产品质量，依托技术机构按相关标准、方法对产品进行检验、测试的活动。

检验检测的目的在于质量判定，检验和检测在程序、功能上既有区别又有联系。检验指通过观察和判断，必要时结合测量、检测所进行的符合性评价。

检测指按照规定的程序对给定产品、过程或服务的一种或多种特性加以确定的技术操作。二者都是在规定条件下，按照相应标准要求进行一系列测试、试验、检查和处理的操作，并得出结果。不同之处在于，检验要求将结果与规定要求进行比较，并得出是否合格的结论，而检测不要求判定结果。检验通常带有一定法规要求，服务范围、采用相应的标准、规范、出具的报告与结论等都有一定限制。因此，检验与检测是包含与被包含的关系，一个检验机构通常既从事检验工作，也从事检测工作。

（三）商品退换

商品退换服务最重要的目的是维护消费者的合法权益。商品买卖活动实质是买卖双方利益的交换，客户以货币换取商品的使用价值，市场交换活动顺利进行的关键在于双方利益的保证。当商品质量存在问题时，效用价值无法实现，买方利益受到损害，就需要商品退换制度对这种状况给予纠正。虽然这样做给企业增加了成本，但却维护了企业的信誉，无形中提高了商品的价值。

通常由商品生产企业承诺或保障，商品经销企业提供退货、换货的服务，退换的标准由商品生产企业依据国家要求的标准制定，但不得低于国家要求的标准。一般来说，有以下情况可以提供商品退换服务：不具备产品应具备的使用性能，而事先没有说明的；不符合明示采用的产品标准要求；不符合以产品说明、实物样品等方式表明的质量状况；经技术监督行政部门等法定部门检验不合格；修理两次仍不能正常使用等。

第 3 节　服务创造价值

一、服务价值论基础

（一）经济学中的"两分法"

经济学把人类劳动成果分为商品与服务，这是一种典型的两分法。看起来是地位平等的并列关系，但在价值意义上却没有对服务给予同等的重视，甚至不认为服务活动具有独立价值。例如，英国古典经济学家亚当·斯密（Adam Smith）在《国富论》中把劳动分成生产性劳动和非生产性劳动，他是这样定义劳动的：有一种劳动，加在物上，能增加物的价值，另一种劳动却不能够；前者因可生产价值，被称为生产性劳动，后者被称为非生产性劳动。他还认为，只有生产性劳动是同生产过程相结合的，因此生产性劳动创造价值，非生产性劳动不创造价值。这里所说的非生产性劳动，便是指服务，因为它体现于商品流通、生活休闲、文化学习等方面，而不是生产资料的生产环节。可以看出，古典经济学体系强烈依赖于劳动价值论和交换价值论，商品有着典型的生产性劳动的特征，早期的服务通常和非生产性劳动相关而被排斥在外。因此，商品在经济学意义上具有相对独立的价值，而服务则没有，或者说服务的价值只是派生于商品生产过程的附属价值。但随着社会服务活动的产业化，以及服务业发展越来越趋向于知识密集、管理密集和科技密集，越来越显示出代表先进生产力的特征，使经济学理论须重新诠释这一问题。

（二）服务活动凝结劳动

法国古典经济学家让·巴蒂斯特·萨伊（Jean-Baptiste Say）是最早定义无形产品的，他在《政治经济学概论》一书中指出，无形产品是人类劳动的果实，同时也是资本的产物，因为大部分无形产品都是这种或者那种技能的产物，获得一种技能就必须先做到一番钻研，而从事钻研就非预付资本不可。这里的无形产品指的就是服务，它不仅表明了服务与劳动的关系，还阐明了服务与资本的关系。

马克思的劳动价值论指出，价值是凝结在商品中的无差别的人类劳动，劳动是价值的唯一源泉，创造价值的劳动应有的两个条件是创造出使用价值和用于交换。对照这一理论，服务活动本身显然凝结了社会劳动，在提供服务产品时无疑要耗费服务提供者的劳动，提供服务的过程就是服务劳动价值交换的过程。这里的服务活动的使用价值是一种非实物型使用价值，是与劳动过程紧密结合在一起的，只能在活动状态中被消费，从而满足某种需要。服务活动的使用价值具有一般功能和特殊功能。在一般功能方面，要么和实物形成替代关系，要么形成互补关系，要么形成因果关系。而特殊功能主要是服务的个性化特征，由于服务对象是不同的，其服务需求也不完全一样，进而引发服务质量判定标准难以统一。

（三）服务的交换价值

如前所述，服务活动本身是生产与消费同时进行的，这使服务因为符合社会需要而被交换，从而成为社会劳动并产生相应的价值。服务活动的社会交换是以价值尺度来衡量的，即按其中凝结的同质抽象劳动量来进行交换。由于服务相比实物商品的特殊性，服务本身的价值与生产过程不可分离，并且只能在生产过程中被消费，在过程结束时便消失，服务活动凝结劳动的过程也是服务消费的过程。因此，服务的价值具有过程性和动态性。

随着技术发展和生产能力的提升，商品间的差异越来越小，附加在实体商品上的服务的价值越来越凸显，表面上是销售有形商品，但实质上这些商品的产生蕴含的是大量的人力资源、体力技能和智力技能，其交换的价值基础实际是服务要素。从这个角度说，实体商品只是企业向客户提供服务的载体，是服务价值传递的媒介。

（四）服务的价值共创

在服务活动中，价值是由服务双方共同创造的。强调服务为主导的逻辑❶认为，客户能够参与到整个服务的价值链中，使对象性资源产生作用，并通过服务双方的互动共同创造价值。也就是说，在价值创造活动中企业只提出价值主张，并不能单独创造和传递价值，只有企业的价值主张符合客户的价值需要，才有可能通过企业与客户的互动共同创造价值，价值永远由受益方以各自独特的体验和认知而界定❷。例如，在金融投资服务中，投资机构设计了投资

❶ STEPHEN L V, ROBERT F L. From Goods to Service（s）：Divergences and Convergences of Logics [J]. Industrial Marketing Management，2008，37（3）：254 –259.

❷ STEPHEN L V, ROBERT F L. Service-dominant Logic：Continuing the Evolution [J]. Journal of the Academy of Marketing Science，2008，36（1）：1 –10.

理财产品，但需要客户投入资金才能实施，而客户可以通过购买这个产品、接受这项金融投资服务来获得资本收益，这个过程可定义为金融服务和消费。但任何金融产品都有其流动性、收益性、风险性等特点，这对于非专业的客户来讲，如果无从了解或了解得不充分，都会增加其对这类金融产品及相关服务的风险预期，出于规避损失的风险厌恶，产生消费决策和行动的迟疑、观望，甚至是放弃。而对于服务提供者而言，要确保能销售出产品（得到客户的投资），就必须与客户进行沟通，让其了解自身所具备的专业知识、信息优势和经验优势、业务水平、投资能力等，从而培育和引导客户对金融服务的需求，也有助于客户形成合理的预期，并最终达成合作的共识，同时实现互利共赢的价值创造。

二、对于企业的价值意义

（一）服务带来利润

劳动是价值实现的基本前提，服务作为一种劳动，本身也是企业的利润增长点，例如企业提供物流、维修、培训、检测等服务时所付出的劳动就会形成价值。而这些劳动又是与实体商品相伴随，所以服务活动所创造的价值就会体现在实体商品中，表现为商品价值的增加。同时，企业通过服务与客户直接沟通，了解客户对商品的设计、销售、使用等环节的意见，可以指导企业的设计、生产、管理和销售，从而达到持续改进的目的。这也是服务增值的原因之一。对于一些纯服务，虽然没有实体商品来承载价值，但是这些服务是可以进行劳动交换的，所以同样也是可以创造价值的。

（二）降低服务成本

卓越的服务理念、热情真诚的服务态度、令人信任的服务承诺、超出预期的服务结果等，都可以提升客户的满意度和忠诚度。客户忠诚建立在对企业提供的服务满意的基础之上，企业优质的服务达到或超过客户期望时，客户会满意并进而提高忠诚度。客户满意了，就会重复购买或推荐他人购买，因此企业在为客户创造价值的同时，实际也是在创造自己的价值。曾有研究表明，企业的客户流失率降低 5%，企业获利就可能提升 25%～85%，因此维护老客户是企业发展的重要保证。

虽然高质量服务本身的成本会增加，但高质量服务降低了企业的风险成本，因为低质量服务所要支付的成本可能更大、后果更严重。提升服务质量反而可以节省不少成本，以达到创造价值的目的。因此，很多企业都在不遗余力地提升服务水平，例如，顾客在海底捞就餐等位时，海底捞无限量供应零食和饮料，提供免费的擦鞋、美甲，为戴眼镜顾客送上眼镜布，为长发女士提供发卡等各项贴心服务，虽说这些服务增加了相应成本，但这些超值性、预见性、细致性服务，为其培养了大批忠实客户，服务也成了海底捞最为核心的竞争力，是其利润源泉。

（三）形成竞争优势

在日趋激烈的竞争环境下，单一的竞争手段已经难以满足企业发展的要求。除了价格竞争、技术竞争、人才竞争等常用的竞争手段，服务竞争越来越受到企业的重视，并且成为市场竞争的主要特征，同时也使服务成为企业得以发展的生命线。首先，企业的高水平服务有助于加深市场印象，提升其品牌竞争力。其次，将服务作为企业的竞争力之一，可以避免企业之间的直接交锋，最大限度地减少无谓的损失。与其打价格战，不如通过特色服务、优质服务同对手竞争，不仅可以使行业竞争更为健康，而且还可以有效提高企业的社会责任感。最后，服务理念是企业文化的主要内容之一，把竞争性的服务理念深入传达给企业的每一个员工，将会在很大程度上把企业员工的思想以及整个企业的凝聚力和战斗力紧密地联系着，能够拉近企业与客户之间的距离，巩固企业的经营理念，从而增强企业自身的隐性力量。

总之，服务是体现企业竞争能力的一个方面，企业的服务水平可以在一定程度上反映企业竞争力的强弱。商品的价格和质量竞争是第一层次的竞争，服务则是第二次层次的竞争，也是一个具有更高要求和长远战略意义的竞争。

三、对于客户的价值意义

(一) 功效价值

19 世纪英国著名经济学家约翰·穆勒 (John Stuart Mill) 在其《政治经济学原理》中指出服务是劳动生产的效用。他认为劳动生产的不是物品而是效用,该效用分为三种情况。一是固定和体现在外界物体中的效用及能运用劳动使外物具有能使他们对人有用的性质,如制造。二是固定和体现在人身上的效用及劳动用于使人具备对自己和别人有用的品质,如教育和医疗。三是未固定或体现在任何物体中,而只存在于所提供的服务中,即给予一种快乐,消除不便或痛苦,时间可长可短,但不会使人和物的性质得到永久性的改变。

服务的本质在于满足客户的特定需求,功效价值就是客户在接受服务的过程中所获得的、能直接满足其需要的价值,包括直接功效和间接功效。直接功效来自于直接针对客户实际需求而提供的服务,也是服务产生的原因。间接功效除了满足客户实际需求,还能产生超出预期的作用。比如,去电影院观看影片的观众,对观赏影片的内容以及观影时的舒适享受,这是直接功效,但观众通过观看影片内容有可能获得一些超出其预期的知识或信息等,这便是间接功效。再比如,购买数码相机时销售人员所提供的服务,不仅让客户获得有关相机的各种信息并最终决定购买,这是直接功效,而且还有可能学到一些关于摄影的知识,这是间接功效。

(二) 体验价值

为客户提供服务,除了应该满足与商品功能相关的服务需求,心理需求的满足也是服务的重要部分,因此服务也是有心理价值的。良好的服务可以带给客户一种积极的、美好的体验,赢得客户的感官认同,从而形成的一种感性的价值。服务接受者在服务过程中既有付出,也有所得。付出的是精力成本、货币成本、心理成本等,精力成本是获得服务过程中所付出的时间、体力和脑力成本的总和，货币成本是为获得服务及相关支出的货币的总和，心理成本是获得服务过程中的风险成本的总和。所得到的是感知服务质量、需求满足程度、精神收益等，感知服务质量是影响服务价值的关键因素，需求满足程度是期望与实际感知比较后产生的满意与否的心理状态，精神收益是精神享受和品牌信心等。从这个角度讲，客户通过权衡自身在服务过程中的付出与所得，可以主观认定服务的价值或服务质量高低。

（三）附加价值

客户通过享受企业的服务而实现的对自身需求的满足，除了实现上述的价值，往往还会产生一定的附加价值。这种附加价值建立在功效价值的基础之上，通常表现在社交、文化等方面。比如，客户在接受服务过程中，通过与企业建立和维系关系所获得一定的社交价值，稳定的关系可以使企业与客户相互信赖，极大地降低交易成本和信息成本，有利于客户降低时间的损耗以及在交易发生纠纷时解决问题的成本，对企业来说也有利于提高客户忠诚度和满意度。再比如，企业通过一贯良好的服务而形成的品牌形象，可以使客户在购买服务产品时获得心理认同，进而降低购买成本与风险，并获得额外的心理满足，优质的品牌还能给客户带来地位认同的优越感。此外，很多服务的过程也有一定的文化传递价值，如商品或服务本身包含的文化，有历史文化、饮食文化等；以及与服务相关的文化，有安全文化、舒适文化、用户满意文化等。

第 *2* 章

服务活动产业化

为客户提供服务，原本只是企业自己的事情。但随着生产力水平提高、生产分工细化，不仅客户对服务的需求越来越多，要求越来越高，而且企业的服务分工也越来越细，使很多服务活动不再限于单个企业范围，而开始出现专门从事服务活动的企业，这便是服务产业化的过程。这种产业化程度越大，在社会经济结构中的地位和重要性就越高，从而逐渐形成现代服务产业。

第 1 节　现代服务的兴起

一、企业经营特征的变化

（一）经营要素结构

现代企业是现代市场经济社会中代表企业组织的最先进形式和未来主流发展趋势的企业组织形式。在体制上表现为以完善的企业法人制度为主体，以有限责任制度为核心，以产权清晰、权责明确、政企分开、管理科学为条件的新型企业制度。在经营管理上表现为以计算机、网络通信等信息技术为基础，用现代化的管理工具和管理方法来管理企业，使企业生产经营实现高度的自动化和智能化。

在企业经营中，人力资源、物质生产资料、金融资本和信息资源构成了经营活动的基本要素，通过对这些经营要素的合理配置和有效运营而获得相应的经济收益。但在传统经营模式下，这些要素是并列叠加的关系，即被简单直接地按需使用，就像扔进一个搅拌机里，任其自发地发挥作用。这些企业主要是基于传统生产或经营方式运营的企业，例如，基于劳动力的生产加工型企业、基于产品的渠道企业、基于线下的销售实体企业、传统服务型企业等。

在现代经营模式中，要求生产要素的精细管理、合理配置，以谋求经济效益的最大化，虽然所利用的必需资源还是人、财、物质和信息，但已经发生了深刻的变化，其中最大的变化在于信息要素。随着信息技术的高度发达与普及应用，经营要素的作用及其结构都随之发生变化。信息要素过去只是生产要素之一，并不具备显著影响其他生产经营要素的能力，而现在则向人、财、物等经营要素中渗透。此时的信息已经不再是经营中的资源性要素，而是成为能力性要素，能够有力推动其他资源要素的合理高效配置。信息这个时候跟人、财、物的关系不是加法的关系，而是乘法的关系。因此，信息资源既是企业经营管理的助推器，也是企业高速发展的倍增器，就像一个发动机推动着企业不断向前发展。

（二）市场竞争特性

传统的企业竞争是一种资源性竞争，其竞争优势来源于对经营资源的掌控，是一种零和博弈，竞争双方必有输赢之分，属于排他性竞争。而现代企业的竞争则是一种能力之争，这种形式下的竞争兼具了合作的可能性。这是现代企业经营与传统企业经营的显著差别，尤其是在全球化的经济环境下，合作发展战略是现代企业的必然选择。之所以强调竞争中的合作性，是因为现代企业的经营更依赖于信息要素，而信息这一重要经营要素具有一定的可再生性与共享性，这是现代企业竞争具有合作性特征的重要基础。如今的信息网络化使企业间、区域性合作变为可能，并且更加方便，在竞争活动中，不同类型，甚至是相同类型的企业可以进行不同方式的合作。将不同类型的企业集聚起来，形成平台型经营模式，这种竞争合作的企业关系可视为战略联合。它有利于企业最大限度地发挥自己的资源优势，同时更好地利用其他资源，使社会资源得到最佳配置，合作各方可以获得更多的竞争优势和利益。

（三）服务要求的提升

传统企业专注于产品生产，注重生产效率的提高，容易忽略向客户提供优质服务，这在产品同质竞争激烈的情况下很容易陷入经营困境。越来越多的企业开始真正意识到"客户就是上帝"这句话的真谛，改变了以往"重产品而轻服务"的经营理念，将向客户提供更优质服务置于比产品本身更重要的地位。随着先进的技术和管理理念在企业间不断渗透，许多现代企业的管理方法和管理工具更加先进，这使商品不再具有稀缺性，需求和市场反而具有一定的稀缺性。企业与客户在交易关系中的地位发生了显著改变，客户占据主导地位。现代企业的竞争不再是以产品为中心，而是以客户为中心，其本质是围绕客户需求开展的服务之争。因此，现代企业提高自身业务结构的服务化程度是必然趋势，基于可靠、优质的产品向用户提供更好的服务，从而在市场竞争中获得更大的优势。以三一重工股份有限公司（以下简称"三一重工"）为例，三一重工投入巨大的成本用于其服务体系的建设与改造，在原有的生产部门生产优质产品的基础之上，设立多个事业部向用户提供优质的服务。

二、服务理念的发展

（一）以商品为核心的售后服务理念

早期的客户服务理念是建立在对商品和服务加以明确区分的基础上。企业生产的产品进入流通体系后被称为商品，而当商品销售之后才有了相应的服务活动，即售后服务。由此形成了"服务是商品的外延""服务是商品的附属物"等普遍共识，且深入人心。也就是说，售后服务理念下的服务都是围绕着商品展开的，即物流服务、技术服务和质量服务三大方面（详见图 2 – 1）。

其中，物流服务解决的是商品由生产场所到经营场所，再到使用场所的空间位置移动问题，包括商品包装、仓储运输、流通加工、终端配送等具体服务内容。质量服务是解决商品的可用性问题，即对商品使用可能性的质量保证及权益维护，包括质量鉴定服务、检验检测服务和商品退换服务等内容。而技术服务是解决有一定技术性要求的商品的使用效果或效率问题，例如设计测量、安装调试、维修养护、改制改装、技术咨询等内容。由此看出，这种售后服务观念致力于解决商品的应用和功能问题，无论提供了哪些具体服务项目，其宗旨都是让客户所购商品用得好，用得有保障，并由此带来愉悦心情。

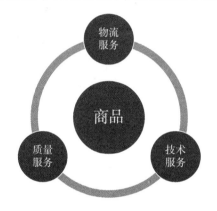

图2-1　以商品为核心的售后服务理念

（二）以客户为目标的"大服务"理念

随着社会经济的进步，企业的发展重心也由以商品为中心逐渐向以客户为中心转变。服务不再作为商品的附加活动而存在，而是具有自己的价值属性。在商品的生产过程及销售过程中，企业通过服务所获得的价值逐渐超过了商品本身所具有的价值，有的企业则是直接以服务为经营内容，客户服务的重要性更是日渐凸显。此时，企业为客户提供的服务已经是商品从生产到流通，再到使用的全过程服务，而不仅仅是商品售后才有的服务。

图2-2所示的是人们对服务内涵认知的变化过程。商品的全生命周期大致分为生产、流通和消费三个阶段。在人们的早期观念中，商品是在被销售出去之后才有的服务活动，故称其为售后服务。后来大家发现，商品的销售过程

其实也是服务的过程，所以重新将服务的过程分为了售前服务、售中服务和售后服务，且它们均直接面向客户，所以也被统称为客户服务。再往后，人们逐渐意识到，企业内部的生产和管理活动也可以被视为服务活动，它们的服务对象虽然是企业内部员工，但其最终目的还是共同为客户提供优质的商品，所以形成了一种间接的客户服务，即内部服务。这种内部服务加上直接面向客户的外部服务，共同形成了以客户为目标的"大服务"理念。

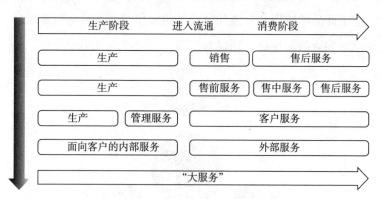

图2-2　以客户为目标的"大服务"理念

（三）以信息为基础的现代服务理念

信息时代改变了人类的生存方式，以沟通方式的变革为主要特征，引发包括物质运行环境、人际交往环境、社会文化环境等时空的变化，导致社会各领域的生态均面临变革和挑战。这对于企业的服务活动的影响也是巨大的，从服务理念的提升，到服务方式的创新，再到服务体系的变革，都受到现代信息技术的深刻影响，从而形成以信息为基础的现代服务。

在这一服务理念下，首先，将信息内容作为服务的核心要素。服务中的功能性要求依然存在，企业仍需为客户解决功能性问题，但客户的需求已经不仅仅是这些，而是围绕功能性问题延展出许多信息服务的需求，或是以信息服务的方式替代了部分实体性服务。而客户对于这些信息需求更有兴趣，因此服务的设计可以将信息内容作为核心要素。其次，以信息系统作为服务的基础设施，不再依赖于遍布全国的服务网点、实体化的服务空间，以及各类实体服务设施和工具。尽可能以信息流动替代人（包括服务人员和客户）的流动和物体（包括商品和工具等）的流动，这是提高服务效率的重要基础。正是在这样的基础上，服务的持续改进和创新充分利用信息技术带来的机会，不仅创造服务的新工具和新方式，还引导很多新的需求，拓宽服务的领域，从而极大丰富现代服务业的内容。

上述服务理念的发展，体现了服务从重视物到重视人的过程。在以商品为核心的售后服务时代，虽然也倡导以客户为中心，但主要体现在服务的态度上，强调态度上重视客户，在实际服务操作中仍然以商品的质量和物流、技术的保障等为中心进行运转。虽然"大服务理念"再次强调客户的重要性，但也只是在服务范围和思想意识上拓展到企业全部员工，所强调的仍然是最终的服务结果。而以信息为基础的服务理念则真正做到了以客户为中心，因为所有信息层面的服务都是需要围绕着"人"进行运转的，服务中首先强调的是客户的需求，并围绕着需求组织各项服务的内容，其次才是商品的功能性问题。这是服务理念的重要跃升。

三、现代服务的发展逻辑

（一）顺应社会发展趋势

在农业社会，生产力水平落后，商品交易品种较为单一，交易范围也极为局限，客户服务只是一种单纯的"寻找—匹配—支付—购买"的流程。到了工业社会，社会生产力大大提高，社会化大规模生产为人们提供了丰富的物质资源，企业开始将注意力转向客户服务，出现了售前咨询、售后服务等劳务性活动，其劳务活动价值融入产品价值中。进入信息时代，社会生产力进一步提高，产品同质化趋势明显，人们在消费方面拥有更多选择，客户服务转而成为企业关注的核心内容。同时，社会各方面对服务的需求得到快速释放，不仅要求提高服务水平，扩大服务范围，丰富服务内容，更在产业层面对服务活动提出要求。因此，现代服务业的发展本质上是基于社会进步、经济发展、社会分工的专业化等条件，运用现代技术，不断改进和提升传统服务活动的内容和方式，积极挖掘社会深层次需求，发展新兴服务活动。

（二）利用新兴技术改进

在人本观念中，服务的主要动机可以理解为，让客户感受到卓越的、极致的服务，让客户沉浸于优质的服务中，提升客户的黏性，甚至让客户"上瘾"。要做到这一点，就需要改进传统的服务方式，利用技术方法提高服务的精确性，例如，通过信息技术便可以精准地计算、清晰地描绘出客户的需求，将复杂的服务过程通过简单形式予以呈现，给予客户更直接、更准确的感受。要做到这些，信息要素至关重要。信息的沟通可以使服务双方的交互性增强，意思表达更为明确。同时，信息的高速泛在流动实现整个社会的扁平化，服务双方的接触更为直接，这也是改进或简化服务模式的基础。而信息的共享特性更是可以降低服务的成本，尤其是在以信息内容为主的服务中。

因此，在现代服务的思维变革和模式变革的背景下，理性认知思维结合现代信息科技，使服务需求认知变得更加准确，服务方式更为科学合理和顺畅，服务的经济性和效率性都大幅提高。

（三）带动产业生态创新

新兴服务是在工业比较发达的阶段产生的，主要依托于信息技术和现代管理理念发展，是信息技术与服务产业结合的产物，是直接因信息技术及其他科学技术的发展而产生的新兴服务形态，例如计算机和软件服务、移动通信服务、信息咨询服务、生态健康产业、在线教育培训、现代智慧物流等。这些新兴服务业态的特点可以通过信息化手段整合资源，优化流程，降低社会资源损耗，从而提高整体效益。

互联网经济、数字经济、共享经济等新经济模式成为推动我国经济增长的新动力。人民群众对美好生活需求的日益增长，旅游、文化、体育、健康、养老等产业也迎来了更大的市场，从而使服务业的内部结构不断升级，并形成新兴的产业生态，使客户的需求层次相应提高，需求性质由物质消费偏好向精神消费偏好转变，即创造需求，引导消费，向社会提供"以人为核心，以信息为基础"的现代服务。

第 2 节　现代服务的特点

一、创新性特点

（一）发现新需求

服务的目的是满足客户的需求，但客户的需求并不完全一样。社会发展是多元化的，客户需求也是多样化和个性化的，一方面不断衍生新的需求，另一方面是将需求提升到新的层次。

现代技术的发展和应用改变了很多思维方式。过去，企业是先调查客户的需求，再去设计相应的商品和服务，而现在则可以先设计客户可能需要的业务，然后去培养客户的使用习惯。形式上是企业创造了客户的需求，实质上是挖掘了客户自身客观存在但尚未意识到的潜在需要。这种培养客户的做法在互联网时代产生了巨大的外溢性。例如，"网约车"服务改变了传统打车方式，形成新的出行方式，相比传统的电话叫车或路边叫车，"网约车"服务充分利用移动互联网的特点，将线上与线下相融合，从开始打车到下车，使用线上支付车费，构成一个司乘关系的完整闭环。这不仅最大限度优化了乘客的服务体验，而且可以让司机根据乘客的路线按意愿接单，节约司机与乘客沟通成本，降低空驶率，最大化提升了司乘双方的效率。

对于客户的服务需求而言，基础层面是要满足客户对于商品功能的需要，较高层面是客户对于愉悦舒适的心理需求或情感需求，最高一层则是基于服务的价值认同需求。对商品本身的需求是客户的最基本需求，包括商品的功能、性能、质量等，但客户的基础需求并不限于商品本身，还包括与商品相关的一系列服务，例如安装、维修、培训等。这类需求相对容易满足，但客户会进一步追求心理层面的需要，因为服务的每一个环节，跟客户的每一次接触，都是服务的体验过程，客户需要在此过程中获得服务的享受感、愉快的心情，以及美好的情感体验等。再进一步，客户还希望在被服务过程中能同时结交朋友、扩大社会关系，获得社会信任和尊重，这是一种重要的价值认同，这也是构建社会关系的基础。其含义是，客户购买一个商品或接受一项服务，其更深层的需求是借助这个商品或服务来构建或延伸自己的社会关系，给予或得到关怀与帮助，分享思想或快乐，彼此尊重，相互信任，这种"关系"被视为非常重要的资源。例如，现在很多服务是通过手机应用程序（App）的方式作为个性化应用终端，功能不仅是完成展示、销售、服务等过程，而且对客户关系进行维护，通过其社交媒介功能，将经营者与客户、客户与客户紧密联结，建立良好的互动关系，以实现客户的心理情感需求和价值认同需求。

（二）提升新理念

人们越来越发现，客户真正在意的不再是服务的价格，而在于服务提供的是不是让客户有卓越的感受。企业的服务正在由"提供优质服务"理念向"追求卓越服务"理念提升。所谓卓越服务，是指所提供的服务，包括其方式或效果，超出客户的预期，达到超乎寻常的惊喜，即"最好的服务是提供给客户他还不知道的好东西"。英国标准协会制定的标准《通过卓越服务创造非凡顾客体验》（PD CEN/TS 16880：2015）曾提出卓越服务的金字塔模型，金字塔的顶层即为惊喜服务，其含义是提供远超期望的服务使客户感到惊喜和感动，企业通过"传递远远超出预期的卓越体验"来实现惊喜服务。所以卓越服务是提供比客户期望多一点的服务，是持续不断地满足并超越客户的期望，可被理解为一种让客人产生愉悦感觉的服务。它的前提是读懂客户的心，懂得与客户沟通，并学会用客户的眼光看问题，其核心是对客户持有真诚友好的态度。可以说，卓越不是一个标准，而是一种境界，是服务提供者将自身的优势、能力以及资源，发挥到极致的一种状态。因此，"优质"可以被要求，而"卓越"却需要不断追求。

（三）发展新模式

传统的服务重在解决服务的功能需求，双方可直接交流接触，服务的直观性强，但受时空限制，服务运营成本较高。例如，过去客户服务体系的解决方案是铺建服务网点，为保证较高的服务满意度，就得使服务网络能辐射到基层，但这种做法的建设成本和运营成本都很高。虽然可以采用服务外包的方式，但又会带来服务体系的管理和难以严格控制服务质量等诸多问题。

不断创新的信息技术应用于社会生活的各个方面，形成新的系统，这些系统具有基础设施的特性，通过与其他产业交叉融合，可以渗透到经济社会的各部门，如制造业、批发零售及其他诸多服务业部门。现代服务正是以此为基础，通过服务功能换代和服务模式创新而产生新的服务业态。现在有很多诸如生鲜超市、共享单车、在线支付等新型服务业务，都是通过运用新技术满足客户的需求，并通过一定的资源积累与重组，改变了行业态势。仍以新型服务业务为例，售后服务如改为 O2O（Online to Offline）模式，在全国一、二级大城市建立服务网点，其余地区则可以邮寄返厂维修，使售后覆盖范围更广，甚至可以直接采用中央维修的方式，即以中央仓库为维修中心，以第三方快递为网络，实现待修商品从用户到中央维修中心送修，再二次快递到用户的逆向物流过程，用户足不出户就可以轻松解决售后维修难题。

（四）拓展新领域

在传统服务业中，大部分服务是面向社会公众的，即以消费性服务为主，例如餐饮、住宿、健康、文化等。而现代服务突破了这些限制，越来越多地出现在面向生产领域的服务活动，即形成了新的生产性服务和公共服务。

生产性服务的发展对现代经济的增长尤其重要，因为它对于各类企业的市场竞争优势有重要影响。一方面，工业化时代的企业服务部门主要从事的服务工作大多属于低技术型或劳动密集型，而现代企业的服务部门大部分以人力资本和知识资本作为主要投入，专业性大大提升，提供服务的技术含量也大大提升。另一方面，产业链的细分让一些曾经包含在生产链条中的工作逐渐独立出来，由其他的组织或企业提供专门的服务，使其专业性也凸显出来。

而在过去主要由政府部门提供的公共服务方面，出现一些私营企业、志愿组织或个人等供给主体，弥补了政府公共服务的不足。但由于服务方式、服务能力等方面存在问题，企业或第三方组织提供公共服务的效率偏低，参与的动力不足。新技术的普及和服务新方式的应用给企业或第三方组织参与公共服务提供了机会，"互联网＋"等创新手段一定程度上促进了政府及相关部门的业务联通，政府所掌握的数据和社会网络中的海量数据，使创新公共服务产品或应用成为可能，例如市民卡、图书卡、公交卡等服务，社会公共信息通过互联网和以互联网为基础的新媒体得到最大化表达。

二、结构性特点

（一）融合度高

现代服务具有高融合特征，包括制造和服务的融合、传统与现代的融合等。过去，生产制造和客户服务是分离的，因此出现了以商品为核心还是以服务为核心的争议问题。而现代服务开始注重产品与服务的融合，企业加大产品中的服务投入，将产品和服务"捆绑销售"，但改变过去"服务是商品的附属"的观念，变成现在"商品成为服务的一部分"的观念。随着有形产品的服务内涵不断延伸和丰富，服务产品化的趋势不可逆转，"小产品、大服务"的现象将从现在的中间产品为主向最终消费品领域扩散，从大件耐用消费品向一般消费品延伸。此外，信息通信技术的发展，实现了信息的泛在性，通过大数据、云计算、互联网等实现各行各业之间的数据交换和信息交流，形成传统产业线上线下联动发展的新态势，优化生产结构，促进产需平衡，实现互联网与传统产业的跨界融合。

（二）增值率高

现代服务主要是其所主张的不仅仅是满足客户需求，更要超出客户预期，为客户赢得回报。现代企业早已形成共识，要靠服务的质量和创新赢得竞争优势，服务做得好可以赢得市场，成为现代企业利润的主要来源。现代服务可以理解为一种特殊意义的商品，其价值从单纯的有形商品扩展到基于商品的增值服务，而有形商品本身只作为传送服务的媒介或平台。在超值服务理念指导下的服务行为会更主动、更精确、更细致，既可以增加客户附加价值进而提高其满意度，还会提高其选择其他企业服务的转移成本，以减少客户流失。因此，现代服务不断追求"服务要比客户的要求做得更好""设想在客户前面"等超值服务理念，超越"有求才应"的服务，超越"客户要什么才给什么"的服务。❶

在实践层面，现代服务通过提高服务差异性、定制个性服务、增加隐性服务等手段来提高服务的增值空间❷。差异化服务会让客户对享受到的特殊服务记忆深刻，并因此产生超值的感觉，提高客户满意度甚至产生客户忠诚行为。隐性服务是相对显性服务而言的，是客户在消费显性服务的过程中能体验到的模糊精神感受，例如，去餐厅就餐时，美味菜肴是显性服务，服务员的服务态度则是隐性服务。这类服务质量的提升，不需要企业额外增加大规模投资，却能让客户明显感觉获得服务的超值性。定制化服务是针对客户特点量身定做的个性化服务产品，能够明显提高客户的感知价值，让其认为自己享受到了优厚待遇，感觉获得了更多附加价值。

(三) 感受性高

体验是一种主观认知，客户通过与特定服务产生互动关系，所产生的情绪反应即为体验。当服务带给客户的正向情绪越多，其所包含的体验价值就越大。满意度实际上就是服务体验的主观表达，所以现在普遍使用"满意"来衡量服务的效果，因为它反映了客户的需求被满足后的愉悦感。而现代服务强调利用新技术改进服务方式，更需要提升服务在信息化方面的体验，例如，交互界面的友好和美观，交流渠道的有效和速率，功能设计更贴合用户操作习惯

---

❶ 贾春峰. 解析服务文化与服务增值 [J]. 理论前沿，2016 (20)：12 – 14.

❷ 岳俊芳. 服务市场营销 [M]. 2 版. 北京：中国人民大学出版社，2014.

和需求，客服响应速度及态度等，以及信息提供的丰富性，包括企业或商品品牌、商品基本信息、用户口碑等。在此过程中，客户可以增强实体性感受，通过感觉体验来感知产品的真实性和价值，从而建立起由亲身体验产生的信赖。新技术俨然成为增强体验的加速器，比如人脸识别、指纹识别、虚拟现实（VR）、增强现实（AR）等新技术的应用大大提升了服务中的操作体验，个性化、体验式、互动式等服务形式蓬勃兴起。

现代服务的可感受性还体现为高情感体验和高精神享受。服务的情感体验是指倡导服务过程中的人性化和情感化，以情揽客、以情暖人，让客户在日常的服务过程中获得亲情式体验。随着人们的消费观念逐步向品质的外在化、个性化、自然化发展，由主要注重物质消费向物质与精神消费并重方向发展，由仅仅满足于个人情感需求到与企业之间、与他人之间相互感情需求的满足，并扩大到人与自然的和谐、协作的更高情感需求。因此，塑造一个温馨、和谐、充满情感的服务环境，对企业树立良好形象、建立良好人际关系、实现长远目标是非常重要的。

现代服务通过情感设计、情感包装等策略来增加客户的情感体验，既满足服务的客观需求，又满足客户心理需求的精神属性。尤其是文化情感是情感型服务理念中的重要方面，它以突出服务中的文化关怀和文化品位，使客户获得情感满足。

（四）效率性高

现代服务高效率的来源之一是越来越透明化。所谓透明化，是指服务的过程、服务的操作以及服务的结果，对于客户而言是透明、直观的。它要求客户服务的界面友好明晰，能够便于客户快速适应和理解。服务的过程条理清楚，程序明确，能够让客户查看服务的每一个环节。服务操作简单明了，有明确的指示和步骤，能够顺利地进行操作。服务结果能够被客户明确获知，能够对服务结果进行评价以及借助社交网络传播。

体现高效率的另一方面是服务渠道的优化。随着信息技术和互联网技术的发展，人们的日常交流方式随之改变，由传统的实体渠道向现在的网络渠道发展。企业提供实体经营场所，客户亲自到实体营业点来寻求服务，其特点是员工和客户实现面对面的交流，可以当面解决客户的问题。但是实体渠道受营业时间和营业地点的限制，客户需要付出更多的时间成本和经济成本，企业也需要付出一定的经营成本。而基于网络的各种新渠道，例如自助服务终端、移动客户端、微博、微信、客服机器人等，可更加直观便捷、更多层次地向客户展示企业产品，获得客户对产品的好感度。由于客户通过网络渠道进行的沟通交流是无障碍的，信息传播速度快、范围广，其影响力度远远大于传统渠道。

此外，现代服务的管理更注重标准化问题。标准化管理也是提高生产效率、实现大规模生产的前提。服务的个性化与标准化是一对矛盾体。在服务过程中，常常强调服务的个性化是指针对具体服务对象制定不同的服务对策。作为服务产业化特征的标准化并不以降低服务的质量为代价，而是企业在自愿的基础上，为降低服务成本而将服务组织方式规模化、服务标准化的内容。

三、趋势性特点

（一）依托服务平台

平台化是现代企业客户服务的一大重要特征。平台化的核心思想，是将一系列的商业能力通过平台的方式来满足客户的需求，以及与各种需求关系进行匹配，其核心是通过平台的方式对企业和客户的各项需求进行匹配，实现资源的开放、信息的共享和各方的协同。通过服务平台整合各类业务信息、物流信息和交易信息，保持信息实时更新，实现信息查询、购买支付、售后保障、用户评价等一站式服务，提高服务水平和服务质量。

对于企业来说，通过建立一个统一的服务平台，起到一个中介的作用，为参与服务的各方建立方便快捷的联系。这种平台通常包括生产企业、专业服务商、客户、合作机构等，它们可以在这个平台上行使自己的职责和义务，不仅能为客户提供各类增值服务，例如免费咨询、投诉受理、资讯信息、品牌信息查询等智能化服务，而且能提供行业、人力资源等信息的共享，安排论坛服务、培训会议、交流活动等，为平台成员的共同成长和发展搭建一个公平竞争、相互交流及学习的平台。

（二）建立情感关系

信息社会的一大特征就是改变了人与人的交往模式。在客户服务过程中，服务与被服务双方的关系也随之发生改变，从单纯的线性关系逐渐演变成由企业和客户共同创造价值的服务生态体系。服务成为企业存在的根本，在技术、产品趋同的现代市场竞争条件下，现代企业以更优质的服务来构建与客户之间的情感关系。优质服务可以提高客户的忠诚度，带来稳定的客户群，巩固企业的市场份额。客户购买的不再是单纯的产品，而是为了使自身的需要获得最大化的满足。例如，小米科技有限责任公司（以下简称"小米公司"）的"粉丝"群体，"粉丝"发自内心喜爱小米手机，愿意为小米手机贡献自己的创意和想法。在消费市场，所有的营销都需要从用户出发，满足用户的需求，使用户对于产品产生特定的喜爱与依赖，从而使品牌深入人心。小米手机从根本抓住用户，将用户变成自己的代言人，这就是小米手机成功的关键因素之一。要想自己的产品拥有广大的"粉丝"，应当要理解用户群体，并且和他们建立长久的关系。小米手机为满足年轻用户对身份、自我价值的需求，强调"因为米粉，所以小米"。在与用户的沟通上，小米手机一直将粉丝视为整个品牌的主人，他们不只是小米手机的用户，还有可能成为小米手机的开发者、小米手机价值的传播者。

（三）按需定制服务

定制化是指企业给客户选择服务内容和服务方式的权利，这种权利建立在客户服务需求多样性的基础之上。企业越来越容易获得客户的信息，感知客户的需求，客户需求的个性化也逐渐展现，个性化需求潜移默化地成为服务业新的服务方式和表现，这是服务定制化的基础。首先，采集分析客户需求信息，对需求信息进行分类处理，依据需求指标将类似需求进行近似性处理，最终形成对客户个性化需求的具体描述。其次，实现客户参与设计或制定服务方案，在该环节需建立客户参与服务设计的机制，让客户参与到讨论中，更加真实地融入个性化定制服务。

将服务产品化是服务定制化的一种体现。服务本身是无形的，由于没有实体商品作为载体，很难给客户提供直观的感受。因此，将服务的内容、流程等定制下来，给客户以较为形象的印象，有助于提升服务可感知性。现代服务的产品化趋势不可逆转，"小产品、大服务"现象将从以现在的中间产品为主向最终消费领域扩散，从大件耐用消费品向一般消费品延伸，客户从以企业为主转向以消费者为主。企业在有形商品上定制了专业化的增值服务后，形成一体化功能包，再交给客户，客户则按功能支付报酬。这不仅是企业经营策略转变的结果，也是促使商业模式转变和服务业快速发展的重要原因。

（四）增强社交功能

服务具备社交功能，这也是现代服务的一大特征。现代企业开始依附于已有的社交网络媒体或者即时通信应用开展客户服务。这种客户服务充分利用互联网环境下的社交红利，同时也密切了企业同客户之间的关系。

这种类型的客户服务不仅仅是在社区论坛里发活动预告帖、植入广告等，更希望与用户增加互动，进行有效的信息传达。例如，2016 年阿里巴巴旗下最大的二手市场交易平台——闲鱼，推出了以兴趣为核心的社区分享经济体"兴趣鱼塘"，它以用户兴趣为核心，将社区化与分享经济相结合，用户可以分享共同的爱好、交换相关的物品，在满足情感交流的同时，也将闲置资源合理地二次分配❶。这种电商的创新模式虽然仍在起步阶段，但成果显著。再比如网易云音乐，除了围绕用户听音乐的核心需求，还致力于打造一个自身的音乐社区平台，针对用户与音乐相关的动态分享和互动需求，开通用户生成内容（UGC）社区，将音乐与社交结合，在听歌的同时翻看底下的评论，有趣又充满情怀。

---

❶ 薛迪安，黄湘萌. 用户参与社区化分享经济的动因：以闲鱼兴趣鱼塘为例［J］. 现代营销（下旬刊），2017（9）：239－240.

第3节　现代服务产业发展

一、服务产业化分析

（一）产业化的前提

服务活动凝结了劳动，所以它具有经济价值特性，这是其产业化的前提条件。服务活动的价值包括使用价值、效用价值、交换价值等。使用价值是一种非实物使用价值，与劳动过程紧密结合在一起，只能在活动状态中被消费，从而满足某种需要。效用价值体现在可以用价格表示并在市场上出售，其决定因素是服务活动中所使用的要素结构及其利用成本，以及所提供服务的特性，例如劳动密集型还是智力密集型等。服务活动是生产与消费同时进行的，服务的社会交换在其社会劳动中完成并产生相应的价值。因此，服务活动中的价值产生实际是由服务双方共同创造的，服务提供者只提出价值主张，并不能单独创造和传递价值，只有服务提供者的价值主张符合服务接受者的价值需要，才有可能共同创造价值，在该过程中，价值由双方以各自独特的体验和认知来确定。

（二）产业化的基础

产业的形成从分工和专业化概念开始。早期的产业概念与工业概念同义，涉及一切物质产品的生产行业。但从价值的角度看，为生产活动顺利进行而提供各种服务的行业和部门，以及精神产品的生产都可以纳入产业的范围。因此，产业可以理解为具有某些相同特征的经济活动的集合和系统，是专业生产与专业服务的集合，是社会生产分工发展的结果。例如汽车产业，既有生产整车的企业，也有生产零部件的企业，还有汽车维修、汽车保险、汽车销售等与汽车有关的服务型企业，这些企业的共同特性都是与汽车有关，因此称作汽车产业。

　　一般来说，新产业的形成主要通过两种方式：一是已有产业不断分解、衍生而发展形成新的产业，例如汽车产业是从机械制造产业中分离出来的；二是由某种新产品或新生产方式的规模扩大而形成新的产业。一项活动从开始出现，到规模化后再专业分工，从而实现产业化。服务活动如果有足够的规模，且能够成为企业利润的稳定来源，那么它就达到产业化的要求。技术的发展使服务实现规模经济成为可能，一些服务活动可以借助技术手段分解成可叠加的业务单元，如家电的配送、安装等服务环节借助信息技术可以实现跨产品、跨品牌的大规模操作，从而实现规模化经营。此外，由于生产方式、生产要素、生产技术的变化，生产组织变得越来越精巧和个性化，出现越来越多的中间性服务和互补性服务，例如，作为商品交换过程中一部分的流通和金融服务，与新生产结构相适应的人力资本的形成需要的服务，对整个生产体系进行空间上协调和规划所需要的服务等。

　　（三）产业化的动因

　　服务活动的产业化是社会发展的必然趋势，其内在动因源于几个方面。一是来自消费端的客观需求，因为在社会经济水平不断提高的过程中，人们的物质生活和精神生活也都在不断进步，随之产生的便是日益多样化的服务消费需求，以及服务品质提升的需求，这是不断出现新形态、专业化的服务行业的重要驱动力。二是随着社会分工日益细化，不断从原有产业环节中独立出来一些经济活动，这些活动发展到一定规模时便形成新的行业，例如，商品的运输独立演化成为物流配送行业，为企业经营提供资金保障服务的金融服务业等。三是由新技术驱动的服务创新活动形成具有一定革命性的服务模式，并逐渐被社会接受，形成一种新的服务业态，例如新零售、互联网金融等。

二、产业结构的服务化

（一）产业结构中的服务要素

随着经济的发展，对服务的需求不只是在商品生产体系外部展开，在产业结构上也出现服务化特征。一是服务产业在经济体系中的地位不断上升并超过工业，成为产业结构的主体。二是生产型产业的服务化，即工业、建筑业、农业等生产型产业，其内部服务活动的发展与重要性提升，从而改变这些企业的单纯生产特点，形成"生产－服务"型体系。

回到服务产业发展的历程。在初级产品生产阶段，以发展住宿、餐饮等个人和家庭服务等传统生活性服务业为主。在工业化社会，与商品生产有关的生产性服务迅速发展。工业化初期，以发展商业、交通运输、通信业为主。工业化中期，以发展金融、保险和流通服务业为主。工业化后期，服务业内部结构调整加快，新型业态开始出现，广告、咨询、房地产、旅游、娱乐等服务业发展较快，生产和生活服务业互动发展。而后工业化社会，金融、保险、商务服务业等进一步发展，科研、信息、教育等现代知识型服务业崛起成为主流业态，而且发展前景广阔、潜力巨大。由此看出，服务产业结构的稳定性相对较弱，这是社会发展过程中需求不断变化导致的。一些原有服务行业逐步消亡，一些新的服务行业相继产生，也有一些服务行业改变原有的服务模式形成新的行业，正是这些变化使服务业不断呈现创新、融合、分化等特征。在产业升级中，一些制造企业主动向产业链中的服务环节转移，比如不再只销售物质产品，而是出售包含设计、营销服务和售后服务的产品，也很难明确区分客户购买的是实体商品还是服务。

（二）工业化与服务化相互促进

根据英国经济学家克拉克（G. Clark）和美国经济学家库兹涅茨（S. Kuzndets）的研究，产业结构的演变大致可以分为三个阶段：第一阶段是生产活动以单一的农业为主的阶段，农业劳动力在就业总数中占绝对优势；第二阶段是工业化阶段，其标志是第二产业大规模发展，工业实现的收入在整个国民经济中的比重不断上升，劳动力逐步从第一产业向第二产业和第三产业转移；第三阶段是工业化比较发达的后工业化阶段，其标志是工业，特别是制造业在国民经济中的地位由快速上升逐步转为下降，以服务业为主的第三产业则经历上升、徘徊、再上升的发展过程，最终将成为国民经济中最大的产业。

由此看出，服务业的独立存在是工业化发展到一定程度的必然结果。但服务业与工业并不是完全对立和此消彼长的，而是相互依赖相互促进的。服务活动是工业产品价值提升的促进剂，服务业务的独立化也可以促进企业的进一步发展。首先，工业化是服务化的基础，工业化发展既创造了服务化的物质前提，又创造了服务化的需求与发展动力。其次，工业化发展创造了丰富的物质产品，并提高人们的收入水平，从而使人们在物质需求得以满足的基础上改变消费结构，增加服务需求。同时，工业生产也是服务活动的重要消费对象，使企业对生产服务更加依赖。此外，工业化发展还会引致新服务业的产生与发展，对服务经济的结构产生影响。

反过来看，产业结构的服务化趋势又能促进工业化的深化和新发展。产业结构的服务化并未导致工业的衰退或消亡，而是在工业的新发展中起着积极与重要的作用。一是服务化为工业创造更好的发展环境，而开发和研究等活动推动工业创新，金融、信息、管理咨询等成为工业重要资源，营销、广告、服务等促进工业产品的市场实现。二是服务化促进工业结构高级化，服务业的发展引致工业的新投资，如信息设备制造，服务化还增加了工业产品的服务、知识与信息含量，从而促进工业产品结构的高附加价值化。三是服务化导致工业组织方式的变化，工业内部服务活动的发展使工业从单纯生产型体系向生产服务综合型体系转化，从而更能适应信息时代灵活与多样化的消费市场以及国际化的市场竞争。

（三）服务化的可持续发展要求

资源节约、环境友好是经济发展的必然要求。工业发展模式对环境污染和资源消耗仍然明显，因此，通过发展服务业可以在这方面发挥重要作用。一方面，科技含量高、资源消耗小、环境污染少的金融业、信息服务业、科技服务业等现代服务产业的快速发展能够减少对现有资源的消耗。另一方面，服务业通过不断创新服务的技术手段和方法，利用智能化、环保化等现代技术和服务改造传统产业，最终促进经济的可持续发展。例如，从商务服务业中新兴发展起来的会展业，企业通过发布信息，推广新技术、新产品、新理念，树立品牌形象的同时带来直接的经济效益，利用互联网等技术发布产品信息进行交易，既可以减少企业在线下实体店的大量建设，也可以达到节约资源和保护环境的目的。

从世界来看，现代服务业发展是与一定的经济发展水平及特定经济时代相联系的，可以说是经济服务化的产物，现代服务业得以大规模发展及在整个服务业中占据主导地位，从而开启服务经济时代。在科技进步和经济全球化驱动下，现代服务业的内涵更加丰富、分工更加细化，例如，世界贸易组织（WTO）曾将现代服务业分为九大类：商业服务，电信服务，建筑及有关工程服务，教育服务，环境服务，金融服务，健康与社会服务，与旅游有关的服务，娱乐、文化与体育服务等。因此，现代服务业是在工业化比较发达的阶段，依托信息技术和现代化管理理念而形成并不断发展。

三、对现代服务产业的理解

（一）现代服务产业的含义

2000 年前后是我国经济转型的重要转折点，社会主义市场经济体制基本建立，处于经济全球化的背景，以及我国成功加入世界贸易组织，为国内经济结构调整优化和产业升级提供了难得的机遇，这正是现代服务业发展的开端。1997 年党的十五大报告提出对传统服务业进行改造，并发展现代服务业的要求。2002 年党的十六大报告中再次提出促进现代服务业快速发展，此时的"现代服务业"已成为我国产业经济中的一个较为正式的提法。之后，党的十七大报告、十八大报告、十九大报告均对发展现代服务产业提出要求，且要求越来越明确，说明其重要性和专指性越来越高。

但如何准确定义现代服务业呢？学术界对此并没有统一的结论，实践部门的"说法"也不尽相同，比如"现代服务业即现代生产性服务业""现代服务业是以高科技为主的新兴服务业""现代服务业是新兴服务业与经过现代技术改造后的传统服务业的总和"等。国外也没有现代服务业的专门概念，大多侧重于从生产性服务业角度来理解，认为现代服务业是以知识和技术为支撑，作为中间产业为其他企业提供高附加值的智力服务，因此大多采用显著特征来命名，例如"高级生产性服务业""知识密集性服务业"等。

一种较为普遍的情况是，将现代服务业作为传统服务业的对立概念来理解的，即认为应区分服务业的"现代"与"传统"。例如有人认为，现代服务业指的是改革开放后才发育发展起来的服务业，可以据此进行划分；或者认为可以将信息技术革命集中爆发的 20 世纪 90 年代中前期当作区分传统服务业和现代服务业的分界线，以信息技术为依托和高科技创新服务为导向的服务业称为现代服务业。但这种区分，主要是体现在时间意义上的，即以时间的先后来区分传统服务业与现代服务业。

实际上，现代服务业的形成过程也是整个服务业实现现代化的过程，它包括传统服务业的改造升级和新兴服务业的发展壮大，并不特指某些行业或领域。因此，理解现代服务业有两个基本前提：一是现代服务业的发展应该是在真正的市场环境下的服务业，二是信息技术对服务业的影响非常大，即服务业的现代化不可避免地要依赖于信息科技的发展。

（二）服务业的"现代"性

对服务业的"现代"性存在理解分歧的原因在于"现代"一词是模糊的，无法精确界定。对此，本书认为应该从经济社会发展的大视角下去认识和把握其内涵。

首先，这里的"现代"具有相对性。一方面，在经济社会不断发展的背景下，每个阶段的产业结构都有其阶段性的特征，当前所指的"现代服务业"

仅仅反映服务业当前时代新特征的一个相对概念，"传统服务业"也只是对过去某一时期服务业特征的一种相对概括，所以在人们通常的认知中，商业是农业时代的"现代服务业"，金融是工业时代的"现代服务业"等。另一方面，相对性也体现在技术或管理方法的创新上。随着市场需求扩大、行业规模扩大，不断对传统服务业注入新技术、新方法，使行业进一步分工和专业化，逐渐形成了区别于传统服务业的现代服务业。这里的"现代"一词强调的是服务业的现代化，包括在传统服务业的基础上进行技术或者管理的升级改造，也包括新兴服务业的衍生发展。

其次，这里的"现代"具有动态性。现代服务业是一个动态的概念，它建立在科技进步及社会经济发展基础之上，其包含的范围会随着社会生产力的发展而不断拓宽，包含的内容会随着时间的推移、科技的进步和社会经济的发展而不断更新或深化。一方面，从目前经济社会发展来看，很难将某一个具体的行业划分到属于服务业但又不属于现代服务业的行业中去，同一个行业在过去新技术未使用前属于传统服务业，但是在新技术使用后由于其出现高生产率、新技术、低消耗等特征又符合现代服务业的特点。另一方面，随着人们经济能力的提升引发多样的消费需求以及第一、第二产业的发展激发了更多服务需求，越来越多的新兴服务业不断衍生发展，服务业和现代服务业已很难明确区分。服务产业的发展以及经济社会产业结构的划分伴随着经济和技术的发展进步，不断伴随时代的变迁被赋予新的含义，所以不能单纯以是否具有科技等属性来定义，必须考虑我国发展现代服务业背后的经济社会背景。

最后，还应考虑我国产业发展的历史背景。从世界服务业的发展历程来看，我国服务业的发展或者说服务业现代化进程是明显晚于发达国家的。进入20世纪，服务业在发达国家经济结构中的地位迅速提升，而后作为一个完整概念被提出，尤其在20世纪50~70年代，服务业迅速兴起并不断壮大。而新中国成立以来，实行国民经济工业化战略，各类资源主要投向工业，服务业及其价值长期得不到重视，整个服务业被局限在一个狭小的范围内，发展十分缓慢，甚至一度中断进程。直到20世纪八九十年代，餐饮、零售、运输等传统服务业才得以恢复和发展，与此同时，依托于信息技术的服务活动也开始起步，这使传统服务业与现代服务业更加难以明确区分。

四、经济转型驱动服务业发展

（一）经济转型的趋向

经济转型是指因资源和投入不断向效率更高的部门配置而出现结构变化带动的经济增长，其核心是全要素生产率的提高。在工业化初期，经济增长是资本、劳动力的大量投入以及全要素生产率的共同作用，实现经济总量的扩张，这个过程中主要依靠要素驱动。而工业化中后期，资本积累对经济增长的贡献下降，同时，传统产业需求结构与产业结构不匹配、资源和环境约束等问题日益突出。创新对经济增长的重要性开始显现，所以经济转型要求以创新为驱动，要推动科技与经济社会发展的深度融合，改造传统产业，培育新增长动力，从而达到不断提高全要素生产率水平的目的。

改革开放以来，我国经济结构经历了三次转型。最初转型是由于计划经济体制导致经济发展动力不足，转型的重点是面向消费市场、面向广大民众的生活需求。第二次转型是在 20 世纪 90 年代中期，改革开放使私营经济快速发展，外资企业不断进入，国有经济和集体经济开始大规模改革调整，当时转型的重点是调整产业结构以适应人民消费，推进出口贸易，走向国际市场。第三次转型是在 21 世纪初，在信息技术革命的推动下和中国成功加入世界贸易组织，转型的重点是进一步引进国际资本和技术，努力拓展国际市场。

当前，我国开始了新一轮经济转型，因面临着人口红利趋于消失、资源环境日益严峻、各类成本持续增加的挑战，建设以现代服务业为主导、以先进制造业为支撑的现代产业体系成为经济转型的迫切需求。因此，由工业主导型向服务业主导型转变，是中国经济转型的三大主要任务之一。这也是由广义恩格尔定律、劳动生产率定律以及需求相似定律三大规律所决定的。三大规律表明：需求和劳动生产率变化会引致结构变动，资源会流向需求大、效率高的部门。通过服务经济的发展带动整个经济发展的前提是服务业劳动生产率持续提高。所以调结构、促转型的核心是提高劳动生产率，而劳动生产率的状况是由社会生产力的发展水平决定的，主要取决于生产中的各种经济和技术因素。

（二）服务产业转型升级

实现经济增长方式转变的关键是服务业在经济结构中的提升。目前，我国服务业已成为三个产业中增长最快的产业，对国民经济的带动和支撑作用明显增强，但与世界上发达国家相比较，比重仍然过低，还有较大的发展空间。从服务业演化的动力机制角度来分析，工业化步入新阶段、城市化进程的加快、创新战略的政策驱动等因素，在促进现代服务产业结构优化，推动生产性服务业向专业化和价值链高端延伸、生活性服务业向精细和高品质转变，实现服务业优势高效发展等方面提供了良好条件。

我国服务业在 2015 年成为拉动国民经济的第一大产业后，服务业的内部结构也在不断升级。一方面，随着创新驱动发展战略的实施，信息传输、软件和信息技术服务业，商务服务业等现代服务业对经济增长的引领作用不断增强。另一方面，"互联网＋"发展战略的实施也使互联网经济、数字经济、共享经济等新经济成为推动我国经济增长的新动力。在这种趋势下，现代服务业正快速成长，成为现代经济增长的重要推动力。

（三）加速服务产业现代化

工业化是服务产业现代化的前提。从工业化的发展阶段来看，工业化进程与现代服务业发展存在一定的正相关关系。按照世界银行的研究，人均国内生产总值（GDP）水平与服务业比重存在节点对应，人均 GDP 在达到 5000 美元时，现代服务业将快速发展，引起服务业比重和产业结构发生较为显著的变化。❶ 我国人均 GDP 于"十二五"期间增至 49351 元，目前已经冲破世界银行研究中 5000 美元的节点，说明中国正在进入后工业化时代❷。美国著名社会学家丹尼尔·贝尔（Daniel Bell）的"后工业社会理论"指出，后工业社会

❶ 周振华. 现代服务业发展：基础条件及其构建 [J]. 上海经济研究, 2005 (9)：21-29.
❷ 胡鞍钢. 中国进入后工业化时代 [J]. 北京交通大学学报 (社会科学版), 2017, 16 (1)：1-16.

经济以服务性经济为主。

从经济发展水平来看，我国工业化进程进入后工业化阶段，正是现代服务业高速发展的阶段。随着工业化发展到更高阶段，更为坚实的实物经济基础加速了服务产业现代化，不断催生出满足人们更多需求的新技术、新产业、新业态、新模式。例如，随着人们消费水平的提升，从满足温饱的基本生理需求逐渐上升到对饮食健康、身心健康的心理需求，涵盖了医疗、康复、养老、养生、旅游、休闲、文化的康养产业作为新业态得以迅猛发展。再比如，围绕人民的服务消费需求，大型的商业综合体将聚合教育、亲子、健身、商务、医疗等多样的服务业态，从商品购物中心逐渐转型成为服务体验中心，形成服务新模式，这些都是以工业化提供的坚实基础为前提，经济发展到新阶段才有的产物。

专业化分工对现代服务业演化发展的驱动作用主要表现在两方面。一方面，产业间分工细化降低了内部活动的成本，带来更多的附加价值，刺激现代服务业不断演化发展提供新的产品和服务。另一方面，产业内分工细化促进产业内部技术水平的不断发展，进而拉动现代服务业的创新发展。移动互联网、云计算、大数据、物联网等技术高速发展，并与现代制造业、现代农业等相结合，专业分工越来越细化，进一步驱动现代服务业创新发展。例如，随着制造业的发展壮大以及专业分工的不断细化，一些企业会考虑节约成本，将市场调研、技术研发、售后服务等原先企业内部工作分离出去，外包给独立的服务提供商来经营。再比如，随着互联网技术的提升，零售商利用数字标牌、电子试衣间、智能定位、自助终端和 VR 显示等一系列手段，带给消费者智能化和场景化的购物体验，创新零售业的服务新模式。

（四）城市化进程促进规模提升

城市化进程指农村人口不断向城市转移，第二、第三产业不断向城市聚集，从而使城市数量增加，城市规模扩大的一种历史过程。城市化对现代服务业的推动作用主要表现在以下几个方面。一是越来越多的人来到城市就业，形成人口快速集聚，随之产生巨大的消费需求，带动传统服务产业的升级发展，随着经济发展和居民收入水平的日益提高，不仅导致需求总量扩大，还带来需求种类增多和需求结构变动。二是城市化使服务产业形成集聚效应，即在一个地区可获得生产、生活所必需的多种服务，降低通勤、交易、学习等各种运行成本，共享城市各类基础设施和社会资源，这为服务业的规模化提供基础。三是通过集聚大量人口刺激服务业产生供给，容易集聚现代服务业的各种生产要素，形成现代服务业发展的生产与技术环境，尤其是人们消费理念发生变化，更加需要具有高附加值、高技术含量的知识密集型现代服务产品，例如对健康养老的需求，传统的医疗服务体系已经无法满足，以物联网为基础的"智慧医疗"开始大规模出现，这既与城市化带来的巨大市场需求有关，也离不开城市积聚的先进技术条件。此外，高端人才的集聚又会拉动信息服务、金融服务、互联网服务等新兴服务产业的创新发展。

第 *3* 章
现代服务产业分类

现代服务产业在国家发展中具有重大战略意义，且很多服务业态是新兴发展起来的，或是被赋予很多新的内容。为有效管理服务产业，促进服务产业的健康发展，需要构建完善的分类体系，以满足统计工作和政策制定的需要。对现代服务产业的分类问题进行研究具有重要的理论与现实意义，它是建立统一、科学、实用的现代服务产业分类体系的基础。

第 1 节 现代服务产业的结构特性

一、产业链结构

（一）服务产业链结构的基本特性

制造业产业链的结构通常按照上游提供原材料、中游加工制造、下游销售应用的顺序链式连接而成。传统服务业由于结构相对简单，其产业链通常也呈现为简单的单链式结构，反映的是对某种资源被利用后形成的服务过程，最终实现价值增值。现代服务产业的结构却越来越复杂，这是由于多种服务活动之间，以及服务活动与其他的产业活动之间联系较为纷乱，所以其结构在经历由短链到长链，由线性链到树状链、网状链的变化过程。

（二）服务产业链节点的动态性和多元性

现代服务产业的形成过程，也可以视为产业链节点的动态化和多元化调整过程。从宏观层面上看，产业内部分工得到充分发展，各个环节上取得相互匹配的进展，各产业环节之间保持一定的产业关联。这比各产业环节封闭独立发展更有利于形成竞争优势的情形，形成一条比较稳定的产业链条。❶ 分工体系专业化程度越高，在细分领域形成新产业链的可能性就越大。因此，现代服务业产业链的形成过程就是相关配套行业不断加入的过程，其中既包括传统的服务业，也包括现代的服务业。从中观层面上看，不同行业在整个产业中都有其特定位置，根据资源的流动规律进行组合、聚集，促进整条产业链的逐步完善，并从条状产业链延伸发展成为网状产业链。❷ 从微观层面上看，为提升核心竞争力，许多企业把主要精力放在其核心业务上，非核心业务由产业链上其他企业协作完成。如果企业内部发生业务扩张或升级，就会有其他领域的新企业被并入产业结构之内。当这些企业的集合达到一定规模，就在产业链上形成了一个新的节点。

（三）上下游之间的信息传递效应

从产品的角度来看，产业链是一个供需链，强调上游至下游之间资源的供给和需求关系。如果一个企业具有与生产某种产品相关的所有职能，就不会有产业链的存在。对于制造业来说，供需链的形式主要是有形产品链，贯穿于从原材料到终端产品制造的完整过程。但对服务业来说，可以将供需链视为一条"信息链"，在资源传递的原理上与制造业相同，不同之处在于以无形的服务替代了有形的实物，通过信息的流通实现价值创造与服务提供。由于信息在传递的过程中涉及领域广泛，如果不同行业具有某种潜在的关联，就有机会通过信息链产生联系。因此，现代服务业的产业链节点上涉及的行业部门范围更大，产业链的结构更复杂。在高新技术的融入与推动下，现代服务业各个环节

❶ 凌美秀. 产业链视角下国内信息服务业的发展定位研究 [J]. 图书情报知识, 2005（2）: 72 - 75.
❷ 芮明杰, 李想. 网络状产业链构造与运行 [M]. 上海: 格致出版社, 2009: 63 - 69.

间的经济、技术关系变得更加多元，除了实现服务产品的价值增值外，现代服务业产业链在发展中还具有自我调整的能力，通过对配套产业的整合，合理组织信息资源，促使其完成产生、传递、整合、增值，最终实现产业链的优化。对于一些高智力服务业来说，资源流转形式升级为知识在各个组织间的传递，这是产业链的最高逻辑层次。

二、产业集聚效应

（一）什么是产业集聚

产业集聚是指相同行业、相近行业或相关行业在特定区域集中的现象。产业集聚强调空间上的集聚，最初是一种自然产生的现象，同一产业或不同产业中的企业规模化集中于一个区域，共享区域内的设施、市场、信息等资源，提升了产业互补性与多样性，达到促进经济增长的效果。❶ 这些企业彼此独立运营，但能够相互关联并共性互补。当集聚规模达到一定程度后，会建立起一种新的分工、协作、创新网络，原本分散无规则的产业群形成一个整体，使经营规模逐渐扩大，经济效益大幅提高。产业集聚的直观效应是打破空间限制，降低交易成本以及共享资源，空间距离的缩短也为企业提供相互接触、渗透、融合的机会，当集群内的企业数量达到一定规模时，会出现自我强化和进化的现象。❷ 企业为达到效率最大化，不断对管理方式进行完善，对技术等进行改造升级，逐渐衍生出新的产品和业务形式。

（二）现代服务业的集聚问题

一般来说，产业集聚现象多集中于制造业，但随着服务经济的发展，服务业的集聚现象逐渐形成。对于服务业来说，大部分企业都具有规模小、服

---

❶ 孙鑫. 产业集聚现状研究综述［J］. 知识经济，2015（13）：7-8.
❷ POUDER R，JOHN C H S. Hot Spots and Blind Spots：Geographical Clusters of Firms and Innovation ［J］. Academy of Management Review，1996，21（4）：1192.

务功能单一的特点，许多企业在业务之间存在交叉关系，甚至看似完全不相关的企业也存在某种内在联系。由于地域隔离的消除，这些联系由隐性变为显性，在信息、技术等要素的作用下，企业之间发生组合、融合、升级等现象，这种潜移默化的过程实质上是对产业结构的优化与整合，经过改造重组后最终形成一条新的、完整的具有上、中、下游的链接。因此，产业集聚首先从空间和技术上为服务业的升级创造了基础，也是现代服务产业不断升级的重要途径。

(三) 对服务产业结构的影响

产业集聚对现代服务业结构的影响有两个方面。

第一，产业集聚促进了专业化与产业分工，加速了现代服务业与制造业的分离。在集聚效应下，企业之间的业务联系更加频繁，并且相互渗透。为了提升效率，企业会将资源向少数核心业务倾斜，社会分工开始向专业化发展，服务性的部分会逐渐从生产部门中分离出来，服务业的产业链条随之延伸、加长。原有制造业的链条虽然变窄，但每个链条上产品的数量增加，生产率也上升，而分离出的服务业链条上，服务的种类增多、规模增大。在产业比较分散的情况下，这一现象最初在产业结构中缓慢发生，而产业集聚无疑加速这一过程，在实现规模经济的同时，还促进新服务行业的诞生。

第二，产业聚集降低技术创新的成本。与传统服务业相比，现代服务业具有更强的知识密集性，专业化程度也更高。产业集聚的发生为隐性知识在企业之间的传递与分享提供便捷的路径，这对现代服务业的产业与发展至关重要。技术的创新，会对生产过程、生产率、生产方式等各个部分产生影响，催生新兴产业，改造和淘汰落后产业，通过引发关联产业的结构变动，以技术变革带动产业变化，在原有的服务业中，逐渐分化出新的行业。❶

三、产业融合效应

---

❶ 李琪，盖建华. 我国现代服务业发展的动态演进分析 [J]. 未来与发展，2007 (1)：37 –41.

（一）什么是产业融合

产业融合是指不同行业通过相互交叉、渗透逐渐融为一体，形成新的产业属性或产业形态的动态发展过程。❶ 按其融合程度可分为渗透式融合、交叉式融合以及重组式融合。❷

从产业内部看，不同产业之间发生融合并形成新业态，有两点因素起决定性作用。第一，产业之间要有较强的关联性。产业融合的内在动力是效益最大化，但是否具有融合的潜质取决于相互之间能否建立起联系。这种联系可能发生在产品之间、业务之间或市场之间，它们在环境的作用下相互发生作用，形成新的行业雏形。一个产业可能同时与多个产业发生融合，尤其是处于传统产业边界的新兴产业，他们相互分享市场、平台和载体，在融合之中逐渐改变形态，扩大规模，最终形成独立的产业结构。第二，技术创新的发生是初始驱动力。一方面，新技术会产生新的产品和服务方式。技术在交互与扩散的过程中也会发生融合，逐渐打破服务业与其他产业之间的技术性进入壁垒，不同产业得以共享技术基础。以此为契机，原本具有一定关联却又相互独立的服务业和其他产业间在产品、业务、管理及市场上相互趋近，最终实现产业融合。❸

（二）现代服务业的产业融合

产业融合推动现代服务业由传统到现代的转变，随着新行业诞生，产业结构逐渐趋于合理化，成为一种新的产业创新方式。❹ 现代服务业产业形态的不断革新，并非单纯依赖产业内部作用，而是三大产业之间相互作用的结果。

首先，我国现代化农业与服务业的联系越来越紧密。早期的农业生产、加工、销售基本处于分离状态，而现在农业与服务业之间的融合使其产业内涵得

❶ 厉无畏，王振. 中国产业发展前沿问题［M］. 上海：上海人民出版社，2003：7.
❷ 张明之，谢浩. 现代产业体系构建中的产业深度融合研究［J］. 学术交流，2014（3）：113－119.
❸ 匡导球. 现代服务业的跨产业融合发展：动因、模式与效应［J］. 新视野，2012（3）：45－49.
❹ 杨艳. 产业融合对现代服务业发展影响初探［J］. 知识经济，2012（10）：117－118.

到延伸，并产生许多附加功能，如旅游农业、生物农业、数字农业等新概念都是农业与服务业交叉渗透形成的产物。其次，制造业与服务业的融合促进生产性服务业的发展。与农业相比，制造业的技术进步更为明显，与服务业的融合也更为广泛。高、精、尖技术在制造业中的广泛应用，优化升级了研发、制造、营销、维修服务的全过程。生产职能部门和服务职能部门水平都不断提高，一定程度上使服务产业与制造产业的技术专用边界呈现模糊化状态，最终从制造业中分离出来。最后，在服务业领域，也有许多行业因产业融合的加剧与其近似或相关的领域产生交叉，例如电信、传媒、信息服务产业融合产生信息和通信技术产业（ICT 产业），信息、物流、仓储业融合产生现代物流业等。

（三）对服务产业结构的影响

在产业融合中出现的新行业既体现于与传统业态的剥离，也体现于与传统业态的融合。不同行业的内部层次结构存在差异，涵盖的子行业数量越多、跨领域越广，归属问题就越复杂。根据融合的程度，新产生的服务业态可以分为三类：一是独立型业态，这类行业的属性比较单一，如果对其进行单独分类，通常能够比较清晰地归于行业分类中，例如软件业、ICT 产业等，即便在国民经济行业的基础上有所拓展，增补范围也不大。二是复合型业态，这些行业是建立在现有行业基础上，由多种业态拼接组合形成的，可以通过产业结构分析，将相关行业进行整合，并与国民经济行业分类进行对接，重组为新的分类，例如物流服务业、健康服务业等。三是综合型业态，一些行业融合后会明显体现出新、老业态交融的特点，它们是传统服务业的升级，也是跨行业甚至跨产业经济活动的组合，且变化周期短、速度快，产业形态比较复杂，例如物联网服务业、科技服务业等。

随着企业跨行业、跨地区的兼并重组活动的增多，现代服务业的融合领域不断拓展，结构也更加复杂。许多行业之间存在客观联系，在服务业发展初期，由于市场环境、管理方式、技术等因素都不够成熟，这种联系体现得并不明显。但随着经济环境的变化，以信息技术为代表的高新技术开始引领服务业模式进行创新，原本的产业边界发生明显变化，服务业与制造业的生产性服务部分也逐渐分离，现代服务业的产生与发展就始于这一过程。可以认为，产业集聚为产业融合提供先决条件，而产业融合在不同层面上影响产业结构的变化。

四、产业生态效应

(一) 什么是产业生态

产业生态，即依据自然生态有机循环机理，在自然系统承载能力内，对特定地域空间内产业系统、自然系统与社会系统之间进行耦合优化，达到充分利用资源，协调自然、社会与经济持续发展的目的。❶ 将产业理论与生态学相结合，将产业中的微观单位——企业类比为自然界的有机体，将产业系统视为人造生态系统。在这种视角下，我们可以借助生态学的理论从产业结构的复杂性和整体性，以及产业之间的关系等方面研究特定行业。产业生态既包含不同产业在空间上的集聚，也包含产业之间在技术、管理模式等各个方面的融合，经过长期、复杂的相互作用后，最终形成类似于"生态圈"的产业系统。由于产业生态包含相对完整的整体，在此视角下对产业系统进行研究，有助于对产业上、中、下游层次的完整性，以及各层次内企业集群的多样性形成更为直观的认知。

(二) 现代服务业的产业生态

现代服务业产业生态的本质就是区域性多维产业网络体系，在区域内集聚众多存在协作关联关系的企业。在这个体系中，无论是企业个体还是行业整体的发展都不是个别现象，而是相互促进后发生的协同进化。❷ 在现代服务业产业生态的构建过程中，产业会进行自我调整，形成特定的生态位空间，最终实

---

❶ 郭熙保，王贵明，欧江波. 经济全球化与产业生态经济发展 [J]. 当代经济研究，2005 (8)：58－61，73.

❷ 王东，王昭慧. 互联网产业链和产业生态系统研究 [J]. 现代管理科学，2005 (6)：39－41.

现协同演化。在产业整体协调性不足、发展不健康时，就会在系统的某个环节上出现瓶颈，具体体现为产业链上某个节点发展不健全或缺失，从而制约整个产业的发展。而一旦发生突破性变化，就会驱动产业发生变革。从范围上看，这种变革既可能是局部的，也可能是整体的。从程度上看，这种变革既可能是自我改造，也可能是完全创新。无论是哪种情况，都将从不同程度上催生新业态的出现。这一系列的变化是产业内部要素及自身特性与外部环境共同作用的结果。

（三）产业生态对服务产业结构的影响

产业生态理论从运用生态学的理论对产业体系进行分解与重构，能够让产业结构更加清晰、立体。从产业形成的过程来看，产业生态由四个层次组成。第一层次为产业个体，即单个企业，这是一个新产业从无到有的过程。当企业数量达到一定规模时，可能视外部环境的情况在特定时间聚集在特定地域，并体现出一定程度的分工协作，从而形成第二层次，即产业种群，通常是同类或相似的企业组成。为了追求效率提升和功能互补，不同类型的产业种群也会趋于集聚，这些种群之间既具有互补性，也具有差异性，区域内产业的多样性明显提升，这样的产业集合体即为第三层次，即产业群落。在外部环境作用下，产业群落得到蓬勃发展，丰富的产业、完备的技术和充足的人才形成了一个有机整体，产业链条上、中、下游趋于完整，第四层次产业生态系统就此形成。因此，产业生态系统形成的过程，实质上就是由单个企业发展为一条完整产业链的过程。

在产业生态形成的过程中，产业之间会自发地进行优化组合。这种优化组合并非一蹴而就，而是一种潜移默化的过程。从整体上看，如果将产业链视为不同子业之间的结构链，那么产业生态就是产业链的闭路循环。我们可以将这个闭路循环视为一种生态圈，在这个圈子中既有服务业，也有工业和农业，在内部结构自发变化和外部环境的双重作用下，不同产业之间的关系逐渐由弱变强，新的产业不断被纳入生态圈，以一种补充完善的过程推动产业结构升级。

原本独立的产业模块全部被纳入产业闭路循环，其中受影响最明显的就是服务业。❶在现代服务业的产业链中，上游和下游主要进行的是无形资源的交换，下游环节根据服务特性向上游环节反馈价值，这一过程在产业生态系统中可以得到更加直观的体现。由于传统服务业的价值传递过程以条链状形式显现，现代服务业的结构又十分复杂，这意味着传统的产业结构思维已经难以准确、全面反映现代服务业的发展实际情况。因此，产业生态理论为现代服务业的结构提供一个很好的描述角度。

第 2 节　现代服务产业分类的原理

一、现代服务产业分类的目的

（一）产业分类的根本需求

产业分类是分析国民经济的各产业部门活动和产业间数量比例和关联关系及变化状况，从而考察产业结构系统的重要工具。产业分类与核算体系是客观反映产业发展状况、制定相关政策及加强宏观管理的基础，如果对特定服务业统计的范围和业态分类没有统一的规定，不同地方、区域、团体根据当地实际情况制定出的统计方案，在类目上必定会存在一定的差异，从而造成统计口径不一致、结果不准确的现象。因此，建立统一、科学、通用的现代服务业分类体系对政府制定和执行行业相关政策具有重要的理论与现实意义。

（二）现代服务产业的分类需求

我国服务业发展态势迅猛，许多具有新特征、新业态的企业在近几年取得长足发展，制定服务业分类标准尤为重要，它是服务业发展动态的上层体现，

---

❶　陈晓涛. 产业链技术融合对产业生态化的影响［J］. 科技进步与对策，2007，24（3）：52 - 54.

有利于提高对社会经济发展状况的预测，为制定产业对策、优化产业结构提供重要依据。从统计分类需求上看，这些企业应该被纳入特定主题的服务业中，但缺乏相应的主题分类标准作为参考依据。在特定情境下，现有的现代服务业分类标准难以直接、准确满足统计口径，需要根据服务业发展实际，为服务业制定主题分类标准，以满足相关需求。

（三）服务产业统计实践的要求

我国在服务产业分类方面需要有合理的分类体系作为产业管理的工具，现行统计制度中针对现代服务业还没有明确的分类标准，主要依靠《国民经济行业分类》（GB/T 4754—2017）所包含的服务业分类。而在实践中，各部门因为对现代服务业的理解不同，所用分类体系不统一，彼此间差异较大，最终导致对现代服务产业的统计不准确，容易出现重复统计或统计遗漏的现象。

（四）新兴服务业态的涌现

现代服务产业不断发展，技术的进步促使新兴业态不断涌现，原有第三产业分类和统计标准难以准确反映服务业发展的真实情况。在服务产业发展的过程中，不同行业之间相互交叉、渗透，使原本清晰的产业边界变得模糊，一些细分行业的归属变得难以判断。在服务产业发展过程中内部结构变化较为频繁，其产业分类较难形成统一认识，或不能及时进行调整。因此，既需要建立现代服务产业分类的基本框架，也需要建立面向领域的应用性分类体系或分类方法。

二、服务产业分类的基本要求

(一) 统计目的的判断

《国民经济行业分类》（GB/T 4754—2017）以生产活动的同质性为原则，按产业部门进行分类，但并非所有行业都适用于该分类方法。从层次结构上看，该分类方法对行业大类的划分比较笼统，一旦出现横跨多个领域的行业，需要对中类、小类进行提取重组时，这种分类方法不利于分类的全面性，容易产生混淆。例如，对科技服务业的分类，其目的是探究哪些细分行业属于"科技服务活动"这一范畴，如果完全按照经济产业部门分类来界定科技服务业，那么科技服务业就是生产科技产品的、现实生产单位的集合，这显然并不符合行业发展实际。❶ 因此对于行业分类层次的确定，尤其是对大类的设置上不宜直接套用一些已有分类的结构。

(二) 产业结构及边界的分析

跨领域、跨行业的服务项目的普及，使对产业结构的分析更加复杂。在分析过程中，需要对该行业及相关行业进行全面分析，以免出现疏漏，首先确定大的领域，而后再逐层分析，细化分解。对于产业边界的分析主要有三种方法：一是开列行业法，通过列出国内外相关或相似分类，以及学者的研究典例来圈定行业边界，这是一种比较笼统的方法；二是投入产出法，在投入产出数据较易获取的情况下，该方法比较适用；三是指标判定法，即根据行业特性预设一些特征性指标，运用定量方法判定哪些部门应该被识别为该行业。❷ 这些方法各有其优劣，但从现代服务业产业内涵的角度上看，它们对产业结构的解读都不具有足够的说服力。

---

❶ 刘敏 . 科技服务业统计：对象与指标体系研究［D］. 杭州：浙江工商大学，2012.
❷ 魏江，陶颜，王琳 . 知识密集型服务业的概念与分类研究［J］. 中国软科学，2007（1）：33 – 41.

（三）边界模糊行业的处理

在现代服务业中，存在许多综合性较强的部门，这些部门的行业边界通常比较模糊，对其进行界定时，往往处于留与弃的边缘。因此，对于一些行业的统计只能对直接供给要素进行统计，而相关行业的实际产出很难反映在统计账面上。这些部门往往不直接反映该行业的服务活动，但可能包括了与行业相关的辅助活动或者支持活动，且在所有经济活动中占有一定份额。对于这些部门取舍的衡量尺度很难拿捏，如果过于宽泛，会导致内容上有所重复；如果过于局限，则会使一些本该收入其中的部门被遗漏。目前，我国对此类部门的处理方式是在其部门名称前加注"＊"，并在备注中详细说明其涉及的范围。但在部分行业中，关于一些部门的争议始终存在。

（四）产业链的划分

产业链的思想最早来源于西方古典经济学家亚当·斯密对分工思想的论述。此后，西方学者不断丰富产业链的内涵，系统性地提出了供应链、生产链、价值链和信息链等理论。我国学者对产业链的概念及内涵也进行了大量研究，例如，认为产业链是一种关联形态，即由某些技术或经济模式依据特定逻辑客观形成的链条式关联形态，既包括逻辑上的关联，也包括失控上的关联。❶ 再如，认为产业链是围绕产品、投入产出、价值增值、客户需求产生的，依据相关逻辑联系和时空布局形成的链式中间组织，其上下游环节相互关联并且存在资源的流动。❷ 也有基于产业融合理论的观点，把产业链定义为一种"链网式组织"，从空间角度分析了产业链的结构，并强调了这种结构的动态性和非稳定性。❸

现代服务业在知识、信息、服务等方面存在更明显的交互关系，不同行业之间形成了纵横交错的网络，单纯的链式关系往往难以全面反映完整结构。因

---

❶ 钟庭军，张晔. 产业集聚、产业链及在西部产业发展中的运用 [J]. 重庆工商大学学报：西部论坛，2005，15（5）：58－62.

❷ 刘贵富. 产业链研究现状综合述评 [J]. 工业技术经济，2006，25（4）：8－11.

❸ 王秋菊. 产业链内涵及结构分析 [J]. 物流科技，2012（5）：89－91.

此，现代服务业的产业链通常呈网状结构，由几条子产业链通过某些关联因素形成。

三、服务产业的分类思想

（一）根据服务对象的分类

一种简单而常见的分类依据是，针对服务对象的不同将服务业分为生产性服务业和消费性服务业两大类。生产性服务是指应用现代科技和满足生产中间需求的各项服务，如现代物流、电子商务、金融保险、信息服务、技术研究与开发、企业经营管理服务等。消费性服务是指为满足个人提高生活质量和能力扩展所需要的服务，如旅游、房地产、教育、医疗、娱乐、社区服务等。这类似于马克思分析实现价值补偿和实物补偿时提出的"两大部类"分类法，即第一部类是生产生产资料部门，第二部类是生产消费资料部门。❶

（二）基于服务功能的分类

经济学家布朗宁（Browning）和辛格曼（Singelmann）于 1975 年根据联合国《国际标准产业分类》（ISIC）的规则，将商业产业和服务产业分为消费者服务业、生产者服务业及分配服务业，其分类标准是根据商品或服务的性质与功能。1978 年，辛格曼在此基础上根据服务的性质和功能特征，对服务业重新进行了分类，将服务业分为流通服务、生产者服务、社会服务和个人服务四类，这种分类也反映了经济发展过程中服务业内部结构的变化。❷ 后来，西方学者将布朗宁和辛格曼的分类法进行综合，提出了生产者服务业、分配性服务业、消费性服务业和社会性服务业四分法❸，但其内容大体上与辛格曼的分类法相同。

❶ 李江帆. 第三产业经济学 [M]. 广州：广东人民出版社，1990：127 – 129.
❷ 黄少军. 服务业与经济增长 [M]. 北京：经济科学出版社，2000：152.
❸ 方远平，毕斗斗. 国内外服务业分类探讨 [J]. 国际经贸探索，2008，24（1）：72 – 76.

（三） 基于产业层次的分类

对产业体系进行层次性的划分，并以此进行分类，也是一种重要的产业分类思想。例如，李志平等提出从核心层、辅助层和配套层三个层面构建现代服务业体系，将服务业划分为三大类：一是核心服务业，包括金融业、科学研究和技术服务业、租赁和商务服务业；二是辅助服务业，包括物流业、信息服务业、房地产业；三是配套服务业，包括教育培训业、医疗保健业和文化、体育、娱乐业。❶

（四） 基于产业战略的分类

美国哈佛大学教授迈克尔·波特（Michael E. Porter）把产业组织理论融入竞争战略理论，提出了基于产业战略研究的分类法，比如分散型产业、集中型产业、向成熟期过渡的产业和国际型产业等。产业战略的分析和制定所要考虑的主要因素，可以归纳为时间、空间、位置、产业组织结构、产业行为、政府管制、基本要素、关键要素八个维度❷。但这种分法不是基于统计目的的，而是基于产业战略和企业战略意义上的产业边界，是由市场需求特性、产业结构特征、产业竞争结构、产业内外部环境等因素决定的。

（五） 基于产业发展阶段的分类

20 世纪 70 年代，也有学者根据美国经济学家华尔特·惠特曼·罗斯托（Walt Whitman Rostow）的经济发展阶段理论，提出了一种服务业的三分法：新兴服务业、补充性服务业和传统服务业。新兴服务业是指在工业产品的大规模消费阶段以后出现加速增长的服务业，如教育、医疗、娱乐、文化和公共服务等。补充性服务业是相对于制造业而言的，是指在制造业中间投入服务业，它们的发展动力来自于工业生产的中间需求，主要为工业生产和工业文明"服务"。这类服务业主要包括金融服务、交通服务、通信服务、商业服务、法律服务、行政服务等。传统服务业是指为人们日常生活提供各种服务的行业，但之所以称其为"传统"，主要包含两

❶ 李志平，白庆华. 论现代服务业的内涵及其发展趋势 [J]. 经济论坛，2006 (22)：71 - 72.
❷ 朱亚东，张东生. 基于产业战略研究的产业分类新方法 [J]. 商业时代，2013 (18)：114 - 117.

层含义，一是传统的需求，二是传统的生产模式。❶

（六）基于服务业性质的分类

从行业性质的角度进行归类，从而形成行业类目划分，也是一种分类思想。主要是将服务业分为生产性服务业、生活性服务业、公益性服务业和基础性服务业四大类。生产性服务业包括交通运输、制造企业所属专业服务公司、金融、租赁和商务服务等。生活性服务业包括批发与零售、餐饮业、房地产、电子商务、农业支撑服务、居民服务、文体娱乐、物流、快递、商品售后服务等。公益性服务业包含卫生、教育、水利、公共管理、医疗、养老、垃圾处理、环境卫生保护等。基础性服务业包含通信服务、商业信誉评价、信息服务、现代服务业评价、无形资产评价、中介和咨询等。

（七）其他分类方法

还有一些产业划分方式较为常见，但严格来说它们只是对产业的一些外部特性加以描述，并非真正的分类方法，例如，依据要素密集度可分为：劳动密集型产业、资本密集型产业、土地密集型产业、技术密集型产业、知识密集型产业等；或依据产业地位产业可分为：基础产业、主导产业、支柱产业、先行产业、战略产业、瓶颈产业等。

第3节　现代服务产业分类体系

一、设计思想

（一）总体思路

在现代服务产业分类体系问题上，既要有总体思维，也要有应用思维。总

---

❶　方远平，毕斗斗. 国内外服务业分类探讨［J］. 国际经贸探索，2008（1）：72 – 76.

体思维是从现代服务产业的整体考虑，建立一个完整的服务业分类体系，这是一种基础性分类体系。应用思维是针对产业部门在其管理的领域中，构建适用于其领域应用需求的派生分类体系。所谓派生分类，是在基础分类体系的基础上，根据经济活动的共性和特性提出的再分类，目的在于对特定领域中的子行业按应用需求重新划分，以客观反映服务产业结构的动态变化情况。

（二）对基础分类的考虑

对于基础性分类体系的构建，首先，建立对服务产业的整体认知。一直以来，无论学术界还是实践部门对现代服务业的产业内涵未能形成统一认识，对相关概念的理解也存在分歧，这势必会影响各部门的产业管理工作。其次，考虑形成与《国民经济行业分类》（GB/T 4754—2017）的对照关系，在我国现行的产业分类中，并没有"现代服务业"及其相对应的具体条目，这使得在判断一个行业是否属于现代服务业范畴时，缺乏直接参考的依据。最后，要解决各种新兴服务行业的归类问题，尤其是许多战略性新兴行业的发展速度已经超越了服务业发展的整体水平，这些行业的划分需要站在服务产业整体而非某一行业的高度上考虑。

（三）对派生分类的考虑

由于产业结构的复杂性，在基础分类之外，还需要根据产业结构的发展变化情况进行一些再分类，这种详细反映特定行业结构的分类即为派生分类。例如，国家统计局发布的《文化及相关产业分类（2018）》，就是根据文化生产活动的特点，将《国民经济行业分类》（GB/T 4754—2017）中相关的子行业重新组合，更加真实地反映了产业结构的组成。为特定行业进行派生分类，目的在于客观反映动态变化的产业结构，以及该领域经济活动在国民经济中的相对地位及贡献。

对于现代服务业构建派生分类体系，首先，构建派生分类体系是建立在基础分类体系上的。因为服务行业类型众多，分布广泛，在性质、功能及经济结构中的地位等方面相差较大，在管理实践中，很多部门是按领域进行管理，所以按领域构建派生分类体系就是为了解决行业归属分散的问题。其次，派生分类体系的建立是以产业结构分析为基础，现代服务产业本身各环节间就存在明显的分工与协作，对其产业链节点的分析过程就是对不同行业之间关系与层次的分析过程。同时，现代服务产业的产业变化过程就是通过不断加入相关配套，促进各种资源产生、传递、整合和增值的过程。对这一过程的分析，能够有效帮助我们划定行业边界和范围。因此，对产业结构变化过程分析得越透彻，产业之间的关联程度就越了然，产业内部的层次结构就越清晰，而这正是产业分类中最难解决的问题。

二、基础分类体系的设计

（一）基本要求

首先，以发展的眼光处理新兴服务行业的划分。服务业一直存在，所谓"现代"不仅仅是时间的标识，更主要是新技术、新理念带来的新兴行业形态。这些新兴行业往往跳出了传统的行业分类原则，可能是跨界的，也可能是全新的，并且类似的新业态还在不断出现。因此既要解决这些新兴行业的分类问题，也要兼顾传统服务行业，这样才能保证行业划分的完整性和前瞻性。

其次，要兼顾逻辑性与易统计性。任何一个分类体系，应该遵循的原则就是分类的逻辑是合理的。对不断发展的服务产业而言，产业概念的界定非常关键，以及不同行业间的关联关系的确定，是层级关系，还是并列关系？一般来说，理论界追求的是概念内在逻辑的一致性和外延的周全性。在实践层面，产业分类体系是需要进行经济统计的，易统计属性就显得尤为重要，但分类逻辑的严密跟易于统计并不能总是保持一致，经常存在不同步的情况。现代服务产业发展中出现的广泛性、复杂性，以及存在类别归属不清晰甚至可以多归属等情况，这使得在制定分类体系时，更需要兼顾对服务业概念的理论界定和统计标准之间的不同步问题，还要考虑统计的可操作性。

再次，应保持相对稳定并留有拓展余地。服务业分类作为一项重要的基础工作，是一个不断修订和完善的过程。随着技术、社会和市场的发展，以及经济活动的日益全球化，会出现新的经济活动、交易标的物，甚至是整个产业。所以分类体系应逻辑合理、层次分明、边界清楚，从大的方面说要能基本满足国家、行业、部门的宏观管理需要，为现代服务经济活动的管理提供依据；从小的方面说要能便于各级管理部门制订统计口径，保证统计部门能够采集到相应的数据。在分类结构上，既考虑目前产业发展现状，也考虑未来可能出现的状况，使标准具有开放性和发展性，并对现代服务产业结构的调整和行业发展具有指导意义。

最后，还应考虑国际接轨和持续修订问题。在经济全球化和国际经济一体化的背景下，既要跟我国已有的行业分类体系对接，也要考虑国际上普遍使用的分类体系的对接问题，力求能与国际有关分类标准接轨。考虑到《国民经济行业分类》（GB/T 4754—2017）已与《国际标准产业分类》（ISIC）、《北美产业分类体系》（NMCS）等国际标准接轨，因此在设计分类体系时采用与《国民经济行业分类》（GB/T 4754—2017）直接对接，从而实现与国际标准的间接接轨。并且现代服务业也是国民经济核算内容的一部分，其行业范围理应在其框架下进行，这将有利于与国民经济核算体系相衔接，客观衡量现代服务业在总体经济中的地位。

（二）基本部类的划分

对现代服务产业的第一层次划分是部类划分，它体现了分类体系的基本分类思想。根据前文有关服务产业分类思想的阐述，作为现代服务产业的基础分类，选择按"服务业的性质"进行划分更为合理。

在基于服务性质的分类思想下，主要有"两分法"和"四分法"。"两分法"是将服务业分为生产性服务业和生活性服务业，这样虽然能覆盖全部服务性质，但有些服务行业既可以服务于生产，也可以服务于生活，比如交通运输服务行业，这种情况下无法进行唯一性划分。"四分法"主要是生产和市场服务业、个人消费服务业、公共服务业和基础服务业的划分方式，其中公共服务业和基础服务业又存在区分度模糊的问题。综合两者，整体上应划分为三大部类,即基础性服务业、生产性服务业和消费性服务业,即对四分法中的公共服务业和基础服务业进行整合。

(三)服务门类的划分

考虑到与《国民经济行业分类》(GB/T 4754—2017)对接的问题,对于门类的划分尽可能按其大类来选择,划出其中的服务业态,经整合后归入上述三大部类中,从而形成基础分类体系的框架。如图 3-1 所示,在基础性服务业部类下可以划分为生态及环境服务、土地房产和建筑服务、运输服务、网络及信息传输服务、公共服务等五个门类;在生产性服务业部类下可划分为金融服务、科技服务、软件和信息技术服务、生产经营服务等四个门类;在消费性服务业部类下可划分为居家生活服务、日用商品服务、信息消费服务、文体休闲服务等四个门类。

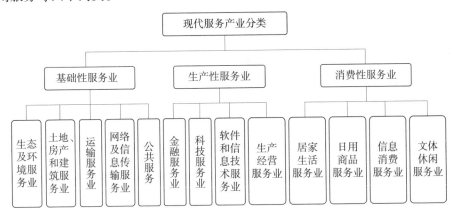

图 3-1 现代服务产业分类框架

(四)细分行业的分类

最后对每个门类下的行业进行下位类细分。依据《国民经济行业分类》(GB/T 4754—2017)的原分类,在其原服务业态没有发生实质改变的情况下,尽量保留其原类目,但需要根据本分类体系中的门类要求进行归类。而对于原服务业态中发生了较大改变,可以独立成为一个行业的,以及纯新兴服务业态的,需要重新划分和归类。《现代服务业分类与代码》(T/CGCC 16—2018)

正是参照了上述分类思想而制订的。

三、派生分类体系的设计

(一)派生分类体系的需求

现代服务业行业类型众多,它们在生产技术、功能、性质以及与经济发展的关系等方面千差万别,因此,派生分类是一个相当复杂的问题。

一方面,长期以来,我国派生分类的理论研究都明显滞后于实践,而实践又滞后于行业发展。许多行业已经处于成长期甚至成熟期,却没有相应的分类标准,加之这项工作需要反复研究、商讨,导致一些发展迅速的新兴行业长期缺乏规范和依据,阻碍了行业健康发展。同时,有些行业分类在现实统计中是不便于实施的。例如,有学者对"广告业"的分类,采用的方式是按照广告活动的业务流程进行划分,分为策划设计、制作、发布与代理四大部分,依据的是 20 世纪 90 年代中后期我国广告公司具体从事的服务,具有专业性强但综合服务能力弱的特点。❶ 而按照我国广告业发展的状况,这种分类方式已难以适应行业发展现状。在《国民经济行业分类》(GB/T 4754)的历次修订中,也未有学者对此进行新的讨论。诸如此类现象,表现出现有研究及实践难以准确反映产业结构以及产业内部活动实际状况的问题。

另一方面,当前行业归类判断尺度存在口径不一的问题。随着混合经营模式广泛出现在各类经济实体中,以从事生产活动的"同质性"为依据的行业归类判断方式面临着诸多困难,相对单一的判断依据已经难以适应产业实际变化。一些新兴的现代服务业通过服务功能换代和模式创新,衍生出了全新的服务业态,其商业模式和法律结构复杂且非传统,更加难以界定行业归类。如国家统计局发布的《文化及相关产业分类(2018)》中,由于"文化"这一称谓涵盖领域较广,不同行业所含文化内容的比重不一,有的类目被列入范围之内

---

❶ 姚曦,晋艺菡. 国内外广告产业统计范围的比较 [J]. 统计与决策,2017 (5):33 - 37.

就显得比较牵强。❶ 在现有的行业分类体系中，广泛存在这类现象，人们难以将行业的成分含量或比例用精确的指标表示，从而引发行业归类判断的争论。行业分类如果不能明确经济活动归属，就会导致统计结果失准。

（二）派生分类的逻辑基础

虽然实践部门有一些派生分类的尝试，但学术界在理论研究方面的成果并不系统。一方面，因为研究对象比较分散，主要集中于特定行业的实例研究，缺乏由个别到总体、由特殊到一般的系统分析，缺乏统一性和科学性；另一方面，派生分类涉及的知识面很广，需要多个领域的专业知识，而参与研究和制定的人员可能只了解某一专业领域，在过程中难免会掺杂主观上的判断。加之缺乏方法论的支持，从而影响了分类的科学性。

对此，我们认为派生分类应该从产业结构分析入手。其内在逻辑主要体现在两个方面。其一，产业的内部分工是产业链形成的基础，体现为具有特定内在联系的产业环节，其实质是行业的集合，这些行业及其下属的子行业在产业链特定的位置上根据特定需求提供产品与服务。而现代服务业是基于新技术而产生的服务业，区别于结构相对简单的传统服务业，其产业内部各环节间存在明显的分工与协作，因此，对现代服务业产业结构分析过程，就是对不同行业之间关系与层次的分析过程。其二，现代服务业的发展贯穿于旧产业的升级和新产业的诞生过程，不同行业在这个过程中联系越来越密切；而现代服务业的产业结构变化，是通过不断加入相关配套，促进各种资源产生、传递、整合和增值的过程。对这一过程的分析有助于划定产业边界和范围。因此，对产业结构变化过程分析得越透彻，产业之间的关联程度就越明显，产业内部的层次结构就越清晰，而这正是派生分类中最难解决的问题。

（三）服务产业结构分析

以产业结构分析作为切入点进行派生分类研究，可以更好地抽象出产业发

---

❶　安奉钧，李树海，赵建强．我国文化产业统计存在的问题及对策思考［J］．统计与决策，2016（4）：33－37.

展过程中内部各环节之间的关系，以及同外部产业的关系，帮助我们更容易地抓住产业本质。基于上述特性，对服务产业结构的分析可以从产业集聚、产业融合和产业生态三种效应入手。

对产业集聚的分析，主要突出不同经济活动在空间范围内的汇聚过程，分析其最终形成的产业集群中具有哪些环节，其中既包括由于地区自然禀赋而形成的产业自发集聚，例如廉价劳动力地区、原材料集中地、市场集中区或交通枢纽节点等；也包括由国家、政府处于加强地区内企业之间经济联系而指导推动的政策性集聚。通过这一分析，可以厘清主导产业与部门形成的产业集群之间的关系。

对产业融合的分析，在从技术融合到产品融合，再到市场融合，最后到产业融合的逻辑下，需要注意三个问题：一是要注意发生于高科技产业和传统产业在边界处的融合；二是要分析产业之间发生功能互补和延伸的部分；三是要重点发掘相互之间具有潜在业务联系的产业，这些产业往往是某一大类产业内部的子产业。通过这一分析，可以厘清主导产业在发展过程与哪些产业发生了直接或间接联系，根据产业融合程度的强弱可以对产业层次关系进行基本的判断。

对产业生态的分析，要站在产业集聚和产业融合的基础上将整个产业组织为一个整体，进而观察产业之间相互依存、相互作用的关系。在产业简单结构的基础上，将围绕主导产业活跃的开展经济活动的相关行业作为新环节补充到结构之中，构建完成的产业生态链。通过这一分析，可以明确产业生态链上的各个环节，这些环节就是派生分类中高层级类目的基础形态。

（四）服务产业层次分析

根据产业之间业务关联和投入产出关系的强弱程度，可以对产业层次进行划分。第一层是"核心层"，通常在产业链中具有相当规模或占有重要地位，主要包括直接从该领域中获取产品的生产和服务活动、直接从该领域中获取产品的加工生产和服务活动、直接应用于该领域的生产和服务活动以及利用其产品作为经济活动基本要素而进行的生产和服务活动。第二层是"支持层"，主要为核心层提供支持性服务，主要包括与该领域相关的科学研究和技术性活动、对该领域进行教育宣传的活动、与该领域相关的管理活动。第三层是"外围层"，主要为核心产业的相关产业，通常会间接受益于核心产业的发展而被带动发展，主要包括以投入产出为联系纽带，通过各种方式建立技术经济联系，并服务于该行业主要生产活动的产业。

通过对产业层次的分析，可以确定完整的产业构成，每个部分都作为一个子产业独立成为一类，形成派生分类中的基本框架。

（五）服务产业链分析

可以通过产业链分析对子行业进行细分，即对派生分类低层级类目的具体分析。现代服务业的细分行业有着更复杂的信息和知识交互，业务和产品上的联系也更加复杂，产业链的核心环节是该领域的主导产业，在产业集聚、产业融合和产业生态效应下，与其支持产业、外围行业之间共同构成一个纵横交错的产业网络，在结构形式上仍然以上、中、下游的形式呈现，但已经不是一条或几条简单的产业链。在传统的产业链中，中游对上游、下游对中游的资源直接依赖性非常强，但由于服务业产品的特殊性，多数情况下在产业链上传递的资源并非实物，上游产业中的某个环节可能直接指向中游、下游的任一产业，相互之间的依赖性减弱，交叉性增强，这就要求我们在进行产业链分析时跳出固有思维，先根据产业结构确定大的领域，再根据特定行业服务产品的特性进行具体分析，而不是单纯按照原始资源在产业链中流动的顺序进行分析。

（六）派生分类体系综合设计

综合上述分析，构建现代服务产业派生分类体系的方法，即按照产业结构变化、产业层次、产业链的逻辑顺序进行分析，依次进行下位类细分，并在分析结果与基础分类体系之间建立映射关系。其中，产业结构变化分析的目的是圈定产业覆盖领域，基于产业集聚、产业融合、产生生态三种理论对产业结构变化的实际情况和趋势进行分析，探究哪些领域发生了业态变化，衍生扩展出了哪些新行业等。产业层次分析的目的是确定子行业基本组成，并根据每个层次下涵盖的经济活动确定核心层、支持层和外围层产业，解决产业边界不清的问题。产业链分析的目的是明确上、中、下游每个环节涵盖的范围，绘制完整的产业链图解，细化分解产业结构，确保每个细分行业都能够对应到分类结构中的相应类目。

第 **4** 章
企业的服务管理

服务管理是综合运用各种资源，对客户提供服务价值或使用价值的过程进行规划、组织、协调和控制。本章主要讨论企业服务管理的三个重要方面，即服务运营管理、服务质量控制和服务过失管理。服务运营管理是指，企业在将各种资源转化为服务的过程中所涉及的一系列的管理问题，包括服务供应、服务传递、服务设施、服务环境等方面的管理。服务质量控制是对服务质量的保证，由于服务的特殊性，很难建立统一、客观的质量标准，因此在服务实践中常常采用的是各种控制措施达到服务质量保证的目的。服务过失管理是指，对于在服务过程中可能存在的失误或过错，需要相应的管理措施进行应对。

第 1 节 服务运营管理

一、服务设施

（一）服务设施的选址

服务设施是指服务过程中的服务支持的实体要素，是开展服务活动的物质基础。服务设施主要包含四种要素：设施位置、设施布局、设施装饰和支持设备。其中，设施位置是指服务设施的选址，包括宏观的区位选择和微观的地点选择；设施布局是指对服务设施的各种功能要素进行合理的空间布局，以此协调各种服务功能的运作秩序；设施装饰是指通过对服务设施的内部和外部装饰设计来满足服务功能和企业目标要求，创造良好的工作环境；支持设备具有很强的专业性，对位置和安装有一定要求，但不同行业有很大差异性。❶

选址是服务设施建设的首要问题。选址包括两个层次的问题：一是选位，即选择什么区域建设服务设施；二是定址，即在已选定的地区内选定具体位置。在选址决策时一般需要考虑以下因素：市场的分布情况、客户群体的特征情况、物流运输的方便程度、备品备件的仓储分布，以及当地基础设施情况、劳动力资源情况、经济水平、产业支持政策等。

（二）服务设施的布局

服务设施的布局对于客户和服务人员来说都是非常重要的。合理的布局会提高服务效率，而不合理的布局可能会导致服务人员的操作冗余、降低效率、耽误时间，或不得不涉及与服务无关的行为，同时也会让客户产生别扭的感觉，或浪费时间，或无谓付出，严重的可能会使服务无法顺利实现。服务设施布局需要考虑以下四个方面：一是避免迂回路线，导致服务人员和客户无谓重复行走；二是留有发展余地，为将来可能的变化做好准备；三是尽可能让服务设置具备灵活调整的可能，包括位置和设施本身性能等方面；四是以人为本，兼顾服务人员的工作方便和客户的良好感觉。

（三）服务设施的设计

服务设施设计通常需要考虑以下因素。一是服务性质与目标，不同类型的服务组织提供服务的核心内容不同，服务设施设计的重点也就不一样，例如，餐厅需要配备桌椅餐具等以接待用餐顾客，医院需要有功能设施合理的病房接纳住院患者。二是所需空间应满足服务需要，这涉及客户在服务过程中的空间感问题，一个宽敞、舒适的服务空间是客户所期望的。但往往由于

---

❶ 计国君．服务科学与服务管理［M］．厦门：厦门大学出版社．2015：45.

土地资源、规划要求、租购成本等因素，企业很难提供较大的空间，尤其是在地价昂贵的繁华市区，需要利用空间设计的创造性和灵活性来合理布局，既能满足服务的需要，又不让客户感觉空间局促。三是美观因素，与制造业的生产车间相比，服务设施的设计对美学有更高的要求。设计的美学因素对客户的感觉和行为有显著影响，同时也影响服务人员及其所提供的服务，令人赏心悦目的设计能激发服务人员的工作兴趣和工作热情，以及对服务价值形成较高的认知。四是服务设施与社会环境的关系，必须考虑外部社会和环境的可接受性，服务过程中可能出现的噪声、废水、废气等，是否能够限定在一定的范围内以保证周边居民的安全，例如，服装干洗店是否能保证有害的化学物质不会影响当地环境，KTV 是否影响周围居民的夜间休息等。此外，服务设施的设计还应留有一定的弹性空间，要考虑客户需求变化的可能性，为未来的发展留有一定空间。虽然这样做会暂时增加设计成本，但这是在为未来增长做准备，在今后较长的服务运营过程中也会消化掉这些成本。如果只考虑眼前，一旦服务内容随客户需求发生较大变化，那当下的投入很可能就会被废弃进而造成浪费。

（四）服务设施信息化

企业为客户提供的服务设施分为有形设施和无形设施。有形设施包括企业的服务场所中的一些基本物质设施，如商场的推车、提篮等。无形设施包括服务地点的位置、氛围、标识等。信息技术对服务设施的影响主要体现在两个方面，一方面是信息技术的应用衍生出新的服务设施，将这些新的服务设施运用到企业服务中，会使服务更加便利、高效，例如，商品条形码的出现以及其在商品结算过程中的应用，在很大程度上提高了商场的结算效率。另一方面是利用信息技术改善原有服务设施，例如，购物商场用电子储物柜代替普通储物柜，既增加了顾客的心理安全程度，又提高了商场的服务质量。

二、服务环境

（一）什么是服务环境

服务环境是服务方提供服务和客户接受服务时所体验到的实体环境，是服务产品的生产场所，也是服务消费的物质载体，包括各种提供服务所需要的硬件设施、设备和物质空间。❶ 从客户角度来看，可以理解为涵盖了能以视、听、嗅、触等四个感官知觉感应的环境因素；从企业角度来看，可以理解为服务场景，即企业向客户提供服务的场所及相关要素。

服务环境可以提升服务体验。服务环境本身就是信息提供的媒介，通过颜色、文本、声音、气味和空间设计加强客户渴望的服务体验，同时在服务环境中通过象征性的标示与目标客户进行沟通，以区别其他企业所提供的服务体验，尤其是可以令其从其他竞争者的环境设计中突显出来，从而吸引目标客户的注意力。

（二）环境对服务的影响

服务环境主要是由空间配置和场所氛围等因素构成。空间配置主要指企业中的有形物理环境因素，每个客户都会与有形环境产生互动，要么得到环境的帮助，要么受到环境妨碍。这些有形环境因素客观存在且直观可见，会直接影响客户对于服务的认知和情感，以及对服务的响应行为，进而影响对于服务的评价。而场所氛围属于非视觉方面，在服务的背景中不易被察觉，包括温度、音乐和气味等因素。实验表明，餐馆里的音乐、气味均可以影响食客的快乐和兴奋水平，并影响他们的消费体验，因此，餐饮场所内部的照明、格调或音乐等，相对于其他市场营销投入因素而言，对食客的消费决定具有更加直接的影响。此外，参与服务活动的个体之间的人际关系也互为环境因素并构成相互影

---

❶ 陈觉. 服务产品设计［M］. 沈阳：辽宁科学技术出版社，2003.

响。研究表明，不仅服务人员对于客户会构成影响，而且在需要许多客户参与服务事件中的客户之间也彼此影响，即其他客户对另一个客户的服务体验有积极或消极的影响。

（三）服务场景的塑造

服务场景是企业为提升客户的服务体验而主动构建的服务环境。服务环境本是自然形成的，但考虑到环境对服务本身存在影响，可以为使其正面、积极的影响更大化而专门去构建特定的环境模式，即服务场景。

服务场景是服务企业创造的提供服务的特定舞台，是服务有形展示的综合物理环境与社会环境的集合。服务场景在服务营销中占重要地位，服务原本无形，这种无形使客户难以直接、有效地对产品进行评价，从而可能延缓或误导客户对服务产品的选择和消费。而服务场景可以提供给客户有形支持，对客户的影响巨大。正因为如此，服务场景也是经常使用的定位服务组织的最重要的因素之一。

服务类型不同，服务场景的设计要求也不同。与客户接触或互动较少的服务，服务场景的设计可以相对简单，例如，自动售货亭等自助服务的场景设计应简单明了，所涉及的因素、空间和设施尽量简单直接。而高接触度的服务场景可能比较复杂，涉及很多因素和形式，尤其是内部空间布局与功能，通常与服务核心要素紧密相关。服务场景内部的装修与设施的布局以及它们之间的关系共同构成了服务传递可视化和功能化的场景，包括颜色、布局、风格、空气质量、温度、照明、音乐、氛围、陈设、标识等。总之，要考虑企业能够控制的、能够影响客户行为及其服务感知的因素。

三、服务的提供

（一）服务设计

针对客户需求的不断变化，企业需要不断开发新的服务活动，即根据客户的需求按一定的方法和程序设计出新的服务活动。这些新的服务活动可能提供新的服务内容,可能创新服务方式或风格,也可能面向新的服务客户,或者带来新的服务价值,或者能给客户带来新的服务体验等。

不断开发和设计新服务非常重要,其意义在于不断调整服务内容和服务方式以满足客户需求和提升服务体验。服务设计的好坏直接影响服务质量和客户的感受,也影响服务组织的生存与发展,所以应当提高服务设计在服务运营中的战略地位,不断对服务设计的概念加以扩大和深化。服务业不同于制造业,在制造业中的产品开发设计与生产系统的开发设计可分别进行,而对于服务组织来说,服务产品与服务的提供过程实际上是融合在一起的整体,只有综合考虑服务产品的四个组成要素,把服务产品的设计与服务传递系统的设计作为一个整体进行研究和开发,解决了"提供什么样的服务"和"怎样提供"的战略问题,才能进一步研究服务运营管理的竞争策略,进一步进行设施选址与布置、工作设计、能力管理、质量管理、生产部门管理和人员调度管理等方面的设计与开发,提高运营管理水平。

开发新的服务通常会经历以下过程。首先,新服务思想的萌发和形成,即新服务概念的创造,它需要企业保持市场敏锐性和对客户需求的敏感性,这是新服务概念创造的关键。其次,对新服务概念进行合理评估,评判其潜在的战略或财务等方面的价值,例如,是否能够适应企业现有的服务战略,是否会满足企业必要投资报酬率或市场份额目标等。最后,对新服务概念进行程序化设计,对其业务流程、所需资源、人力安排、技术支持等方面进行综合设计,以达到可付诸实施的目标。之后便可将其提交到市场,辅以必要的广告宣传和测试纠错,并进行市场投放后分析,以评估新服务开发过程以及新服务内容的合理性和有效性,为今后的服务改进提供反馈意见。

服务设计是服务开发过程中的主要内容,也是关键环节。它以企业研究和客户研究为基础,对服务的内容及其方式进行设计。不同类型的企业,管理思想和设计方法可能会有很大差异,因此首先要对企业自身进行分析,明确企业的经营目标和经营特点,为客户提供服务目的和类型等。由于服务活动是需要客户参与的,客户在服务过程中的地位非常重要,客户的特征、参与方式、对服务的预期等因素也会反过来影响服务本身，因此，对客户的需求、心理、行为等方面进行研究也成为服务设计的出发点。

服务内容的设计，即确定提供什么样的服务，需要解决两个关键问题：一是满足客户什么样的需要；二是给予客户什么样的感受。前者是解决服务的实体功能需求，即客户面临什么实际问题，需要通过服务来解决。后者是为了满足客户的心理需求，即服务的过程如何带给客户轻松、愉快、舒适、被尊重、方便等感受。而服务方式的设计是以服务内容设计为基础，但两者并非独立，应该统一考虑。它主要涉及两个主要部分：硬件要素和软件要素。硬件要素指的是结构要素设计，包括服务设施选址与布局、能力规划等；软件要素指的是管理要素设计，包括组织结构设计、流程及工作接触设计、质量管理与控制、人力资源管理及信息技术的应用等。❶

（二）服务供应

服务供应管理的一个主要任务就是服务规模保证。服务规模是指按设计标准所能提供服务的能力，也可以被定义为服务系统的最大产出率。通常情况下，服务供应规模是具有弹性的，因为服务企业很少只提供单一服务，且服务的形式变化多端。例如，大学的课堂教学有时候是大班教学，有时候是小班教学，这对于教室的设计和安排提出了灵活性的要求。另外，即使整体的服务能力不变，相同的生产设施和设备、相同的员工在不同时期的生产能力也会有所不同。这是因为不同类型的客户的需求不同，或是客户参与的程度不同，从而使服务供应规模有所变化。例如，酒店的标准间已经住满，而套间还有大量剩余，此时的酒店同样满足不了旅客对标准间的需求。

服务供应的规模取决于企业可利用资源的多少，构成企业服务规模的资源通常包括人力资源、设施、设备和工具、时间、客户参与、替代资源六个基本要素。其中，人力资源是服务活动中的最主要资源，是完成服务活动、创造服务价值的主体，对知识、能力、技能、经验、体力等方面有一定的要求。设施

---

❶ 计国君. 服务科学与服务管理［M］. 厦门：厦门大学出版社. 2015：45.

是指方便员工工作、安置设备的场所，主要有用于员工提供服务能力的物质设施、用于存储或处理货物的物质设施、基础设施等。设备和工具是企业服务过程必不可少的、用于处理服务事项的物质设备，这些设备也反映了企业的服务能力，如运输公司的货车数量代表了它的运货能力。时间也是决定服务企业规模的重要因素，所有的服务过程都需要经历特定的时间才能完成。客户的参与程度也会影响服务规模，有些服务属于客户自助服务，需要客户提供一定的劳动，例如，在自动售货机上购买饮料、自助餐厅由顾客自己选取食物，这样可以减少服务方的劳动投入，加快服务的速度。一些内在或外在的替代资源也会成为影响企业服务规模的重要因素，内在的资源既可以是备用的机器设备，也可以是工作时间的延长，或者是增加工作班次；外在的资源可以是分包合同，也可以并购一家公司，或者租用服务资源，这些都可以扩大服务规模。❶

（三）服务组织

开展服务活动时，对整个服务活动各个要素进行合理、高效的安排，包括服务人员、服务支持设施、服务原材料等。组织主体是服务的提供方，他们根据客户的需求，将服务以某种或者多种形式提供给客户，在这个过程中提供的不仅是有形产品，更重要的是无形服务，它在一定程度上更能够影响客户的感知，进而影响客户对服务的评价。服务过程是无形的，服务的优劣更多是通过提供服务的过程呈现出来，而如果过程组织不当，那么在很大程度上将影响服务产品的价值，造成客户的满意度下降。服务的有效开展倚赖服务组织，有序和规范的服务组织能够更好地呈现服务的价值，提升客户的服务感知和服务体验，以及服务的品牌价值。例如，在餐饮服务中，管理者会通过对食材的采购、厨师烹饪标准、服务员的服务方式及其他附加服务模式进行系统的组织和管理，最终呈现在食客面前的是各色各样的菜品，但是食客除了关注菜品之外，也会很注重服务人员的服务态度、大厨的手艺、服务的效率、厨房是否卫生干净等，这些都涉及服务组织是否有序和规范。总之，有序和规范的服务组

❶ 赵海峰. 服务运营管理［M］. 北京：冶金工业出版社，2013.

织往往能提高服务效率、服务质量以及客户的服务感知。

（四）服务推广

服务也可以通过营销的方式进行推广，以吸引市场关注，提升服务品牌形象。要想取得较好的推广效果，首先，应考虑服务的商品化，即将服务活动的内容、形式、水平等复杂要素组合成相对稳定的模式，以提高客户对于服务的认知。其次，要考虑服务渠道问题，采用合理的模式和方法，将服务直接传递到服务对象，以保证客户接受服务的便利性。最后，可以通过与目标市场的沟通而实现服务促销的行为策略与方法，包括服务广告、人员促销、口头传播、公关宣传等。尤其是现在的网络自媒体发展较快，越来越多的企业利用网站、微博、微信、论坛等形式来进行产品服务的宣传，力求在最短的时间内被更多的客户所了解。当然，服务产品的有形展示也很重要，包括服务提供的环境、企业与客户接触的场所，以及便于服务和进行沟通的各种有形表现形式，这对于客户在服务过程中对服务的感知和评价至关重要。

四、服务的实施

（一）服务接触

服务接触是服务员工与客户发生直接接触和交互作用的过程，它是由客户、服务组织及服务员工三者相互作用形成的三角形，即服务接触的三元组合。服务接触，尤其是面对面接触，对于企业而言非常重要。因为服务接触过程会给客户留下深刻印象，影响并决定客户是否会再次购买该产品，进而影响企业的经营发展。

服务过程中，企业和客户之间的接触程度和接触方式不尽相同。按照接触程度可分为低接触度服务和高接触度服务。低接触度指客户和服务提供商之间只有很少的实体接触，主要通过电子和实体分销渠道实现远程服务。高接触度服务则指需要客户亲自光临现场、使用服务设施的服务。按照接触方式可分为远程接触、电话接触和面对面接触。在远程接触情况下，服务并不发生在人与人之间，而是通过一定的媒介来传递服务，最具代表性的即网络服务，网络购物等购买行为可通过网络实现，卖家和买家并不需要发生直接的接触。在面对面服务中，客户和服务人员直接接触，服务人员的言语、态度、行为等都会成为影响客户评价该企业服务质量的重要因素，对服务质量具有最为直接的影响。

在信息化社会，由于信息技术和通信技术的应用，新的接触方式不断产生，越来越多的面对面服务接触逐步被借助先进技术实现的自助服务接触、远程服务接触等所取代，客户可选择不同的服务接触方式来获得服务，拥有更多的自由。同时，服务接触的影响范围更加广泛。对于企业而言，一方面可通过使用远程接触取代面对面接触来节约人力资源成本，减少由于员工操作失误、态度欠佳而产生的服务质量降低的情况。另一方面，网络接触、远程接触可以更加细分客户群，销售范围更广，提供服务不受时间限制，且可以通过网络自动收集、分析客户信息，为最终战略决策提供依据。

（二）服务传递

以跟客户是否直接接触为区分，直接跟客户打交道的环节可以称之为服务的前台，否则称之为服务的后台。服务后台主要完成服务的基础工作或前期工作，虽然不直接与客户接触，但也是服务过程的一部分。服务传递就是将服务从提供方递送给接受方的过程，即服务由后台传送到前台，再由前台交付给客户的过程。❶ 鉴于服务的生产和消费是同一个过程的特点，服务提供者与服务消费者之间的关系十分密切，因为许多服务的消费者参与了服务的生产过程，他们与服务的提供者同时存在，相互接触，这就使二者之间的关系带有浓郁的人际交往的情感色彩。

一个完整的服务传递过程包括两次过程和四种行为。两次过程是指间接传递过程和直接传递过程，其中，间接传递过程发生在服务提供方内部，是由服

---

❶ 秦远建，邵红玲. 服务传递能力的影响因素研究［J］. 商业时代，2009（2）：26, 28.

务后台员工传递到服务前台员工的过程，而直接传递过程发生在提供方和接受方之间，是由前台服务人员直接交付给接受方（客户）的过程。两个过程又包含了四种行为来完成服务传递。这四种行为包括客户行为、前台员工行为、后台员工行为和支持行为。客户行为包括客户在预订服务、消费服务和评价服务过程中的各种行为。客户在进行这些行为的过程中与服务提供方的某些员工发生了接触，这些与客户直接发生接触的员工叫作前台员工，他们在为客户提供服务的过程中所产生的行为称为前台员工行为，该行为围绕着前台员工与客户之间的相互关系而展开。而那些发生在幕后，不与客户直接接触，只提供服务，使前台员工与客户的交互行为能够发生，即支持前台员工行为的雇员行为称为后台员工行为。此外，还有一些相关的支持行为。

（三）服务方式

不同环境下客户服务提供方式多种多样，不同的企业根据自身的行业特点选择相对合适的客户服务方式。实体化的服务方式是最为成熟和普及的方式，包括实体服务设施的管理等。但现在，这类方式正逐渐被新兴技术手段所取代，从电子化到网络化，再到智能化，这对服务管理提出了更高的要求。电子渠道是指企业通过电话、呼叫中心为客户提供远程服务，电子渠道减少了企业建设实体营业网点所需费用，且可通过设置电子自动回应，突破时间限制，随时为客户服务。网络渠道是随着互联网的应用而发展起来的，以互联网为传播媒介为企业向客户传递信息，主要表现为自助服务终端、移动客户端、企业独立门户网站，以及依托其他互联网企业所建立的平台，如微博、微信、QQ 客服等。而随着移动互联网和智能手机的快速普及，从社交软件到新闻资讯，从网络购物到手机游戏，各类网络应用程序呈现爆发性增长，这为客户使用手机等移动终端接受服务提供了基础，企业 App 成为企业向客户提供服务的又一途径，企业与客户的交流更加直接，也方便了企业各种服务活动的开展和服务效率的提高。

（四）服务效率

为提高服务活动的实施效率，可以从以下几方面考虑。

　　首先，做好服务人员的调度安排，可以分三个层次考虑。第一个层次是预测服务的需求并据此调整服务人员的供给，对于需求稳定的，可以长期雇佣一些服务人员；对于那些需求变化较大或周期性波动较大，则可雇佣临时或兼职工作人员，如旅行社在旅游旺季时会雇佣临时或兼职服务人员以满足旅游者的需求。第二个层次是合理安排工作班次，根据客户需求的波动性以及服务人员技能水平的差异，合理组织和安排服务人员上岗。第三个层次是对员工的跨岗位培训，因为有些服务的需求量在不同时间会有所不同，当某一服务业务繁忙而另一服务业务可能闲置，可以利用员工的跨岗位技能弹性安排工作，在需求的高峰期增加服务的供给量，同时帮助员工掌握多门技术，提高他们的能力与收入。❶

　　其次，调整服务时间。调节服务供给最直接的办法是调整服务时间的长短，因为延长或缩短服务时间都是利用服务弹性的有效方式，例如，餐馆在营业高峰期，服务需求较多可以延长营业时间，在服务需求较少时，可以缩短服务时间，员工可以得到充分的休息。此外，还可以通过有效地使用空闲时间来扩大高峰期的服务能力，如在空闲时完成一些辅助性的工作，以便在高峰期专注于必要的工作。

　　再次，适当增加客户参与度，提升服务自助化水平。当需求集中涌现时，可以减轻服务供给的压力，例如，超市提供的自助扫描结账、餐馆的自助餐服务等都能够很好地解释自我服务策略的优越性。客户参与其中后，不仅可以根据自己的需求进行选择，使服务过程更加流畅，同时也减轻了企业的人力要求，降低劳动力成本。但过多使用自动化的机器，客户会认为缺少人情味，毕竟机器不像人一样反应灵活，服务的复杂特性可能会导致客户遇到困难时得不到及时解决而降低满意度，因此在提高自动化水平的同时，也要适当安排一些服务人员直接对客人服务。

　　最后，服务过程的合理性问题，即服务提供的实际程序、机制和作业流程，它构成了服务的传递和运作系统，是客户体验到的实际服务过程，能为判

---

❶ 李雯，樊宏霞．服务企业运营管理［M］．重庆：重庆大学出版社．2016.

断服务质量提供依据。服务流程标准是影响服务传递过程的重要因素，它的本质要求是科学管理，在服务传递过程中要遵循生产作业标准化、工时利用科学化的原则，用科学的操作方法和标准的服务流程来进行服务传递。在这过程中要确定操作规程和动作规范，确定劳动时间定额，完善科学的操作方法。因此，管理者必须考虑物资利用率与经济成本的平衡问题，利用率较高的设备可以直接购买并专用，利用率低的可以采用租赁或共享的方式解决，例如，在旅游旺季，旅游人数达到高峰时，旅行社可以通过租赁汽车来扩大自己的服务能力。

第 2 节　服务质量控制

一、服务质量控制原理

（一）服务质量控制的要点

控制服务质量就是要保证服务质量，防止质量事故发生，其意义在于控制客户认识和社会舆论的偏差，建立和客户之间的有效交流，以进一步做好解惑和纠偏，从而树立企业服务质量的良好形象。

控制服务质量的关键有以下几点。首先，树立服务质量意识，所有员工都应在思想上重视服务质量的问题。服务不仅仅是服务部门的事情，企业中的任何部门，如生产、技术、财务、供应等部门所做的工作和努力都会在客户服务过程中起到一定作用，没有这些部门的支持，提升服务质量只能是空谈。其中，企业的高层管理者的重视尤为重要，他们可以对服务中涉及的问题进行跨部门协调，控制服务质量才更为有效。其次，需要密切关注客户，充分理解客户现在和将来的需求，保持跟客户的交流沟通，能积极响应客户的要求，尤其是一些个性化需求应给予重点关注。客户对于服务的态度也是衡量服务质量的重要参考依据。最后，应注重服务质量控制的过程和方法。服务活动的全过程是由若干环节构成，每个环节都有输入和输出，实现质量控制就是要对这些过程进行控制，即制定出一定的质量指标，使上一个环节输出的质量符合下一个环节输入所要求的质量指标，这样每个环节都有相应的质量指标，从而达到服务质量控制的目的。

（二）服务质量的内部控制

对于服务质量的内部控制应以规范化管理的思路实施，通过规范化的服务质量管理文件，把服务过程中的每个环节都明确下来，对照实施并做必要的记录，并通过有效的监督措施，让服务人员能严格遵守服务规范要求，从而达到保证服务质量的目的。其中，设立相应的服务管理机构是关键，由专职机构对服务的管理进行分工和协作，履行职责，配置资源和保证信息畅通。其主要控制措施包括：①文件记录控制，对服务过程中涉及的文件、记录、报告等进行规范化要求，例如，统一的客户电话记录、维修记录单等；②服务人员素质要求，其目的在于保证服务人员忠诚、正直、勤奋的工作态度和有效的工作能力，从而保证其他内部控制有效实施；③服务考核控制，通过对服务部门、服务团队和个人的考核，督促他们提升服务质量，这也是保障服务有效实施的重要措施。

（三）服务质量的外部监督

为保证服务质量还可以建立外部监督机制。具体的监督措施包括：①畅通客户投诉渠道，鼓励客户投诉，如果客户对服务不满意，有些人是不会直接对企业投诉，而仅仅是不再光临该企业或停止购买该企业产品，这样无助于企业发现服务中存在的问题，因此，监督服务部门的最好方法是方便客户投诉；②积极征询客户意见，可以通过编制客户意见反馈表并让客户填写的方式征求意见，包括客户对服务态度、方式、质量、时效、费用等方面的评价性意见和建设性意见；③主动拜访客户，一方面是了解服务的具体情况，以及客户的意见和态度，另一方面也是增强与客户的情感，稳固客户关系；④设置专门的服务调查人员，以旁观或参与的方式对服务工作加以监督。

二、服务的伦理约束机制

(一) 什么是服务伦理

伦理是指人与人之间以道德手段调节的种种关系，以及人们在处理这种关系时应当遵循的道理和规范。在市场活动中，企业与企业等之间也存在各种相互影响的关系，如企业与客户、供应商、竞争者、政府、社区、环境、员工等关系，因此企业之间也存在相应的伦理问题。一般来说，企业伦理是指在企业经营中所蕴含和活跃着的道德意识、道德准则与道德活动的总和，其中，企业道德意识内含道德心理、道德观念和道德评价三个不同的层次；企业道德准则按企业所处理的四种关系进行要求，分别是处理企业与自然环境、社会关系、其他企业、个人关系的准则；企业道德活动是指在企业生活中具有善恶价值的人的活动。服务伦理作为企业伦理的一部分，强调的是企业在服务过程中，与被服务对象之间以道德手段调节的各种关系，以及在处理这些关系时应当遵循的道理和规范。

(二) 服务伦理的必要性

企业服务伦理是高品质服务的基本前提，所以企业服务需要伦理原则的规范和引导。现代企业之间的竞争已经不只是经济上的竞争，更是精神文化、伦理道德、文明程度上的竞争；也不只是市场份额、产品的竞争，更是服务的竞争以及企业形象的竞争。企业要以服务伦理为基础向客户提供优质服务，巩固自身的竞争地位。尤其是进入信息时代，人们的工作和生活享受着前所未有的便利，同时也给人们或有关部门行使其依法享有的监督权提供了可能和便利，例如，媒体和社会公众都有条件利用现代信息技术了解企业的行为。客户有很大的选择权，他们不仅对企业提供服务的质量、价格等方面做出比较和选择，还会对企业在提供服务过程中的伦理道德态度做出评价，有时还以企业的服务伦理作为其在实力相当的企业中作选择的依据。如果企业在提供服务的过程中投机取巧或是做了有损其服务对象利益的话，那必将被市场抛弃并陷入困境。

（三）服务伦理的追求

现在，追求卓越成为企业服务的价值目标和伦理主题。一方面，服务既是一种经济行为，有其特定的经济目的，又是一种道德行为，包括特殊的道德追求，反映着经济服务主体的精神面貌和道德品质；另一方面，卓越本身就是一种道德境界，追求卓越实质上就是追求伦理。在"卓越服务"的伦理目标中，包含了人本服务原则、服务效益原则、服务公平原则。其中，人本服务是核心，它贯穿于服务伦理规范体系，并起统率作用，而服务效益是基本要求，服务公平是保障。这些伦理原则以其各自所承担的任务和发挥的功能，共同推动企业服务走向卓越的伦理境界。

具体来说，人本服务原则就是服务要以人为本，关心人权，适应和满足人性的需要，注重感情和文化的因素。一方面，企业服务要以人为中心、为主体、为出发点和归宿，尊重客户的思想和感情，为之提供人性化的服务。尊重客户的价值和尊严，让他们感受到服务的价值。另一方面，企业内部各部门间的服务也应体现出人本服务原则，构造团结互助、平等友爱、和睦相处、共同前进的和谐关系。而服务公平原则是企业服务发展的伦理保障，是评价和衡量经济服务行为的伦理尺度，对发展企业的服务水平有着重要的作用。服务公平原则要求企业对服务对象一视同仁，无论何时、何地、何人，所提供的服务以及服务质量应该是一致的。这对于企业获得客户的信任和忠诚极为重要。

三、服务期望管理机制

（一）服务期望的含义

客户对服务的期望就是其对服务质量的预期或期待。客户会在其接受服务前期望服务的质量水平如何，以及服务的结果如何。但不同的客户对服务存在不同水平的期望，因为客户的服务期望水平往往会因为客户持有的参照点不同而变化较大。

客户所期望的服务分为"理想服务"和"恰当服务"两大类。理想服务是指客户想要得到的最高水平的服务，它是客户认为"可能是"与"应该是"的结合物。对"理想服务"很难进行具体的描述，它的发展空间会随着客户的心理需求、服务理念的更新而无止境的延伸。虽然客户希望得到"理想服务"，但他们一般会考虑实际情况并尊重事实，承认"理想服务"不可能完全实现，于是就会产生另一类低水平的服务期望，作为可接受服务的门槛，这个就是"恰当服务"。这表明，客户虽然有对"理想服务"的要求，但还是能接受低于理想服务水平的服务质量，即恰当服务。因此，只要服务质量介于"理想服务"和"恰当服务"之间，客户都是可以接受和承认的。

这种"理想"与"恰当"的划分对服务管理意味着：一个不同服务提供商，同一服务提供商的不同服务人员，甚至相同的服务人员，服务质量都是不尽相同的。如果把"理想服务"和"恰当服务"看作某区间的两端，那么其区间的每个值都是会取到的，甚至是区间以外也会有值存在。如果在区间内，客户不是特别注意服务质量，可称之为容忍区间。如果在区间外，该项服务就会以积极或消极的方式引起客户的注意。当客户感知服务质量超过容忍区间的上限，会非常高兴且可能吃惊。当客户感知服务质量下降到恰当服务水平之下，客户会自觉受到挫折并降低对公司的满意度。因此，明确服务容忍区间的上下限，将有助于服务管理人员发现服务质量问题并做出相应的决策。

（二）影响服务期望的因素

弄清楚影响客户服务期望的因素有哪些，对于准确把握客户的服务期望，提高服务质量十分重要。仍然从"理想服务"和"恰当服务"两个方面来考虑。

"理想服务"的影响因素主要有以下几点。①个人需要，包括生理的、社会的、心理的和功能性的，这些都是对客户的生理或心理健康十分必要的状态或条件，也是形成理想服务水平的关键因素。②服务理念，这是一个与社会环境及个人经验有关系的因素，对服务理念有不同理解的人对服务的期望水平也不同。③明确的服务承诺，这是服务提供方传递给客户的关于服务的具体说明，也是由服务提供方控制的、能影响期望的少数几个因素之一。④含蓄的服务承诺，是与服务有关但无法准确预判结果时的一些模糊性说明，它可以使客户推断出服务应该是什么和将会是什么，这些判断源于诸如服务的价格、服务的有形性等因素。⑤口碑传播，这是通过与所提供服务有关的当事人向服务需求者传递服务将是什么样的信息，并且影响理想服务，专家、专业性刊物、媒体、朋友等是可以影响理想服务水平口碑的重要来源。此外，客户过去的服务经验也是影响其今后服务期望的重要因素。

"恰当服务"的影响因素主要有以下几点。①暂时服务强化因素，这是一种暂时性的、短期的、个人的因素，它使客户对服务产生一种超乎寻常的需要，例如，因意外事故而需要汽车保险，或在繁忙期间办公设备出事故，客户会因为个人的紧急情况而提高对恰当服务期望的水平，尤其是认为自己的要求在对方可以接受范围内时表现得更为强烈。②可以为客户提供同样服务的其他服务提供者，假如客户有许多服务提供者可供选择，其恰当服务水平就要比那些别无选择的客户的服务水平要高。③客户在接受服务之前向服务提供者表达自己期望的程度，如果客户表达清楚，那么服务提供者的恰当服务水平就要高于没有表达自己期望的客户，因为大部分的客户会认为有必要为自己提出的特别要求负一定的责任；④环境因素，主要指客户认为在服务交付时不由服务提供者所控制的条件，例如，影响许多人的自然灾害可能会降低服务期望，因为客户承认服务提供者自己也受到了影响，并且这些偶然性并不是服务提供者的过错，就有可能接受在既定环境下低水平的恰当服务。⑤客户预期他们有可能得到的服务水平，这种预测表明对服务活动可能性的一些客观考虑或预期，如果客户预测服务好，服务提供者的恰当服务水平就有可能比其预测服务差时高，反之亦然。

（三）评估客户的服务期望

客户的服务期望涉及客户心理、社会意识等诸多非直接可控因素，因此，应掌握客户的心理预期，将其作为管理客户期望的基础。在充分掌握客户信息的基础上，分析客户需求，并评估客户的服务期望。客户需求分为基本需求、惊喜需求和期望需求三类。基本需求是客户认为服务提供者理所应当提供的服务，满足程度低，客户会很不满意，满足程度高，客户也不会很满意。惊喜需求恰恰相反，满足程度低或不满足，也不会不满意，满足程度高则会非常满意。期望需求介于两者之间，需求满足程度与客户满意度基本呈线性相关。

一般情况下，客户对基本需求类服务有非常明确的心理预期，且期望水平波动不大。如果该类需求得到满足，客户体验超过预期水平或与之持平，对其满意度的影响程度较低。但如果该类需求未得到满足或满足程度较低，客户体验未达到预期水平，则客户满意度会急剧下降。惊喜需求类服务的客户预期水平较低或根本没有预期，其情况与基本需求恰好相反，当所提供服务令客户惊喜时一般都会很满意。如果服务质量较好，客户满意度会得到很大提升，如果服务质量不尽如人意，客户也不会产生反感情绪，即对其满意度的影响程度较低。期望需求介于两者之间，客户有一定预期，服务体验与预期水平的差距决定其服务效果的好坏。

（四）引导客户的服务期望

首先，可以采用分级服务标准，分别针对基本需求、惊喜需求和期望需求，推出相对应的基础服务、惊喜服务和期望服务，以满足客户不同层面需求。对于客户期望较高的基本需求及期望需求，提高对应服务的资源配置优先级，同时控制惊喜需求服务成本，采取非周期性、非常规性提供原则，防止客户产生预期心理使需求层次下降。

其次，可以采用分级服务承诺的办法。对于现已推出的、满足客户基本需求层次上的服务，应统一标准并给出明确承诺及服务范围，规范服务提供流程，从而使客户期望合理化。对于影响范围相对较小，部分客户群体内推出的，在期望需求层次上的服务，对服务质量适当承诺，其中，可控性较高的服务可相对提高其承诺水平，可控性较低的服务则与之相反。对于个别情况下提供的、差异性较为明显、处于惊喜需求层次上的服务，其服务承诺水平应最低或不予承诺，尽量防止产生客户预期，以达到惊喜效果、提升客户满意度为最终目的。

再次，可以在客户细分基础上，对不同客户群体有针对性地推出差异化服务。防止客户产生思维定式，进而形成较高的心理预期，例如，有的客户每年生日都能够收到服务提供者送的礼物，并且形成服务预期，如果某年没有按时收到礼物，客户容易形成不满意态度。因此，个性化、新颖化的服务对于控制客户期望是非常有帮助的。

最后，服务公开程度控制是合理引导客户期望、防止客户期望攀升的重要环节。如果客户产生攀比心理，一旦期望与现实体验落差较大，也容易产生不满情绪，进而造成满意度下降。

四、服务质量提升策略

（一）文化塑造策略

好的企业文化可以为服务塑造出重视服务质量的氛围和导向。文化虽然不是直接针对服务问题的，但对于服务中出现的任何问题，优秀的企业文化都会指导服务人员做出恰当的反应并采取合理的行动。例如，有些员工没有热情和微笑的习惯，但如果企业能有良好的服务文化，那么这些员工会在这种氛围中发生改变，这就是企业文化改造人的力量。

首先，企业要注重建立良好的服务环境，因为客户在接触服务之前，他们最先感受到的就是来自服务环境的影响。这里的服务环境不仅包括提供服务的场所，也包括有形的服务设施，以及无形的服务要素。其次，应创造以客户为中心的观念，建立以客户为中心的业务流程，还需要其他部门积极响应客户需求的变化，建立真正意义上的"以客户为中心"文化。同时，塑造服务人员的良好形象，作为直接与客户打交道的人，他们在客户中留下的印象将是非常深刻的，客户对服务质量的感知有相当的部分来自于对服务人员形象的感知。

（二）人员激励策略

通过激励机制来提升服务品质也是重要策略之一。制定服务人员的激励机制，要综合考虑精神激励和物质激励相结合、长远意识与短期意识相结合、个人发展与企业发展相结合。单纯的物质激励只能短期有效，适当的精神激励可以提升服务人员的精神面貌，保证其在服务中处于良好的工作状态。

激励包括物质激励和精神激励。物质激励的常见形式是发奖金，对于服务人员而言，奖金的激励效果最为显著。而精神激励应多给予鼓励和激励，表扬要及时，尽量多表扬而少批评，或先表扬后批评。

建立有助于提高服务价值的职位体系。这样每个服务人员就有了发展和晋升的目标，从而有助于服务人员积极主动地提高自身的服务能力。服务主管也将有意识地为服务人员树立榜样，充分发挥优秀服务人员的传帮带作用。此外，还有助于合理使用服务人员，把最优秀的服务人员安排在最重要的服务岗位上，提高服务的价值。

（三）客户满意策略

客户满意策略的主导思想是以客户满意为原则，从客户的角度、观点来分析和判断服务水平。那么，服务要想达到客户满意的要求就必须不断提升企业的服务水平。

从客户的角度考虑问题，一方面，要建立多种服务及沟通渠道。有些客户喜欢使用电话，有些客户喜欢通过网络，有些客户喜欢上门服务。这些不同的渠道虽然能够实现相同的服务功能，但产生的服务效果却不尽相同，如果想要提高客户的满意度，就应该选择符合客户偏好的服务渠道和服务方式。能提供多种服务渠道，对于客户而言有选择的余地，也预防了某一渠道出现问题的应急风险。

另一方面，能否正确处理客户反馈的问题，尤其是客户的投诉，也是影响客户态度的重要因素。对于企业而言，再严格的服务要求也难免百密一疏，甚至因为客户的感知不同而产生抱怨，这就需要服务部门及时掌握客户的反馈信息，应对客户的抱怨与投诉，处理客户抱怨与投诉的具体问题或提供补救。因此，建立服务投诉预警补救机制，重视客户问题并快速反应，授权一线服务人员积极处理客户抱怨与投诉，有效管理和控制客户的服务质量需求等，这些都是提高服务质量、保证客户满意的重要条件。

（四）规范化策略

企业提供的各项服务不是一个孤立的和随机的行为，而是一个系统的、规范化的服务过程。首先，从服务流程上说，应该有一套合理的工作流程，把相互关联的服务活动按发生的时间顺序进行排列，这样就可以绘制出企业的服务流程图。根据流程图设计出高效、符合客户需要的标准化工作流程。其次，通过各种渠道收集服务质量信息，根据实际情况设计或选择解决问题的具体方法，改进后再进行服务质量评估，判断是否仍有需要改进的地方，直到完全符合服务要求或客户满意为止，实现持续的质量改进。

但在服务过程中，客户的需求和期望是不断变化和调整的，这就要求服务人员不仅要遵守规范的服务程序和服务要求，也应灵活应对客户需求的变化。为此，应授予服务员工一定的工作自主权。实践证明，当客户提出请求或投诉时，由一线服务人员在第一时间处理问题，效果是最好的，尤其是对于那些在企业外部单独进行服务工作的员工。

第3节 服务过失管理

一、服务中的过失

（一）出现过失的原因

所谓过失，一般是指在一定条件下缺少应具有的、合理的、谨慎而犯的过错或失误。但对于服务活动而言，服务过失不仅是指服务提供方所导致的过错或失误，还包括因未达到客户预期而被客户"认定"的过错或失误。例如，在服务传递过程中让客户感到了不完善、不合乎服务要求的情形；或是客户认为不达标、不满意的服务行为，包括无法提供服务、不合理的延迟时间、违反服务规程的情形；或者是服务人员的不正确或不规范行为，包括服务态度或言行举止有不得体之处，对客户未有足够的重视和尊重等，这些情况都有可能属于服务过失或者被客户认定为服务过失。

由于服务具有生产与消费同时发生的特性，客户不仅重视最后的服务结果，对于服务过程也有各种期望和要求，因此，服务过失可能发生在服务提供过程中的任一时点上，并且有很多因素都可以导致服务过失。归结起来有两种情形：一种是服务提供方在服务过程中确实存在过错行为，由于服务是由服务人员来完成的，其精神状态、行为素养、技能水平等因素都有可能导致服务人员在服务过程中出现失误，这种相对客观的过失比较容易认定。另一种是服务提供方并无明显失误但被客户认为存在过错的，这种认定有一定的主观性，企业在处理这类问题时通常会考虑客户的感受而将其也视为过失行为。这是因为服务具有一定的无形性，客户在接受服务之前是看不见、摸不着的，只有在服务过程中才能体验到服务本身，客户对服务的认知往往是通过以往的服务经历或他人的介绍获得，一旦在实际的服务过程中发现与其期望不一致或达不到其要求的话，就容易认为这是服务过失。

服务过程是客户与服务人员共同完成的，是一个互动的过程，客户不只是被动的接受者，他们也可以对服务产生影响。如果是不利的影响，则很容易造成服务失误。例如，在服务过程中，如果客户不断提出一些特殊需求或不在服务范围内的要求，很容易分散服务人员的精力，从而导致工作中出现失误行为。从客户的角度考虑，同一个客户可能由于每次服务时心情或周围环境的不同而产生不同的感受，尤其是当客户接受了两次不同的服务人员提供的相同服务时，如果第二次服务人员提供的服务不如前一次服务的话，客户可能对该次服务不满意，在相比较的情况下认定该次服务为服务失误。此外，既不是服务人员所致，也不是客户所致，而是由于第三方所致，例如，餐馆因个别酗酒客人而使就餐环境变得糟糕，那么对于其他客人而言，他所受的服务质量水平就降低了，也会归因于服务提供方的服务过失。

（二）服务失误带来的影响

一般来说，服务失误发生后，客户往往会有三种不同的反应。首先，客户会直接向企业抱怨和投诉，这属于良性改进，可以让企业知道自己有些地方不足，进而采取相应的措施加以改进。如果客户不抱怨或投诉，继续保持沉默，导致客户流失，企业甚至不知道哪里错了，反而对企业不利。其次，会向客户所认识的人传递抱怨信息，尤其是现在可以利用网络媒体向更多不认识的人传播这些抱怨或批评意见。这类信息的广泛传播对于企业而言都是不利的，并且容易将问题扩大化，其结果是企业将失去更多的潜在客户。当然，也有客户直接向消费者协会等管理部门投诉，如果再引起媒体的报道，那么其负面影响将难以控制。所以为了维护企业的利益，也为了培养客户的忠诚度，企业应该积极面对和解决这些服务失误引起的问题，以避免或减少因客户公开抱怨或投诉而带来的影响。

一般来说，服务失误对客户满意度会有比较显著的影响。服务失误可分为能够控制的失误和难以控制的失误，来自服务提供方的失误和来自客户自身的失误。相较于可以控制的服务失误，在不可控制的服务失误的情况下，客户满意度相对较高；相较于服务提供方导致的服务失误，在客户自身导致服务失误的情况下，客户满意度相对较高。服务失误的类型对客户满意度也有显著影响。服务结果的失误相对于服务过程中的失误有较高的客户满意度。能给予实质性补偿的服务失误相对于只能给予非实质性补偿的服务失误有较高的客户满意度。服务失误发生时，失误处理者对服务事件的了解程度对客户满意的影响较显著，对服务事件的了解程度愈高，则客户满意度愈高。服务失误的补救程度对客户满意度也有一定影响。

（三）服务失误的预防

首先，要规范服务行为。服务失误是很难完全避免的，只能在一定程度上采取积极有效的预防措施，尽量减少服务失误发生的可能性。针对服务失误发生的可能情况，制定明确的规章制度和服务规范，以约束服务人员的行为，从制度层面减少服务失误的可能性，至少杜绝可控制的服务失误。同时，符合规范的行为也较难被认定为服务失误行为，因为其行之有据。

其次，听取客户抱怨，改进服务措施。及时听取服务中客户的抱怨，有利于发现问题，避免发生较为严重的服务失误。例如，海尔集团自创立以来，能把一个年销售额仅 348 万元人民币、资不抵债的小厂，发展到年销售额超过 400 亿元人民币的国际化公司，就是靠"了解抱怨、化解抱怨"，不断为顾客提供优质服务获得的。对于已发生的服务失误，及时、妥善地处理可以最大限度降低客户不满意，同时也是杜绝再发生同类失误的重要措施。在处理服务失误的过程中，要给直接处理失误的人员一定解决问题的权限，以保证服务补救的及时性，及时挽回客户。

服务失误通常存在一定规律，为了避免犯同类的错误，建立一套弹性的服务补救机制，应将曾发生的服务补救案例进行归纳、总结、分析，找出常见服务失误产生的原因，包括客户信息、发生服务失误的人或部门、发生服务失误的原因、采取的补救措施的类别、所需的成本、产生的效果等。

总之，服务失误意味着客户对企业的服务不满意，如果是服务质量的问题，应该分析问题，积极改善；如果是因为客户对服务的期望值过高，企业则应从客户的投诉信息中分析客户的需求，并在今后的服务中尽量满足。

（四）服务过失补救

服务补救是服务提供者在出现服务缺陷或失误后所采取的一些补救反应与措施。服务补救是一种积极的、正面的消除客户不满意情绪的重要措施。虽然会有一定的成本，但这种成本是对服务失误造成的损失的弥补，或者可将其视为改善客户关系、提升客户满意度的必要成本。妥善处理投诉可以增加客户对企业的信任，提高企业的声誉，并且针对客户提出的问题的服务补救措施，可以使企业产品的质量得到进一步的改进和提高。服务补救对于客户评价企业及其行为会产生积极影响，进而加强企业与客户之间的信赖关系。

服务补救实质是一种管理过程，其目的是通过这种反应，将服务失误给企业带来的负面影响减少到最低限度，最大限度地使客户由不满意变为满意，由不信任变为信任，最终赢回客户，重新建立客户满意和客户忠诚。作为经营理念，服务补救应该是着眼于客户忠诚度，而不仅是在处理客户的一次抱怨。妥善处理服务失误实际上是一次强化客户关系的机会，因为那些满意度低的客户在经历有效的服务补救后，其满意度会提高。在补救过程中，应以提高客户满意度为基准，建立服务补救预警机制。而在补救之后，应对补救效果进行评估、总结，以客户满意度的提高为最终标准。

服务补救也是一种竞争策略，高服务质量、高附加值无疑成为竞争的焦点。"客户满意""企业形象""客户感知服务质量"等不应成为企业对外宣传和对内号召的口号而流于形式。只有真正从客户满意的角度出发，实现服务功能质量提高，对经营活动进行彻底的审视和整合，对客户不满意的服务进行有效、及时的补救，改善客户对服务的认知，提高了客户满意度，才能增强企业的获利能力。

（五）服务补救过程

服务补救的过程通常包括三个环节：首先，确认服务过失的存在，了解客户不满的原因，发现服务工作中存在的问题；其次，解决问题并承担责任，纠正服务中的过错，弥补客户损失，安抚客户情绪，以挽回客户的不满意态度；最后，分析服务过失的原因，改进服务流程或质量控制措施，完善整个服务系统，优化服务机制。

做好服务补救要有承担责任的态度，当服务失误发生时，不管失误的原因是来自客户还是企业，企业都要有承担责任的态度，这样能给客户以一定的心理安慰，降低矛盾升级的可能性。企业对客户实施的服务补救分为心理方面和物质方面，心理方面，如道歉、解释以消除客户的不满；物质方面，如对客户所遭受的损失给予物质的补偿。相应的补救方式以解释与补偿为主。解释分为外部解释和内部解释，包括道歉并说明情况，或找依据、找借口等各种托词。补偿分为物质补偿、服务补偿、金钱补偿和非物质补偿等，具体包括更正错误、给予折扣、更换商品、退还金额等方式。

服务补救需要快速响应且举措有效。服务人员应在失误发生时迅速解决该失误，否则没有得到妥善解决的服务失误会很快扩大并升级。在某些情形下，还需要服务人员在问题出现之前预见该问题即将发生并予以杜绝。对解决问题的服务人员给予必要的授权，使其有一定自主解决问题的权限，以提高服务补救的效率。在服务补救过程中，能主动向客户提供一些服务补救或事件处理进展的信息，可以舒缓客户的紧张、焦虑和不安的心理。

最后，应该从服务补救中吸取经验教训。服务补救不只是弥补服务裂缝、增强与客户联系的良机，它还是一种极有价值的、具有诊断性的、能够帮助企业提高服务质量的信息资源。通过对服务补救整个过程的跟踪，管理者可发现服务系统中一系列亟待解决的问题，并及时修正服务系统中的某些环节，进而使"服务补救"现象不再发生。

二、客户投诉

（一）客户为什么会投诉

所谓客户投诉，就是指客户对企业产品或服务的不满而提出的书面或口头上的异议、抗议、索赔和要求解决等行为。引起客户投诉的直接原因可能是各式各样的，例如，客户的问题或需求得不到解决，也没有人向其解释清楚；当出现问题时，没有人愿意承认错误或承担责任；因服务人员的失职，令客户蒙受经济或时间的损失；曾经做出的承诺没有兑现；客户感受到来自服务提供方的无礼、冷漠、轻视或歧视；虽然是客户做错了事情，但遭到服务人员的嘲笑；也可能是因其他原因导致客户压力很大或遇到了挫折，进而挑剔服务中的任何一点瑕疵，作为怨气和不快的发泄口等。虽然绝大多数情况下服务提供方存在过失，但最根本原因还是在于客户没有得到预期的服务，即实际情况与客户期望的差距。也就是说，即使提供的服务已达到良好水平，但只要与客户的期望有距离，投诉依然有可能产生。

（二）客户投诉时的心理

客户投诉的基本心理动机大致有三种：一是想发泄怨气，这类客户在接受服务时由于受到挫折，通常会带着怨气抱怨和投诉，把自己的怨气发泄出来，不快心情会得到释放和缓解，以维持心理上的平衡；二是受尊重的心理需求，情感丰富的客户在投诉时总希望他的投诉是对的或有道理的，他们最希望得到的是同情、尊重和重视，并向其表示道歉和立即采取相应的措施等；三是期望得到补偿的心理，当客户的权益受到损害时，其投诉的目的在于补偿，包括财产上的补偿和精神上的补偿，尤其对于事件本身已经无法挽回的情况下，往往希望能够通过补偿来换回心理上的平衡。总之，客户进行投诉是希望他们的问题能得到重视，同时能得到服务管理者的尊重态度，并最终能使他们所遇到的问题得到圆满的解决。

（三）应对投诉客户的关键

企业在应对客户的投诉时应注意以下几点问题。

一是不与客户争执。接受投诉的目的是为了倾听事实，进而寻求解决之道。争论只会妨碍企业听取客户的意见，不利于缓和客户的不良情绪。凡是投诉的客户都确信自己的批评是正确的，因此，争论谁对谁错毫无疑义，只会激化矛盾，让已经不满意的客户更加不满意。

二是尊重客户的感觉。客户进行投诉，说明企业在服务中存在过失或欠缺，所以必须强调对客户的理解，要让客户感受应有的尊重。尤其是当客户受到了来自其他方面，例如经济、心理、时间等方面的压力时，应尽量认同客户的感觉，这有助于缓和客户的烦躁和不满，为处理问题打下良好的情感基础。

三是理解客户的反应。客户在投诉时往往情绪激动，这或许是因为各种其他与你无关的原因而感到不快，他们所需要的只是情绪的发泄；或许是感到焦虑，说话语气变得情绪化，容易激动。所以不要把客户说的不礼貌的话当成是对你个人的侮辱，客户并不是在发泄对你本人的不满，而是由于某种原因导致对企业产品或服务的不满。把注意力集中在所涉及的问题及事实上，尽量控制情绪上的反应。

此外，还应合理应对特殊客户。所谓特殊客户是指一些因人格特征而难以沟通的客户，例如，脾气暴躁易怒的客户，个人素质差甚至品行不端的客户，矜持高傲的客户，性格古怪或思路奇特的客户，爱挑剔和指责他人的客户，性格犹豫且磨叽的客户，喋喋不休爱争辩的客户，不善言辞的客户，过度自尊或自我保护的客户等。对此应尤其慎重，应该对事不对人，致力于问题的解决，当问题被解决的时候，投诉自然就被化解。避免受客户影响使自己情绪变得不稳定，避免把矛头直接指向客户本人而演变为互相之间的人身攻击。适当征求对方意见，让客户感到受到尊重，受到重视。当客户坚持其无理要求时，告诉客户你能做什么，而不是你不能做什么，并不断地重复这一点。

（四）客户投诉的处理

首先，企业应设有相应的部门负责受理客户的投诉。对于大中型企业可设置专门的投诉受理部门，而规模小的企业可以指定具体人员负责受理投诉。受理投诉的途径有两类：一类是直接受理，即客户投诉直接向提供服务的部门投诉。另一类是通过其他部门投诉，再移交给服务部门，例如，先向销售部门投诉，再转给售后服务部门。在受理投诉的时候，应该做相应的记录，内容包括投诉人的姓名和联系方式、投诉内容和意见、投诉时间和方式等信息，并妥善存档、备案。投诉受理人还负责汇总、分析受理的投诉，及时有效地进行信息反映，为领导决策提供依据。

其次，在受理投诉的时候应礼貌地接待投诉客户，以耐心诚恳的态度听取客户的投诉意见，不轻易打断客户的抱怨，鼓励其详实陈述问题和意见，注意准确理解客户的意图，而不直接评价其中的对错。客户在投诉时多带有强烈的感情色彩，甚至可能存在发泄的心理，对此应该给予客户一个宣泄不满和委屈的机会，以疏解其积压的不满情绪。以歉意的姿态安抚客户，平息其激动情绪，让客户回归到理智的状态下解决问题。在此过程中，投诉受理方应表达歉意，不以任何理由或借口推卸责任，即使主要责任在客户，亦不宜直接反驳。

再次，接到投诉后应该在第一时间处理，时间拖延越长，客户的伤害就越大，客户的忠诚度就会受到严峻的考验。处理客户投诉时要善于抓住时机，通过提问题引导客户讲述事实，等客户讲述完整过程以后，再去探讨怎么处理投诉。先了解客户想要的解决方案，客户服务人员主动提出"您觉得这件事情怎么处理比较好"，然后再选择时机提出解决方案。有些客户服务人员直接提出解决方案，客户会感觉失去主动权，没有选择的余地。对于一般性投诉，客户提出的合理要求应及时妥善处理。对于较难解决的重要投诉，应做必要的调查并与投诉人充分沟通后再做出处理。对于重大投诉，超出服务人员处理权限的，应经企业领导审批后再决定。在投诉处理过程中不要轻率答应客户的要求，因为随意承诺却解决不了问题，则会失去客户的信任并加重客户的愤怒。

最后，应建立投诉的快速回复机制。快速、明确、积极的回复能够使客户感觉自己得到尊重，并且表示出企业解决问题的诚意，防止负面渲染造成更大的损伤。对于一般性口头投诉，尽可能当场做出答复，不能即时处理的，也应在 1~2 天内做出答复。对于书面投诉，尤其是重要投诉，也应视具体情况尽快处理并答复。投诉解决之后，还应进行适当的跟踪回访，使客户感受到诚意，加深客户的信任度。

（五）挖掘客户投诉中的价值

投诉处理的目的不仅仅是避免给企业带来的麻烦，更重要的是希望通过有效处理投诉，能够挽回客户对企业的信任，使企业的口碑得到良好的维护，有更多的回头客，即将坏事变好事，充分挖掘投诉中的价值。

一是在经营中充分利用投诉价值，将信息资源变为知识资产。发现问题是成功地解决问题的一半，及时准确的信息反馈能更好地完善管理和服务。从客户的挑剔抱怨中找到了问题所在，发现服务的盲点，检视服务中的错误，从客户投诉中寻找服务的商机。进而完善产品，提升服务，加强管理，使企业不断成长和进步。

二是在经营中充分挖掘投诉的价值，将个人教训变为团队经验。客户投诉对企业来说是一种不可多得的资源，针对客户投诉，不但要总结经验教训，还要将客户投诉的信息和处理客户投诉的知识累积并存储起来。员工可以通过投诉知识数据库，避免重犯类似的错误，或按照数据库的知识处理问题，少走弯路，及时准确地处理好客户投诉，由个人知识变为团队经验。

三是由事后处理变为事前防范。重大的客户投诉，在发生前一定有一些预兆。客户投诉管理，要由过去事后处理变为事前防范，在客户重大投诉还没有出现之前，就要从蛛丝马迹中发现问题，及时处理，避免客户投诉的产生。

三、服务危机沟通

（一）服务危机的发生

服务过程中的过失，以及由于服务本身因素而引发的矛盾和冲突都可能引发服务纠纷。如果客户在接受服务时认为自身权益受到损害，或不满意服务过程中存在的瑕疵，就会把这作为一种服务过失向企业提出投诉或抱怨，而一旦投诉得不到相应的、合理的处理，就会在将其升级为一种冲突，即服务纠纷。服务纠纷的实质是，主观上存在非善意行为倾向或不认同客户的观点，客观上没有妥善处理客户投诉，从而把自己放在客户的对立面。危机是对突然发生的、能对组织形象以及声誉造成负面影响的事故、事件的感知。❶ 严重的服务纠纷可能引发服务危机，因为危机发生通常具有不可预测性、威胁性以及急迫性，如果企业不能在短时间内妥善予以应对，会给企业形象带来严重的危害。

当服务危机发生时，跟客户进行沟通是应对危机的关键，也是危机管理的核心内容。以沟通为手段、解决危机为目的所进行的一连串化解危机与避免危机的行为和过程，被称为危机沟通。沟通就是人们通过语言、书信、信号等方式传达思想或同周围环境进行信息互换的一个多元化过程。沟通的目的在于传递信息，它是一个双向的过程，其最终目的是通过传递、接收信息，形成共识，改善关系。在管理中，通过沟通可以处理事务、传递和获取信息、制定决策；在生活中，通过沟通可以表达思想、情感，交流经验，促进相互理解并发展关系。对于企业的服务活动而言，由于直接面向客户并和客户产生接触，沟通的意义更为重要，服务中发生危机性事件时，沟通往往是解决问题的唯一途径。

---

❶　ERIKSSON M，OLSSON E. Facebook and Twitter in Crisis Communication：A comparative Study of Crisis Communication Professionals and Citizens ［J］. Journal of Contingencies and Crisis Management，2016，24（4）：198 – 208.

（二）危机沟通的原则

首先，沟通要及时。危机发生通常有不可预测性、威胁性以及急迫性，企业应该在最短的时间内与利益相关者进行沟通。危机发生以后，公众往往急需企业组织发出声音并说明事情的真相，这也是评估一家企业或一个组织在提供后续服务中沟通能力的高低。

其次，沟通要有效。有效沟通的三个最重要的要求：一是要使用沟通对象能听懂的、可以理解的语言，不过多的使用专业术语和行业用语，必要时需要进行解释；二是要从被服务对象的视角出发，关注他们目前的需求以及意愿，结合双方的利益同被服务对象沟通容易获得被服务对象的信任；三是言出必行、言出必有果，企业在提供服务时，无论是危机发生之前还是危机发生之后，都应该说到做到，从而避免信任危机。

最后，态度要积极诚恳。企业在应对危机挑战时，应主动披露信息，主动道歉或赔偿，主动同被服务对象说明事实以及解决办法，越主动就越能获得被服务对象的认同和接受，反之，越被动越容易处于不利地位，对以后企业的形象塑造和被服务对象对其服务能力的认可都会产生负面的影响。

（三）危机的沟通接触

服务双方在服务危机发生的时候应积极沟通，尤其是面对面的接触交流，以提升沟通的效果。这里需要注意三方面问题：一是跟客户接触时，应保持适度的个人距离，每个人都有"个人空间"，当他人离自己距离过近时，人们会不自觉地产生防御心理，进行自我保护；二是接触的分寸问题，以合适的方式进行接触对沟通是有利的，如握手、拍肩等，否则就可能产生尴尬，为避免不必要的麻烦，服务人员应考虑到客户是否感到不适；三是与客户交流过程中还需要注意自身的情绪和态度，例如目光接触、面部表情、动作姿势、说话语气的变化等，恰到好处的动作、目光的交流、点头、微笑等都会对客户产生积极影响。

在沟通过程中，服务人员的语言表达问题尤为重要。在进行语言表达时，既要表达自己的感受，又要避免伤害到对方，多用"我"来表达自己的感受，不要用"你"来暗暗指责对方。避免使用"总是"和"决不"这种绝对性词语，应该给对方留有回旋的余地。语言最好是假定性的而非决定性的，例如，"我认为""很可能"这种语言既能清晰地表达自己的观点，又能给别人表达不同意见的机会。并且语言的用词要恰到好处，一是适合沟通场景，不同的沟通场景对语言的要求有所差别，有的场景要求语言生动、强调情感，有的则需要语言言简意赅、清晰明确；二是适合客户特征，尽量避免使用"他们""这""那"等模糊的词语，使用明确易懂的语言更容易与客户建立信任关系；三是适合自己的语言，要善于寻找共同的话题，切不可指手画脚，谦和的语言会凸显亲和力。此外，应以坦诚的态度表达出自己的观点和感受，开诚布公、不带有任何偏见地就事论事，坦诚沟通可以减轻客户的防御心理。

（四）危机沟通的要求

对于服务危机，企业首要做的是预防，尤其是发现服务中存在瑕疵或已经引发客户不满的时候，应该及时干预和解决问题，以防止事态扩大发展为危机。如果危机不可避免地发生了，企业需要积极面对，通过有效沟通解决问题，化解危机。

首先，企业应积极接触相关客户，及时了解情况，认真听取对方的意见，确定客户关心的主要问题并及时处理，例如，发生什么事，会产生什么危害，对客户产生何种程度的影响，并考虑有可能采取什么措施来解决这种问题，让客户感受到企业对自己切身利益的关心和重视。同时，企业需要以诚恳的态度解决客户的问题，根据实际情况进行补偿，当确定为企业的责任时，应依据有关规定赔偿客户损失。对于客户不合理的要求，可在讲究证据的基础上进行协商，并按照法律规定行事，尽量避免在危机处理过程中与客户发生激烈冲突和产生负面影响。

其次，在危机处理过程中，必须保持与客户的沟通渠道，应注意避免危机的扩大化，例如，客户在寻找企业未果后转而寻求媒体或其他渠道，由此导致更大的负面影响。在建立沟通渠道时，企业应当考虑到客户的利益，为其提供必要的服务和帮助，可以指定专人联系客户，以保证沟通的充分和有效。危机处理结束后，企业必须主动监控后继事项，持续对客户表示关心和安慰，继续关注问题，努力找到问题所在并予以解决，使客户获得超出预期的满意度，恢复或重塑企业在客户心目中的形象。

（五）影响沟通的因素

在服务危机沟通中需要注意影响沟通效果的因素。

在信息传播方面，沟通双方的空间距离直接影响信息传播的效果，面对面的沟通最为有效，通过网络、电话等媒介的沟通方式则是不充分沟通，误解不易澄清，意思表达和理解容易错位，并且传播过程中的环节越多，信息越容易失真，信息衰减和信息增值都容易让沟通双方产生误解。

在主观态度方面，沟通双方都倾向于按照自己的价值观、意见背景或特定目的来解释信息，不能保证完全客观的解释，导致曲解信息，甚至会根据自己的偏好而有选择地去看或听信息。

在认知层次或知识文化背景方面，沟通双方的背景文化差异，例如价值观、信仰、知识、行为准则等，都可能引发理解上的差异，从而形成沟通障碍；在专业领域、技术等级、知识层次等方面的差异决定了人的认知差异，这也是影响沟通效果的重要原因。

此外，服务双方在沟通过程中的情绪因素也很重要。在服务纠纷发生时，双方的信任基础已经遭到破坏，这本身就是沟通不利的。如果再叠加情绪，不同的情绪感受会使个体对同一信息的解释完全不同，极端的情绪会阻碍有效的沟通。

第 5 章
服务人员管理

　　服务人员是实施服务活动的主体，他们的心态和行为直接影响服务的质量和效果，因此，企业需要对服务人员进行有效管理。本章从三个层面讨论服务的人员管理问题。一是服务的职业化问题，这是从服务活动的规范性上对服务人员的素质与行为提出要求。二是从岗位管理角度阐述了服务岗位设计、聘用、培训等问题。三是从服务活动的一大特点——团队协作的角度讨论了服务团队管理的问题。

第 1 节　职业化要求

一、职业化趋势

（一）职业化的含义

　　社会中的某项工作固定地作为个人谋生的主要手段的现象，被称为"职业化"。实际上，这是工作状态的规范化和制度化，但在具体的定义上，会有一些不尽相同的阐释，例如，职业化是职场行为与操守的规范，是职业人训练有素的体现，在职业资质、职业态度、职业意识、职业道德、职业行为、职业技能等方面充分符合企业与职场活动的需要。职业化是对事业的尊重与执着的热爱，是对事业孜孜不倦追求的精神，是追求价值体现的动力，是实现事业成功的一套规则，即对职业的价值观、态度和行为规范的总和。职业化是为了达到职业要求所具备的素质和追求成为优秀职业人的历程，它既有很多外在的素质表现，例如着装、形象、礼仪、礼节等，也有很多内在的意识要求，诸如思考问题的模式、心智模式、内在道德标准等。不管何种理解，其核心思想都是要求员工以专业的方式进行工作，富有责任心和敬业精神。

（二）服务的职业化

我国地域广阔，市场分布广，客户服务的工作量很大，所有生产、流通、服务型企业都有为客户提供服务的要求，尤其是大中型企业专门从事服务工作的人员数量众多。因此，客户服务工作也应被纳入职业化管理的体系，形成职业化管理。

职业化管理强调企业内部是法治组织而非人治组织，靠的是程序和规则，其中，最重要的原则就是日常事务应该程序化和规则化。服务职业化的基本要求有两方面：一方面是职业化素养，包括职业道德、职业意识和职业心态等。职业化素养主要基于员工的自律，企业应给予培养和引导，以帮助员工形成良好的职业化素养，并体现在员工的职业化行为上。另一方面是职业化技能，是指员工胜任工作的能力，既包括专业技术能力，也包括通用管理能力，前者可以通过职业资质或资格认证来体现，后者则在工作实践中得以体现。

二、职业化素养

（一）职业道德

职业道德，是指从事一定职业劳动的人们，在特定的工作和劳动中以其内心信念和特殊社会手段来维系的，以善恶进行评价的心理意识、行为原则和行为规范的总和。它是人们在从事职业的过程中形成的一种内在的、非强制性的约束机制。各行各业都有自己的职业道德，医生要有"医德"，教师要有"师德"，演员要有"艺德"等。这些职业道德的不同是由其行业的特点或不同的工作性质所决定的，但从本质上来讲，其基本职业道德还是一致的。在思想品格方面，应诚实守信、公私分明；在遵纪守法方面，应知法守法，大到国法行规，小到企业规章都应自觉遵守；在对待企业利益方面，应忠于所属企业、维护企业荣誉、保守企业机密，团结协作、顾全大局；在工作态度方面，应勤勉工作、爱岗敬业、听从指挥、服从管理；在言行举止方面，应注意语言文明、仪表端庄、举止得体、用语规范等个人形象，既要尊重客户，又要树立企业形象。

职业道德的建立，是员工在职业活动中不断进行自我教育、自我改造、自我完善的过程，是一个长期的积善过程。树立正确的人生观是职业道德修养的前提，从培养自己良好的行为习惯着手，不断学习他人的优秀品质和自我激励，从而使自己形成良好的职业道德品质和达到一定的职业道德境界。

（二）职业精神

服务人员的职业精神包括敬业精神和自律精神。服务工作涉及内容复杂，工作地点不固定，工作时间弹性大，覆盖区域范围广，工作是积极还是消极，是勤奋还是懒惰，是尽心尽责还是不负责任，很大程度上得靠服务人员具备良好的敬业精神，无法完全依靠企业的监督。并且，服务活动的发生场所通常不在企业内部，而是由服务人员独自直接面对客户，独立开展业务，这就需要服务人员有自我约束的精神，否则容易出现服务质量不达标，甚至出现利用职务之便坑骗客户、谋取私利或侵占企业利益等现象。

（三）职业心态

从事服务工作也要有良好的职业心态。不同的人对待事物的态度总是存在一定差异，这种差异虽然可能很小，但所产生的影响或造成的后果的差异却可能是巨大的。良好的职业心态也是建立在积极主动、强烈责任感的服务意识基础之上的。在强调以服务为导向的时代，服务意识早已超出"微笑服务""方便办事"的范畴，更不是那种因怕企业投诉而不得不提供的服务，或者为赢得好评而做出的服务，而是能自觉地、主动地、发自内心地做好服务工作，为客户提供有价值的服务劳动。

树立良好的服务职业心态，是服务人员行为自律、保证服务质量、提升服务价值等方面的基本前提，唯有解决心态问题，才能感受职业乐趣，提高工作的积极性和主动性。因此，应鼓励服务人员秉持以下心态：以积极的心态对待服务工作，树立"以服务客户为天职"的意识；以包容的心态对待客户的误解、批评，甚至是无端谩骂，以及与同伴的合作中出现的失误或错误等；以自信的心态在服务工作中积极解决难题，相信以自己的技术与能力一定能帮客户解决好问题；以给予的心态为客户做事，因为服务的过程就是一个"给予"的过程；以奉献的心态对待服务工作中的一些不可预计的内容，主动承担责任。

三、职业化技能

（一）职业能力的认定

职业能力分成通用职业能力和专业职业能力。通用职业能力是在生活和工作中都必须具备的能力，例如社会交往能力、协作沟通能力、应急处理能力、逻辑认知能力等，这些能力与专业职业能力互为补充，形成员工的实际工作能力。

在专业职业能力方面，又分为职业资格和职业资质两个层次。职业资格包括从业资格和执业资格，前者是指从事某一专业（职业）学识、技术和能力的起点标准，执业资格是指政府对某些责任较大、社会通用性强，关系公共利益的专业（职业）实行准入控制，是依法独立开业或从事某一特定专业（职业）学识、技术和能力的必备标准，即进入某一职业领域的通行证，例如律师从业人员必须先获得律师资格证书等。

而职业资质就是从事该职业的基本素质和能力要求，是能够胜任该职业的基本标准，是对职业在必备知识和专业经验方面的基本要求，主要包括三个层次：一是学历资质：专科、本科、硕士、博士等，通常就是进入某个行业或某个级别的通行证；二是对一些专业化的职业提出专业性要求，并通过认证的方式获得从业资质证书，以示其专业技能的水平等级；三是社会认证，通常就是个人在社会中的地位，例如某个行业著名的专家，即便其没有证书认证，但是社会承认，这种认证也被称为"头衔认证"。

（二）服务职业的通用能力要求

从事服务及服务管理职业者应具备一些基本能力。首先，要对本行业的专业知识有一定的学习能力，这是从事相关工作的基础。服务人员面临的问题是广泛的，分布于行业的方方面面，任何人都不可能全面掌握，所以在服务过程中一旦发现有不懂的问题，应该要快速学习。其次，要有缜密、系统的思考能力，服务工作面临的问题大多较为复杂，为解决发生的问题，最重要的就是要有冷静、缜密的思考能力去作出正确的判断。最后，要有人际交往和沟通能力，服务工作直接面向客户，直接跟客户打交道，如果不善于处理人际关系，即使服务人员拥有丰富的专业知识和工作经验，也未必能提升客户的满意度。此外，还应具备正确的工作观和科学的工作方法，良好的情绪控制能力、时间管理能力和执行能力等基本能力。

（三）服务职业的资质要求

服务的职业化也催生了服务职业资质的发展，主要体现在业务和管理两个层面。

在业务层面上，服务的职业化主要指具体的服务业务活动的职业化，例如空调装配工、家用电器产品维修工等。由于行业不同、商品不同、要求不同，服务的具体工作有很多种，因此衍生出很多具体的服务工种。总体来讲，可以分为一般性工种和行业特定工种。一般性工种，也叫通用工种，是指大多数行业或企业都会涉及的工作，例如客户接待、送货工等。特定工种是指只是该行业才有的，别的行业没有的工作，例如，汽车行业的汽车修理工、运输行业的公路道路运输服务人员等。

在管理层面上，服务的职业化是指对服务业务活动的管理工作实现职业化。企业的服务战略要通过业务管理来实现，服务业务管理是企业核心竞争力的重要来源，更是企业社会信誉和品牌的重要塑造途径。由于一些服务的技术性要求较高，从事服务工作的员工很多都是技术出身或专于技术，他们对相互关联的服务活动不善于协调和整合，在工作中缺少对客户内心感受的关注，不善于控制他人和自己的情绪，缺乏沟通技巧和管理能力，不懂得冲突的协调与处理和危机公关，因此需要提升他们的管理水平。服务管理的职业化可以帮助服务人员建立专业性的服务理念和管理能力，完善和提高企业服务质量，使企业的服务水平达到新的高度，从而增强企业竞争能力，同时使客户的权益得到更大的保障，缓解企业和客户在售后服务上的矛盾。

（四）服务职业的发展机制

服务管理职业资质认证制度还需要不断完善。一方面是建立相应的管理机制，包括相应的教育培训机制，按照"政府规划、行业指导、市场化运作"的原则，抓好各类服务管理人才的培训；社会考核评价机制，建立以品德、知识及综合管理能力等要素构成的服务管理行业评价考核体系；有利于服务管理人才成长的激励机制，其目的在于促进服务管理人员的成长，同时提升他们的企业地位和社会地位。另一方面是建立市场的优化配置机制，尤其是服务管理经理人，应该职业化、市场化，动态有序地合理流动，一旦取得了相应证书就证明已具备担当售后服务经理的能力和资质，只要企业聘用，就能在不同的岗位、不同的企业、不同的项目、不同的服务模式中担任高级管理者，这也是专业化、职业化、社会化管理和市场化资源优化配置的必然趋势。

第2节　岗位管理

一、服务岗位要求

（一）服务岗位设计

服务岗位规范是岗位设计的结果，也是岗位操作的具体要求。它是根据相关企业整体管理制度和系统管理制度的要求，规定每个服务岗位应该做什么和怎么做。一方面要遵守岗位概念结构所确定的岗位要素，另一方面要将企业整体管理制度对事项的规范落实到每个岗位。在进行服务岗位分析的过程中，应注意将有关信息及时传送并反馈到各有关部门，以便制订计划，采取必要措施，改进工作设计。

除了经济、科学、合理、系统化等一般原则，设置服务岗位时，还应注意以下两方面问题：一是鉴于服务工作内容的灵活性特点，服务岗位设置的数目不一定遵从最低数原则，还要考虑人员配置的机动性和灵活性。二是所有的服务岗位是否实现有效配合，每个服务岗位是否在企业中发挥积极效应，与上下左右之间的关系是否协调，是否足以保证企业的总目标、总任务的实现。

（二）服务岗位要求

服务人员是服务行为的实施者，他们的素质、知识、性格等都会影响服务的质量，提供服务的过程是一个需要知识和技能的互动过程，因此，在设计服务岗位时，通常需要规定以下几方面的基本要求。一是岗位的业务技能方面，要求服务人员为客户提供服务时能合理使用专业术语、掌握和熟知各项业务的动作流程及相关专业知识、能为客户提供培训和现场指导或处理故障等。二是服务人员素质方面，如思想素质、身体素质、道德素质等，不仅要求其有健康的体魄，无不良嗜好，且遵纪守法，更重要的是应具备服务意识，有健康的价值观，有自愿在服务岗位上工作的精神。三是服务人员性格方面，要求具有一定的个人交际能力，语言表达能力好，能热情、真诚、周到、礼貌地为客户服务；保持仪态端庄、整洁，语言清晰、亲切；知道何时、何地面对何种情况适合用何种语言表达，懂得一定的关系处理，或处理经验丰富，具有一定的人格魅力，能给客户信任感等。此外，还应有一定的行业经验，能有效了解客户的需求，帮助客户解决问题，而这些问题往往是随机、复杂、不确定的，因此需要一定的行业经验为基础。

二、服务岗位聘用

（一）内部选聘

服务人员的聘用可以从企业内部和外部两个渠道选聘。

内部选聘是从企业内部的其他部门、其他岗位选聘客户服务人员。其好处在于，一是从选拔的有效性和可信度来看，管理者和员工之间的信息是对称的，不存在"逆向选择"（员工为了入选而夸大长处、弱化缺点）问题，内部员工的历史资料有案可查，管理者对其工作态度、素质能力以及发展潜能等方面有比较准确的认识和把握。二是从企业文化来看，员工在组织中工作过较长一段时间，已融入企业文化之中，视企业为他们的事业和命运的共同体，认同组织的价值观念和行为规范，因而对组织的忠诚度较高。三是从组织的运行效率来看，现有的员工更容易接受指挥和领导，易于沟通和协调，消除边际摩擦，更有效发挥组织效能。四是从激励方面来看，内部选拔能够给员工提供一系列晋升机会，使员工的成长与组织的成长同步，容易鼓舞员工士气，形成积极进取、追求成功的气氛，达成美好的远景。

当然，内部选聘也可能存在一定的弊端。例如，容易造成"近亲繁殖""裙带关系""小团体"等现象，容易使组织人员养成惰性，削弱组织效能。在内部竞争中失败的服务人员积极性可能会受到一定程度的挫伤，影响组织的内部团结。此外，内部选拔可能因领导个人的好恶而导致优秀人才外流或被埋没等问题。

（二）外部招聘

直接从企业外部招聘服务人员的好处在于，一是因为新员工会带来不同的价值观和新观点、新思路、新方法，有利于服务工作的创新发展，并且招募来的优秀员工所带来技术知识、客户资源和服务经验，往往是无法从书本上直接学到的巨大财富。二是外聘人员的实力也是在无形当中给原有员工带来竞争压力，促其形成危机意识，激发斗志和潜能，从而产生"鲇鱼效应"。三是外部招聘选择的余地很大，能招聘到许多优秀人才，尤其是一些稀缺的服务工种，还可以节省大量内部培养和培训的费用。四是外部招募是一种很有效的信息交流方式，企业可以借此树立积极进取、锐意改革的良好形象。

但外部招聘也有其缺点。一是由于信息不对称，往往造成筛选难度大，成本高，甚至出现"逆向选择"。二是容易造成老员工和新聘者不合作的态度，挫伤老成员的积极性。三是应聘者对企业的历史和现状不了解，有可能出现"水土不服"的现象，无法融入企业文化潮流之中。四是由于不太了解应聘者的实际工作能力，工作后才发现应聘者的工作能力并不能胜任，使企业沦为外聘员工的"中转站"。

三、服务岗位培训

（一）岗位技能培训

岗位技能培训可以视为一种生产力。服务人员通过不断的培训，服务技能就会不断提升，服务效率也进一步提高。不同的岗位对服务技能的要求不同，因此服务技能培训的内容也不同，但它们的根本目的是相同的，即强调对服务岗位的具体实操要求进行培训，提升服务人员的执业能力，从而达到服务岗位的要求。服务技能培训的内容，主要包括所在行业的专业知识、产品的技术性能和特征、跟产品相关的专业技能、服务的技能和基本要求、服务中的协助分工，以及岗位安全等。

（二）职业成长培训

员工在其职业生涯中一般不会终身只干一个工种，并且随着其知识、技能、经验的积累，其职业能力也会不断提升，从而能满足更复杂或更高要求的岗位需求。于是，通过岗位的调换和晋升，可以实现员工的职业成长路径。从企业的角度看，员工的职业发展能降低员工流动带来的成本。如果能为企业员工提供相应的职业成长培训，员工会认为企业把他们看作是整体计划的一部分，从而能鼓舞士气，提高生产率。这对企业和员工都是正面、积极的影响。

从服务岗位能力要求的层级来看，服务人员的职业成长培训可以从以下四个方面考虑。首先，提供服务岗位的达标培训，对各种不同岗位服务的人员必须达到基本标准的培训，这是岗位培训的主要形式。其次，多职能培训，即根据服务工作的需要，为掌握多种服务岗位职业功能进行的多种兼职培训或多种岗位培训。再次，转岗培训，为适应转入其他服务岗位的需要而进行的新岗位培训。最后，晋升培训，为晋升高一级的岗位而进行高一层次的岗位培训。

（三）职业能力培训

服务职业能力培训是指为达到服务岗位的要求而进行的综合能力的培训，是针对服务相关的管理人员、专业技术人员和一般服务人员等提供的，其内容包括服务文化、规章制度、服务思维和理念、社交能力、团队协作能力，以及环境适应性等。这类岗位培训是对服务人员的综合素质和综合能力的更高要求，也是服务人员职业生涯不断晋升的基础。

第3节　团队管理

一、服务团队

（一）什么是服务团队

工作团队是由员工根据功能性任务组成的工作小组，其主要特征是其成员承诺共同的工作目标和方法，相互积极配合协作，相互承担责任。团队与组织不同，组织是先有结构，后有任务、目标和发展方向，而团队是先有目标或任务，再去组建团队。团队的形成一般是面向特定的任务，团队成员要接受一定的训练，要掌握团队工作技能和习惯，特别是每个成员都要掌握多种技能，以便在工作中相互支援。

服务工作中，把拥有专门知识、技能，具有强烈的成功愿望、创新意识和合作精神的员工组成高效团队是一种行之有效的方式。团队成员要具备解决问题和做出决定的能力，并且要能确定问题与提出解决问题的方法。从行为心理学来说，团队成员之间在行为心理上相互作用，彼此影响，容易形成默契，更有利于共同完成服务工作。团队这种形式容易建立情感上的归属感，每个人都发自内心地感到有团队中他人的陪伴是一件乐事，彼此心理放松。所谓团队精神，便是这种团队意识和归属感的体现。

（二）服务团队的作用

首先，通过团队合作的方式可以实现"1＋1＞2"的效果，即团队力量大于个人力量之总和，加入团队使竞争发生质的升华。因为当员工只关心个人的目标实现时，会有意无意地与其他员工的目标实现发生摩擦，这种摩擦不仅是损耗，而且会引发其他负面影响，例如影响双方的工作心情。如果他们为了共同的团队目标奋斗时，就会主动谋求合作，带来的效果是双重的，既减少了冲突的可能，又创造了愉快的工作氛围，将别人的能量转化成自己的能量。

其次，服务团队有满足个人心理需要的作用。服务人员不仅需要工作，自身也在工作中不断得到成长。当员工在服务团队中能够得到别人的帮助、支持和指导，不仅能弥补企业在员工培训方面的不足，还能增强士气和自信心，形成对个人精神和物质上的援助，以满足员工个人安全、社交和被认可的需要，从而提升组织的稳定性，降低服务人员的流动和离职率。

再次，服务团队形式还可以提高整个企业服务的效率。当大部分任务和日常决策权交给团队后，团队就可以按照一种特有的传动方式运转起来，许多烦琐的环节得到节省，团队可以根据环境变化或具体的服务问题灵活应对，而企业高层领导可集中精力思考更重要的问题。

最后，团队的形式可以提高企业服务组织的灵活性，有助于在服务中发现问题、探索问题，团队成员能集思广益，更好地做出决策和焕发创新精神，还可以促进团队成员、团队与组织之间的沟通和协调，也能达到约束个人的作用。这种共同价值取向和良好的文化氛围，使企业更好地适应日益激烈的竞争环境，提高企业竞争的效能。

（三）服务团队的要求

构建服务团队通常有以下几点要求。一是要有明确的团队目标，根据服务功能的客观需要设置团队的工作目标。二是团队成员要能力互补，服务团队至少需要三种类型的成员：具有技术专长的成员以解决技术问题；具有决策能力的成员，以便在服务过程中能够准确发现问题、解决问题，并能对紧急事件做出临场处理决定；善于沟通的成员，以保证在服务过程中与客户保持良好的关系，及时化解沟通危机等。三是建立信任关系，团队成员间有着共同的利益，一起用语言和行动来支持自己的团队。四是规模与效率的平衡，为保证效率而使规模适中，否则难以形成凝聚力、忠诚感和相互依赖感。此外，在服务团队的运营中，应明确各团队成员的岗位职责和权限，其中，权限包括任务的决策权、资源的使用权、人员的调配权、意见的表达权等。

二、团队领导

（一）领导能力

服务团队的领导者，通常被称为服务主管或服务经理，应具备以下几点能力。

一是专业能力。应掌握一定的专业知识和专业技能，能够直接指导团队成员的实际操作，或能够直接代理团队成员进行实践操作。专业能力来源于书本理论和实际工作，这就要求团队领导不仅注重理论学习，更要注重实践经验的积累。

二是管理能力。与专业能力相比，管理能力是一项综合能力，包括指挥的能力、决断的能力、沟通协调的能力、工作分配的能力等。管理能力更多的是强调实践，因此要提高管理能力，就需要不断地反思日常工作，回顾和总结过往工作。

三是沟通能力。包括团队内部沟通和跨团队（或跨部门）沟通两个方面。在服务过程中，作为团队主管需要了解和掌握团队成员遇到的问题、思想动态，指导、协助、关心团队成员。跨团队沟通的目的不是团队之间谁输谁赢，而是为了解决在服务过程中团队协作存在的问题，其出发点应该是企业的整体利益，团队或部门利益都应服从企业的整体利益。

四是判断能力。服务工作比较复杂，遇到的问题往往是不能提前预知的，也无法完全假设，经常需要对服务现场发生的现实问题作出准确判断，并应急解决。包括是非的判断、对错的判断、效率的判断、价值的判断，甚至是心理的判断等。

此外，职业道德也是一个关键的要素。职业道德不等同于对企业的向心力，但作为一个团队的领导者，对自己职业的负责是一种基本的素养。

（二）职责定位

服务团队主管在团队发展过程中，通常体现为以下几种角色。

一是领航员。设定团队目标，制定实现团队目标的工作策略、方针和方法，能稳妥地控制局势，及时纠正偏差，保持正确航向。

二是培训师。根据各层次成员的具体情况，有针对性的教育和培训计划，提升成员的知识技能和经验，建立一支训练有素的服务队伍。

三是协调员。重视团队协调和沟通，当好团队成员沟通的桥梁，善于化解矛盾、消除误解，促进团结，使团队始终保持良好的运作状态，提高团队效率。

四是伯乐。对岗位人员的安排应做到扬长避短，知人善任，并能及时调整，对不适宜现有岗位的成员，调整到与其特点相宜的岗位上，使其更好地发挥才能。

五是辅导员。帮助统一团队成员的个人价值观和企业价值观，尊重成员的创造性和创造愿望，激发每个成员的创造热情和活力，为成员在团队建设中最大限度发挥创造才能，实现自我价值提供机会。

（三）选拔成员

服务团队成员的遴选，通常先从企业内部挑选，因为内部员工大多具备企业各类产品的知识，熟悉企业的生产经营状况，比较了解企业所处的行业情况。这样可减少培训的时间和内容，选拔的程序也较为简便。当然，从社会上招聘也可以，但招聘选拔的工作量和不确定性都很大。从企业的实际出发，根据所需要服务人员的种类和要负责的服务业务性质来决定选拔方法。选拔方法通常有以下几种。

一是公开考试。事先不确定预备人选和报名人数限额，只规定报考的条件，凡是具备报考条件的人员，都可以报名参加考试，企业根据每个人考试的成绩择优选用。这种方法的优点在于人员选拔范围广泛，便于发现优秀人才，有利于为企业平时未被发现的服务人才创造一个脱颖而出的机会。

二是内部竞聘选拔。这种方法有利于打破"裙带网"和"关系网"，更好地做到任人唯才、用人唯贤，创造一个公平竞争的环境和提供一个施展才干的机会。

三是见习选拔法。为克服考试或招聘等选拔方法中的不确定性，需要通过见习的办法来加以检验和鉴别。这样便于正确判断挑选的人员能否胜任服务工作，及时淘汰不胜任的人选，避免出现用人不当的失误。

（四）团队沟通

团队内部发生的所有形式的沟通，即为团队沟通，它是团队内部成员之间信息共享、解决问题、有效决策的互动过程，其最终目的是创造高绩效，同时也能给所有团队成员带来更多的成就感和愉悦感。

一般而言，沟通的渠道有正式和非正式两种情况。正式沟通渠道一般是垂直的，它遵循管理体系，一般只进行与工作相关的信息沟通。非正式沟通渠道则可以自由地向任何方向传播，速度非常快，可以弥补正式沟通的不足，用来传递正式沟通中不宜或不便传播的信息。服务团队内部的沟通，多以非正式沟通方式，工作中的面对面交流是团队沟通的基本渠道。因为面对面交流，既能提供丰富的言语信息，又能呈现生动的非语言信息，如个体的表情、手势、姿态及空间距离等，还能为个体洞察对方的言语内容提供确切的辅助语言信息，如声调、音高、节奏等，而非言语信息与辅助言语信息又是营造支持性沟通气氛的重要条件。这些是其他交流渠道所不能比拟的。面对面交流能够及时提供反馈信息，有助于澄清疑点，化解矛盾。团队成员能力的多样性将有助于提高沟通的效果，不同的成员具有不同的能力特点，在进行沟通时能够起到优势互补的作用，对提高各成员解决难题的信心有很大帮助。

（五）团队激励

团队激励是领导和管理团队的重要措施，在服务团队的运营中可以采用多种激励方式。例如目标激励法，通过设置客户数量指标、服务质量指标等激励目标，让服务成员有明确努力方向。或者是荣誉激励法，当服务人员取得一定的成就或做出一定的贡献时，予以肯定和嘉奖，通过满足服务人员的荣誉感和成就感，促进服务人员挖掘自身的潜力。也可以是竞争激励法，通过开展比赛，满足服务人员的进取需要和成功需要，例如服务知识竞赛、产品知识竞赛、专业技能比武等，易于激发团队成员的潜能，实现自我价值。还可以采用反馈激励法，把服务人员的业绩与领导评价、客户反映等信息相关联，把这些信息及时地反馈给服务人员，以便他们正确了解自己的工作状况，发现自己存在的问题，克服不足之处，不断提高服务的责任心和进取心。

三、团队绩效

（一）建立愿景和目标

优秀团队的显著特点就是具有共同的愿景和目标。由于不同人的需求不同、动机不同、价值观不同、地位和看问题的角度不同，对企业的目标和期望值有着很大的区别。要使服务团队高效运转，就是让大家知道"我们要完成什么""我能得到什么"。这一目标是成员共同愿望在客观环境中的具体化，是团队的灵魂和核心，它能够为团队成员指明方向，是团队运行的核心动力，更是服务团队存在的基础。

（二）培养良好的团队氛围

任何团队紧密关系的形成，都是成员间从生疏到熟悉、从排斥到接纳、从怀疑到信任、从动荡到稳定的过程。良好的团队氛围一旦建立，内部关系就越和谐，内耗越小，效能越大。这种关系的核心是信任，团队领导应该在团队工作范围内充分授权，公开必需的工作信息，加强与团队成员的沟通，而团队成员也应信任团队领导，尊重其他成员，将自身的价值与团队的价值有机统一在一起，从而提高服务团队的工作效率。

（三）管理与激励并举

健全的管理制度，良好的激励机制是服务团队精神形成与维系的内在动力。必须建立合理、有利于组织的规范，并且促使团队成员认同规范，遵从规范。合理的制度与机制建设主要包括：①团队纪律，有了严明纪律，团队就能战无不胜；②合理授权，这样就能明确责任和义务，充分调动各方面的积极性和创造性；③有效的激励约束机制，建立科学的工资制度以及公平考核与升迁制度，在实施激励时，充分考虑人的需求的多样性，激励形式要丰富多样，注重精神激励与物质激励并举，并及时做到正激励或负激励，这样才能促进团队不断发展。

（四）成为学习型团队

如何有效地提高服务团队的整体素质，提高团队竞争力，学习是一个重要方面。在知识经济时代，唯一持久的竞争优势是具备比竞争对手学习更快的能力。管理是一门科学，也是一门艺术，团队的管理可以说是管理者个人艺术的展示，是无形的艺术融入具体的团队管理中。在服务团队管理中，应该营造积极的培训氛围，使团队成员乐于培训，确信自己可以做得更好。因此，必须重视并积极创造条件，组织服务人员学习新知识、新技术，为其提供各种外出进修和学习机会，提高服务人员的知识、技能和业务水平。

第 **6** 章
客户管理

为客户创造价值，与客户保持良好关系，营造客户的美好体验，提升客户满意度，是客户管理所追求的理想目标，因此客户细分、客户价值、客户关系是客户管理的三个主要内容，其核心理念是在产品的全生命周期或业务活动的全过程中，给予客户全面的关怀。它既是服务的核心内容之一，也是其他各项服务内容的基础。需要企业从高层领导到基层员工都能真正理解客户的特征和价值，遵从"以客户为中心，以价值为导向"的原则，才能不断改进自己的产品和服务。

第 1 节　客户细分管理

一、掌握客户的信息

（一）客户的概念与含义

简单地说，客户就是指购买商品和服务的个人或组织。但在实践中，人们常常会习惯性地用"客户"一词涵盖客户及相似角色的称呼。在不要求严格区分并且交流各方均能准确会意的情况下当然是可以的，但这里还是作一下概念的区分，以便于准确地理解和使用。

首先，对于尚未购买但存在意向性购买行为的，例如询价、逛店、翻阅广告和技术资料等，经常被纳入"客户"范畴。也就是说，客户一词可以被定义为：购买或可能购买商品和服务的个人或组织。

其次，这些客户在供应链条上的角色可能是多样的。有些客户既是购买者，也是商品的使用者或服务的接受者；而有些客户则是供应链的中间人，例如代理商、代购者、销售渠道商等，他们并不是企业的终端客户，更不是使用者，因为他们还有下游客户。于是，形成了终端客户和中间客户的区分。

再次，根据商品类型的不同，客户可以分为工业品客户和终端消费品客户。对于后者，经常也被称为"顾客"或"消费者"，此时的客户与消费者或顾客就是同一概念，两者的含义可以不加区分。

最后，还有一个重要区分，即购买者与使用者的区分。使用者是真正的用户，而客户未必是真正的使用者。但在不严格区分的情况下，客户一词可能也包含了用户和非用户。

（二）客户信息的类型

客户信息是反映客户特征和行为的数据或描述，一般分为三类信息。

第一类是客户本身具备的基本信息。这类信息是对客户的基本情况进行描述的信息。由于客户的基本信息变动不是很快，所以可以较长一段时间使用。客户可以分为个人客户和团体客户两类，两者需采集的信息并不完全相同。个人客户信息包括姓名、性别、出生年月、联系方式、工作性质、收入水平、婚姻状况、家庭成员等基本情况，以及生活方式、特殊爱好、对商品和服务的偏好、对促销活动的反应、对服务的反应等行为信息。团体客户信息包括组织名称、组织结构、办公驻地或营业场所、联系人及联系方式、关键决策人及其角色、所属行业或领域、业务或经营情况，以及所拥有客户情况等。

第二类是客户交易信息。描述企业和客户交易关系的所有数据都属于客户交易信息，包括购买频率、购买数量、购买价格及累计金额、交货要求、商品规格、购买过程及付款方式等，以及售后服务内容、使用后的评价、对服务的评价、曾有的问题和不满、要求退换货的情况等。这类信息会随时间而变化，但历史数据依然有价值,所以在对其进行管理时不仅要求有效存储,还要求能持续更新并标记。

第三类是客户偏好信息。这类信息反映的是客户的主观认识特征,包括客户的购买动机、消费意愿、请求服务时的心态、对广告或促销的偏好、与服务人员沟通的主动性、对沟通方式和沟通渠道的偏好等。

(三) 管理客户的信息

企业掌握客户的相关信息,可以为企业在客户沟通交流、服务策略制定、客户价值挖掘等方面提供参考,所有对客户的管理都是通过对客户信息的管理而实现的,因此,客户信息是客户管理的重要基础。客户信息管理的作用包括:①通过对客户信息的了解,能够对客户形成较为清晰的认识,有助于服务人员更好地与客户沟通和开展服务活动;②通过对客户信息的分类与分析,可以了解客户的行为特征,以便于有针对性地制定服务策略;③通过对客户服务信息的记录与分析,可以帮助管理者了解服务部门和服务人员的工作现状,因为服务信息中记录着与客户的沟通计划、沟通过程、沟通结果等;通过对客户信息的综合分析,还可用于分析客户管理的效率与瓶颈,以便指导客户服务工作,例如从客户的流失率来寻找服务中存在的问题等。

在与客户的接触过程中,可以直接获取客户的一些基本信息,对于客户的观念、态度、想法、行为习惯等方面的信息,则需要通过适当的方法向客户征询获得。对于已获得的客户信息应进行有效的整理和存储,随着现在客户数据量越来越大,传统台账式管理已经不能满足要求,需要借助于信息技术构建客户信息数据库,以实现数据使用的便捷、高效。

二、弄清客户需求

(一) 需求的产生

什么是需求?简单地说,需求就是客户购买商品或服务的愿望和能力。这里面包含了两方面的要素，一方面是客户购买的主观意愿，另一方面是已经（或有可能）具备购买的能力。如果没有购买的主观意愿，说明客户没有或者没有意识到这方面的需要，这种情况下即使客户具备购买能力也不会去购买商品或服务。如果有明确的购买意愿，但由于缺乏相应的购买能力，这种购买意愿无法转化为实际购买行为，可以视为无效需求，或作为潜在需求对待。

需求是如何形成的呢？需求的本源是需要。所谓需要，即人体（主体）内部对已经出现或可能出现的不平衡状态进行预防或修正的要求。例如，气温降低会打破人体着装的平衡状态，人由于感觉到寒冷而产生添加保暖衣服的需要。但这个需要不等同于需求，它只是需求的基础。因为感到寒冷的时候，有的人会选择增加一件衣服解决，有的人会选择换一件厚的衣服解决，也有的人会选择去购买一件衣服解决。而购买的时候，有的人想买羽绒服，有的人想买棉袄，还有的人想买呢大衣。总之，对于解决御寒保暖的需要，不同的人会产生不同的需求。之所以会出现这种需求多样化的现象，主要是源于不同主体的内在动机不同。这里的内在动机是由目标所引导的，能激发和维持个体活动的内在心理过程或内部动力。

（二）需求的呈现

在内在动机驱使下，个体将客观需要转化为实际需求并传递给服务提供方，这就是需求呈现的过程，其实质是一个"意识—表达—接受"的过程。首先，客户对自身"需要"的意识，人的需要一旦产生就是客观存在的，但是这些需要并不一定能被完全意识到，没有被意识到的需要就暂时被埋没了。其次，客户对意识到的需要进行表达，但由于个体表达能力或表达意愿的差异，客户表达出来的需求并不一定能完全符合他所意识到的需要，有些需要可能在表达过程中遗漏了，也有些需要表达得不够准确或不够清晰。最后，服务人员通过理解客户的需求表达而获得客户的需要。服务人员的理解力是这一环节的关键，较好的理解能力不仅能准确理解客户表达清楚的需求，还能通过综合判断来领会客户表达模糊不清的需求，或通过引导帮助客户将需要表达清楚，甚至挖掘出之前未意识到的需要。反之，如果服务人员的理解能力较差，即使客户准确表达出来的需求也未必能理解并获得。

（三）需求的判断

当客户对于某个产品或某项服务表示出兴趣的时候，可能未必真正清楚自己要的是什么。因此，服务人员向客户了解需求的过程并不是一个简单的问询过程，而是基于一定的前期调查，反复问询、判断、求证、启发和确认的过程。前期调查主要是了解客户的背景信息、基本情况、个性特征等，这些内容都是直接影响客户实际需要的基础因素，有些甚至是决定性因素。根据客户的自身状况、工作性质、事业发展、家庭或社会关系等状况，不仅可以直接判断出客户可能存在的需求，还可以站在客户所处的情境中跟客户进行沟通，以赢得客户的高度认同感。在与客户的沟通过程中，不仅需要直接询问客户有什么需求并做出"需求表达是否准确"的判断，还应对客户的需求表达进行归纳总结并让客户确认或修正，启发客户对相关问题进行延伸思考，以挖掘客户尚未意识到的潜在需要。

（四）需求的分析

需求分析不仅是对客户需求的获得，而且要对需求作进一步分析，以便于更深刻地理解客户的需求及其可能产生的影响。例如，根据马斯洛的需求层次模型判断客户需求的层次定位，或是基本的生理生存需求，或是安全保障需求，或是社交需求，或是自我价值实现的需求？通过这一分析，可以理解客户需求的实质和强烈程度。再比如，对需求进行性质上的判断，是解决实际问题的功能性需求，还是满足客户心理层面需要的心理性需求呢？是长期持续存在的需求呢，还是短期存在的需求等。这些分析可以帮助服务人员理解客户需求的实质内容。此外，还可以对需求的动机进行分析，例如，是受情感因素驱动，还是受价值因素驱动，抑或是受文化因素驱动等，这能够帮助服务人员判断客户需求可能发生的变化等。

之所以需要作这些分析，是因为从企业视角和从客户视角看到的问题是不一样的。企业看到的是客户的需求内容，而客户看到的不仅是需求本身，也许还包含需求所能衍生的价值。例如，房地产企业看到的是客户要买一套房子，但客户期待的不仅仅是房子本身，还有房子所能带来的美好生活；化妆品公司认为客户要的是化妆品，但客户期待的是漂亮的容貌和年轻的心态；计算机厂商认为它们销售的是计算机设备，但客户只是将计算机作为工具，而真正要的是应用与服务等。只有读懂客户这些深层的需要，才能有效把握客户需求，真正做到让客户感受到企业对他的价值认同。

三、细分目标客户

（一）客户细分的目的

所谓客户细分，就是根据客户的基本特征、内在属性、消费贡献、行为习惯等多种指标上体现出的差异性，为形成不同特征的客户识别而对客户进行合理划分，包括客户分类和客户分级。客户分类主要是从客户的客观属性，如企业客户所处的行业、个人客户的性别等角度进行划分。客户所属的类别在短时间内通常不会发生大的变化，一般相对稳定。客户分级主要从企业自身出发，通过对客户的外部特征或价值的分析判断作出划分，这种划分带有一定的主观性。客户所属的级别可能会因为客户外部特征或价值的变化而发生变化，例如随着购买量的提高，客户可以从普通客户升级为 VIP 客户。

客户细分是 20 世纪 50 年代中期由美国学者温德尔·史密斯（Wendell Smith）提出的客户管理重要工具，是根据客户的属性、行为、需求、偏好，以及价值等因素对客户进行分类，以便制订和提供有针对性的产品和服务。其基本逻辑是，每类产品的客户不是单一群体，根据客户的文化观念、消费收入、消费习俗、生活方式等细分为不同类别，企业可以据此制订不同的营销和服务策略，将有限的资源针对目标客户集中使用。

为客户提供服务，不能像批量生产商品一样规格统一，这样不仅客户体验差，难以获得较好的服务效果，还容易造成资源浪费。从客户的角度看，总是希望企业能提供符合自己需求的商品和更加个性化的服务。而从企业的角度看，不同类型客户对企业的价值不同，在经营资源有限的情况下，对不同价值的客户提供的商品和服务也不一样。故先对客户进行分析并分类是现代客户服务的基础工作之一。

对客户细分的原因在于客户需求的异质性、客户价值的多样性和企业资源的有限性等。在客户需求方面，不同类型客户的需求是不同的，即使同类客户也会存在个体差异，要想让所有客户都能感到满意，满足多样化的需求，就需要按照不同的标准对客户进行群体细分。在客户价值方面，不同的客户能够为企业提供的价值是不同的，例如，哪些是有价值的客户，哪些是企业的忠诚客户，哪些是企业的潜在客户，哪些客户的成长性最好，哪些客户容易流失，这也是对客户进行细分的要求。在经营资源方面，由于大部分资源存在有限性，甚至是稀缺性，对客户管理时非常有必要进行统计、分析和细分，只有这样才能有针对性地营销，并赢得、保持和扩大高价值的客户群，吸引和培养潜力较大的客户群。

概括而言，客户细分的目的在于区分不同的客户带来的不同价值，对高价值客户给予较高关注；实现资源的优化配置，节约成本且利润最大化；提升企业的宣传效果，促使重要客户成为品牌倡导者，发挥其口碑影响力；实现对于客户的统一有效识别，促进与客户的有效沟通等。

（二）分析客户特征

当一个企业拥有庞大的客户群体，必须对客户的基础信息作出分析判断，否则无法实现客户的有效管理和客户价值的充分挖掘。

个人客户和企业客户的特征应作区分。个人客户一般是商品或服务的终端消费者，主要用于个人或个人家庭的使用，因此，个人的生理特征、心理个性、社会身份等都会对其购买行为产生影响。而企业客户是典型的商业组织客户，它们购买产品或服务的目的是将其价值附加到自己的产品上，再销售给其他客户。相对于个人客户，企业客户的特征更为复杂，例如，购买决策过程复杂并且因为各种原因发生变化，内部决策更依赖某个关键性领导或部门，其需求往往是源于自己的下游客户，购买行为通常是多次的和重复的等。

基于前述，再去对客户的具体特征进行分析。首先，分析客户内在属性的信息，这些信息直接反映客户的自身情况。对于个人客户，主要指性别、年龄、性格、学历、职业、爱好、收入、家庭成员、信用度、价值取向等。对于组织客户，主要是指名称、所属行业、法人、规模、创立、资产、联系方式等。其次，分析客户的外部特征信息，也可以称为被赋予的客户信息，因为这些特征信息来自外部但与客户本身存在一定关联，例如客户的地域分布、组织归属、信用等级、来源方式、与其他组织的关系等。这类数据容易获得，但不易明晰客户本身的"好"与"差"，多用于客户之间的关联性分析或比较分析。再次，分析客户的购买行为信息，包括购买前的咨询、打听、察看等，购买中的认真度、规范度以及购买方式和速度等，购买后的反馈、投诉、再购、传播等，以及基于这些行为产生的观看广告、接受回访、参加活动、消费频率、信用记录等行为信息。最后，还可以对客户的性格特征进行分析，例如，客户的性情是宽容、温和或豪爽等，客户的行事风格是积极、认真或随意等。通过对这些分析可以满足企业对客户进行细分的基本需要。

（三）客户细分的策略

客户细分是为了实现对客户的有效识别，实践中有很多变量可以选择，包括消费心理、行为特征、价值贡献、个性特征、渠道偏好等，因此，企业的客户细分策略可以是多样的。

在经营活动的不同阶段，客户细分策略也是不同的。在营销阶段的客户细分主要在于识别能够带来短期业绩的客户，以便提供优先处理和更快的服务响应。在客户关怀阶段，重点关注的是那些可能提供高贡献值的客户，以提升客户的满意度和忠诚度，并获得持续的高额利润来源。另外，对于技术型产品而言，拥有一定经验的客户群体往往是最先尝试购买的群体，因为他们在相关技术领域有较高知识和能力，他们的消费取向会给那些缺乏经验的客户带来信心，因此，在经营初期应多关注这类客户群体。

按客户价值进行细分也是一种常用策略。衡量客户对企业的价值，主要是看客户对企业产品消费的增加潜力及对企业的长期价值。有些客户带来的是当前的利润，有的客户则更具有长远的价值。对企业价值贡献最大的一类客户被称为最具有价值客户；另一类是对企业价值总体贡献最大的客户群体，虽然他们的单个价值不大，但整体人数最多，容易形成规模效应，这些客户往往是中低端客户；再有一类是可能对企业未来价值贡献较大的客户，属于成长性客户，他们有可能在将来成为最具价值客户；此外，也可能存在负面价值的客户，这类客户对企业的价值贡献不大，但企业依然需要对其提供必要的服务，其服务成本可能超过客户的价值贡献。

还可以按客户的生活方式进行细分。来自不同文化、社会阶层、职业的人有不同的生活方式，他们对服务的需求也会有所不同，这是因为他们在与社会诸多要素相互作用下，表现出来的活动兴趣和态度模式是不一样的。越来越多的企业根据客户的不同生活方式来细分市场，并且为其设计不同的产品和服务策略。需要关注的一类是具有特别影响力的客户群体，例如体育和演艺明星、成功人士等，他们不仅自己会购买，而且会对其他潜在客户群体带来消费影响。

按客户的购买动机进行细分。购买动机是一种引起购买行为的内心推动力，具体表现为很多种，例如求实心理、求安心理、喜新心理、爱美心理、地位心理、名牌心理等。这些不同的购买动机会产生不同的购买行为，因此，企业可以针对性地突出能满足客户某种心理需要的特性，并做好相应的营销或服务。

如果想掌握客户对企业的业绩贡献情况，也可以根据客户的购买行为特征进行划分，例如将客户划分为活跃型（高频购买）客户、稳定型（定期购买）客户、随机型（偶尔购买）客户和沉默型（长时间未再购买）客户等。这种划分对于提供重复消费品和服务的企业非常有用。

针对购买动机和购买行为的细分，还可以结合客户的个性特征。当企业的产品和服务与竞争对手存在显而易见的相似性时，客户的个性特征可以作为细分市场的有效方式。例如，客户的购买态度偏好，积极或消极、随意或谨慎、严苛或宽容、乐观或悲观等不同性格特征都会明显影响客户的购买行为。

可进行客户细分的准则很多，这里不再一一列举，但无论哪种划分方式，都存在一个问题，即客户细分的结果是否需要向客户明示。这需要视情况决定，有些细分结果是用于企业内部的经营和管理，无须让客户知晓；有些细分结果对于客户而言并不敏感，客户并不在意是否知晓；但也有些跟客户的感知比较密切，这时的客户就会比较在意细分结果，例如，高端客户更愿意显示自己的独特和显性价值，机场、银行等服务场所设置贵宾休息室、VIP柜台等就属于这种情况。

第2节　客户价值管理

一、客户价值概述

（一）什么是客户价值

客户价值是指客户对于企业绩效在行业中竞争地位的相对性评估。它通过两个方面体现出来。一方面是企业为客户提供的价值，即企业提供产品和服务的价值本身，这需要从客户的角度来感知。肖恩·米汉（Sean Meehan）[1] 认为，这类客户价值是客户从某种产品或服务中所能获得的总利益与在购买和拥有时所付出的总代价的比较，即客户价值 = 客户感知利得 – 客户感知成本。另一方面是客户为企业创造的价值，即客户能给企业带来的利润贡献，这需要企业根据客户特征进行测度，体现了不同客户对于企业的相对重要性，是企业进行差异化决策的依据。这类客户价值建立在双方长期稳定关系的基础之上，即客户的时间特性。一个偶尔与企业接触的客户和一个经常与企业接触的客户，其客户价值是不同的。

客户为企业创造的价值通常可以用经营收入、盈利水平、市场份额等一些客观指标来衡量，它可以分为既成价值、潜在价值和影响价值。既成价值就是

---

[1] 帕特里克·巴韦斯，肖恩·米汉. 只需更好：如何赢得并留住顾客 [M]. 孙选中，译. 北京：商务印书馆，2006.

客户已经为企业实现的价值，如利润的增加、成本的节约等；潜在价值是指客户在未来进行的增量购买而带来的价值；影响价值是指因客户高度满意而带来的效应，即不仅自己会持续购买，而且还会通过指引或者参考来影响其他潜在客户，从而带来新的购买行为。

但企业为客户提供的价值往往是无形的，它需要通过客户的感知来衡量。单从客户的角度看，客户价值是基于感知利得与感知利失的权衡或对产品效用的综合评价。而从双方的关系看，客户价值源于购买和使用产品后发现额外价值，从而使双方建立起感情纽带。伍德拉夫（Woodruff）加入特定情景的作用，强调客户通过学习得到的感知、偏好和评价，并将产品、使用情景和客户经历相联系起来。

总之，将客户价值用最简单的描述方式归结为，从企业的角度理解，它是客户关系所能创造的收入与成本之差；从客户角度理解，它是客户从企业的产品和服务中得到需求的满足。

（二）客户价值的特性

客户价值通常具有以下特性。

第一，双向驱动性。客户价值意味着客户能够给企业带来发展和盈利的机会和现实，但这是以客户能从企业获得价值为前提的，所以它的价值是相互的。只有能够从企业获得自己需要的产品和服务，客户才会产生消费行为，为企业贡献价值。企业和客户互为价值创造的主客体，也互为价值感受的主客体。客户感受的价值和接收的价值实际是客户价值的一体两面，具有不可分割性。

第二，感知主观性。客户价值是由客户主观感知的，是客户心中的价值，与产品、服务、品牌是否符合客户的需求紧密联系在一起。客户以他们从产品或服务中所获得的核心利益来定义价值，也就是说，客户以自己从产品或服务那获得的满足感大小，主观地判别其价值高低。客户感知价值就是在对客户感知到的所得和感知到的所失基础上形成的对总体价值的评价，如果评价结果是肯定的，产品或服务就有客户价值，否则就没有客户价值。

第三，价值相对性。价值是感知利益与价格之间的比率，这里的价格包括购买的价格以及获得、运输、安装等付出，还有失败的风险等。客户感知价值代表的是客户从交易中获得的质量或利益与他付出的成本之间的权衡。菲利普·科特勒曾用"客户让渡价值"和"客户满意"的关系来阐述客户价值，其中，客户让渡价值就是总客户价值（客户所能获得的总体利益）与总客户成本（客户付出的总体成本）之差，而客户是价值最大化的追求者，他们总是希望用最低的成本获得最大的收益，以使自己的需要得到最大限度的满足。

第四，个体差异性。即客户价值也是因人而异的，这与客户的个体特征存在密切的关系，不同的客户具有不同的价值观、行为偏好、生活经验、受教育经历和经济条件等，而这些特有的个人因素都会对其感知价值产生影响。这就使客户价值在进行横向比较时存在显著差异，并且企业与同行的竞争过程也是为客户创造价值的比较过程，即客户价值没有统一的"大"和"小"的评判标准，只有"相对的好"和"相对的差"的区分。

第五，情境依赖性。客户价值是基于特定情景的，不同情景下的客户的个人偏好和对价值的评价会有显著差异。即使是同一客户也可能在不同的情景中对同一产品进行不同的评价，即客户价值与产品的特定使用情景具有高度的相关性。客户价值的情景依赖性除了表现在同一产品或服务发生在不同情景时，也可能出现在客户连续经历的不同产品的使用或服务的消费中，即客户在特定环境下的消费氛围会影响到他紧接着的另一消费过程的感知价值评估。例如，游客在某景区旅游过程中受到非常好的服务，无形中就会对接下来的去餐馆吃晚餐报以较高的服务期望。

（三）客户价值感知因素

诸多因素会影响到客户对价值（所获得利益）的感知，例如商品或服务的品质、价格的高低、客户自身的偏好、购买和使用体验等。这些感知因素的重要程度不同和关注程度不同，但其中，最重要的、客户最为关注的感知因素可能直接影响客户的购买决定和价值评判。

首先，客户对于企业提供的产品和服务产生认知。客户对产品或服务的总体认知效果越好，付出的总成本越低，企业为客户创造的价值就会越大。如果企业让客户付出的总成本越高，就必须让客户对产品或服务的总体认知越好。例如在星级酒店，客户付出高价格入住是基于对酒店环境服务的良好认知：店内富丽堂皇的装修、优美的物品陈设、宽大舒适的席梦思床垫、一呼即应的服务、精美的餐饮等。如果去住快捷酒店，就没有五星级酒店的环境和服务，客户也就不必为之付出高价格。快捷酒店的简单陈设、干净的环境以及免费的上网服务同样满足了部分商旅人群。对于不同的目标客户而言，快捷酒店创造的价值未必会比住五星级酒店创造的价值要低，这就是快捷酒店如雨后春笋般涌现出来与星级酒店争抢市场的原因。

其次，企业与客户的接触过程是一个双向信息交流的过程。客户提出了需求，企业就要根据客户的需求信息作出及时反馈，以价值的形式让客户感知。例如，当一条广告吸引了客户的注意力，那么就要让客户感知到比竞争对手更好的产品效用、包装形象、服务能力等因素，以促使客户产生购买行为。也就是说，客户价值的传递是一个立体结构，必须让客户全方位地感受它的存在。再比如，当顾客愿意去某一商场购物，不仅是因为价格因素，而且会综合商场环境所能带来的价值感受，包括舒适优雅的环境、合理的空间设计、周到的服务措施、贴心的休息空间等，都是客户对商场作出的价值判断依据。

（四）客户价值管理的目的

客户价值管理是客户关系管理成功应用的基础和核心，要把创造客户价值作为核心的乃至终极的目标。客户价值管理就是企业根据客户信息，在客户全生命周期下衡量价值要素对客户价值的作用，主要是看该要素在客户对企业产品消费的增加潜力及其对企业的长期价值方面的作用。其根本目的是使企业的经营理念、能力、过程及组织结构与客户感知的价值因素相适应，向客户传递最大化价值的信息。具体包括：一是掌握不同客户价值，将有限的资源集中于最有价值的客户，而不仅是业务最繁忙的客户，持续关心具有未来潜在业务和影响价值的客户。二是关注客户价值的变化，及时发现客户行为的改变，从而能够提前给高价值客户进行奖励或者减少其不满意度，以维持和提高客户价值。三是合理制定经营活动策略，设计吸引高价值客户的最优方法和途径，以满足不同价值客户的个性需求。

二、客户价值实现

（一）增加客户收益

客户的收益可以是物质层面的，如质量、功能、性能、形象等带给客户的满足；也可以是关系层面的，如带来的便利、需求满足的及时、价格的优惠或服务的优待、信息的准确等；还可以是精神层面的，如被尊重、被体贴、被关怀、舒适的环境、良好的体验等。因此，只要为客户提供符合其需求的商品和优质的服务，客户就能获得他们期望的收益，即创造客户价值。

但这是在没有竞争对手的理想情况下。事实上，市场竞争中一定存在竞争对手，且竞争越激烈，竞争对手就越多。在这种竞争状态下，企业要满足客户需求、创造客户价值的难度就随之增大。因为竞争对手的存在，为客户创造价值形成了对比，仅仅满足客户需求所能体现的客户价值是有限的，企业需要做到超出竞争对手所能达到的水平，即创造出超越竞争对手的价值。

（二）降低客户成本

一般来说，客户在购买商品或接受服务过程中需要付出金钱、时间、精力和心理代价等，也就是经济成本、时间成本、精力成本、选择成本等。

第一，经济成本。降低商品或服务的价格便是为客户降低直接经济成本，这是客户最直接想得到的，但企业提供商品或服务也是有成本的，所以需要找一个平衡点能同时满足企业和客户双方的经济成本要求。

第二，时间成本。时间成本的降低需要企业设计合理且精简的服务流程，简化烦琐程序，减少冗余操作或等待时间，提高处理速度。例如，银行在客户较多的时候同时开设多个服务窗口，减少客户的等候时间。如果仍然存在一些必要的时间消耗，则可以巧妙地模糊客户在接受服务过程中的时间概念，达到变相降低客户时间成本的目的，例如，在服务等候区播放电视节目、提供休闲杂志等。

第三，精力成本。精力成本主要针对客户在接受服务过程中可能需要付出的脑力和体力方面的代价，随着科技进步、网络发达、经济富裕，客户在消费过程中的选择越来越多，虽然总体来说更为方便，但也意味着客户需要在各种选项中思考最优选择，并试图耗费最少的体力。因此，当发现客户有购买意愿后，应多替客户着想，尽可能降低客户的精力成本，否则其购买的意愿会被购买所需的过程所消磨，最终失去购买兴趣，这种情况在感性商品消费中尤为突出。

第四，选择成本。客户在购买时经常会反复斟酌或犹豫不决，主要是担心选择成本过高。一方面是因为企业提供的选项太多，客户需要花费大量时间精力进行筛选，另一方面是客户担心一旦选错而造成的风险或损失。因此，企业不应过度追求商品种类或服务项目的数量，而是通过增加一些服务措施（如延长保期）来降低客户的风险成本，并提供诸如权威机构认证的信息来降低客户的风险心理等。

总之，为客户节约成本是以客户关怀为核心的一种创造客户价值的方式，具体方法有很多，例如，通过生产高品质的产品来节约客户的基本成本，通过对产品功能的优化来节约客户的使用成本，通过服务方式的合理设计节约客户的沟通成本，通过服务流程的革新节约客户的时间和精力等。服务的行为决定服务的结果，只有当服务意识转化为服务行为时，客户才能获得真正的价值。

三、经营客户价值

（一）协同建立客户资产

创造客户价值是企业实现盈利的前提。在客户看来，企业就是一个价值创造系统，其产出就是客户价值的载体，而企业也正是因为创造了客户价值才能够获得利润。企业的利润来源是客户，其根本的存在价值只能是通过产品和服务源源不断地为客户创造价值，从而得到客户的持续回馈（利润），以客户的回馈支撑企业的可持续发展。因此，企业要真正实现以客户为中心的经营思想，必须注重客户的终身价值，把客户作为企业最重要的资产进行经营并使其价值最大化。

所谓客户资产，是指企业所有客户终身价值折现后的总和。如果一个企业的市场份额很高，而客户资产份额不理想，这样的企业短期内似乎运行良好，但它的客户多数并不稳定。相反，如果一个企业市场份额不高，客户资产份额却很高，表明企业很善于维系客户，客户关系管理到位。随着忠诚客户的增多，这类企业的竞争力会不断增强。

（二）关注高价值客户

随着市场竞争越来越激烈，企业不仅在追求"数量"（市场份额），更注重追求"质量"（提高客户份额），用客户份额所带来的长期收益（客户终身价值）来衡量企业的绩效水平。因此，企业在经营中不仅要增加客户数量，还要考虑提升客户的终身价值。

客户的增长有两种情况：一是客户的自然增长，主要是客户群体的扩大，如交易客户数量的增长；二是客户的有机增长，主要表现为客户满意度、忠诚度的提升，以及客户贡献度的提高。

能够为企业价值带来有机增长的客户称为"企业的高价值客户"，客户管理的重点是高度关注企业的高价值客户。高价值客户定位过程包括价值识别、价值选择和价值提供。首先，应发现并识别影响客户价值判断的所有因素，其次，找到客户最重视的利益焦点、竞争对手的价值定位与企业自身资源优势三者的结合点作为价值创新的突破口，最后，从选定的客户价值策略着手，为客户提供高感知价值的服务。

（三）培养客户忠诚

企业创造客户价值的能力取决于其认识市场的能力，即了解客户现有的、正在出现的需求的能力，以及了解竞争对手的能力，还包括了解经济社会发展趋势对未来行业或市场格局的影响等。这时候，培养客户的忠诚度就显得尤为重要。为此，企业应该注重与客户的交流，为客户提供超值的服务，提升企业的品牌效应，树立企业的优质形象，维系那些对企业有重要价值的客户。对于企业而言，良好客户关系的维持不仅降低交易成本，而且长时间来看还能通过满足客户需求获得更多收益。吸引一个新客户比维持一个满意的客户要多花费5~10倍的成本，而维系一个老客户给企业带来的价值比开发一个新客户所带来的价值要大得多，丢失一个客户意味着不止流失一份销量，而是这个客户一生购买的总量，即客户终身价值。

总之，对企业忠诚的客户能够给企业带来更大的价值，包括：①购买产品或服务所带来的利润贡献；②比一般客户更多地购买次数带来的销量增加；③向他人推荐所能带来的新增客户的贡献，以及市场开发成本的降低；④由客户关系稳固带来的服务成本降低；⑤客户基于信任而对价格不再敏感，愿意支付合理的价格，形成更为有效的价值交换。

（四）客户价值战略匹配

客户与企业的战略匹配，就是从客户定位、服务能力、价值观等方面进行匹配，以达成客户价值与企业战略的一致性。一般来说，从价值角度讲，客户可以分为：战略客户、利润客户、潜力客户，以及普通客户四类。战略客户指客户价值高，战略匹配度也是最高的；利润客户指客户价值高但战略匹配度低；潜力客户指战略匹配度高但客户价值低；而普通客户指战略匹配度与客户价值都低。

因此，要想准确划分出客户类型并匹配企业战略，需要对客户及客户价值进行准确分析。分析内容通常包括：①客户概况，如客户的层次、风险、爱好、习惯等；②客户忠诚度，对企业及其产品的忠实程度、持久性、变动情况等；③客户利润，指不同客户所购买的产品的边缘利润、总利润额、净利润等；④客户消费特征，不同客户所消费的产品按种类、渠道、销售地点等情况下的销售额；⑤客户变化趋势，如客户数量、类别等情况的未来发展趋势、争取客户的手段等；⑥企业产品及市场策略，如产品设计、关联性、供应链、广告、宣传等促销活动的管理。

第3节 客户关系管理

一、客户关系基础

（一）什么是客户关系

客户关系是指企业为达到其经营目标而与客户建立起的联系，它可能是交易关系，也可能是为双方利益而形成某种合作关系。其中，交易关系又分为简单买卖关系和长期供应关系。当企业提供的商品或服务较为简单，客户与企业之间的联系主要体现在服务活动中，即保持业务层面的接触。客户的交易目的明确，客户关系的价值和维护客户关系的成本均较低，关系如果被破坏，对双方的影响也是有限的。而当企业与客户建立长期稳定的供应关系时，则要求在企业层面建立良好关系，在同等条件下比自己的竞争对手占有一定的优势，甚至拥有独占的机会。这就要求企业投入较多的资源维护客户关系，甚至需要通对让渡部分价值来达到长期交易的目的，而客户则因为关系友好、价格优惠等因素愿意保持这种关系，其核心是在企业与客户之间的利益分配问题。

与客户的合作关系又分为合作伙伴和战略联盟两种。如果双方在管理层面就产品与服务达成认知上的高度一致，就形成合作伙伴关系。双方协同行动，能理解价值由双方共同创造并分享的，双方有着很强的忠诚度，因为对关系的背弃均要付出巨大代价。这种关系的核心在于由价值的分配转变为新价值的创造。而联盟关系是指双方因目标和愿景高度一致，通过共同安排来争取更大的利益，这种关系一旦形成，对于竞争对手形成了较高的竞争壁垒。这种情形下形成的现代企业竞争不再是企业与企业之间的竞争，而是一个供应链体系与另一个供应链体系之间的竞争。

（二）客户关系的维度

对于客户关系，可将其概念抽象为一个三维模型❶，即由情感（Affect）、行为（Behavior）、认知（Cognition）三方面构成的，简称为"ABC维度"。

该模型的含义是：当客户关注品牌或者购买产品、接受服务，而企业也意识到这个客户的存在，也就是双方相互意识到对方的存在是关系建立的开始。在未来的一段时间，企业和客户认为这种关系的存在可以为双方带来持续的收益，企业和客户重复互动行为。在互动的过程中，双方都会改变行为，企业会为客户提供更贴心的服务，而客户对于企业也越来越忠诚。这时他们的关系具有唯一性，大家建立起信任关系，客户和企业达成交易的成本也越来越低，于是形成情感层面的信任关系，行为层面的相互性、互动行为、重复性、改变行为，以及认知层面的唯一性和收益性。当客户和企业建立信任（A），并且双方都认为可以带来持续收益以及客户觉得被作为具有个性的个体对待（C），情感和认知在重复的互动行为中得到不断强化，双方都愿意为了保持这种关系而改变自己的行为（B），这种持续的正反馈将不断强化客户和企业的关系，从而实现双赢。

（三）客户关系的特征

从上述三维模型可以看出客户关系的特征。第一，关系就意味着双方的相互性。关系本质上是双向的，当客户关注企业或购买相关产品和服务，只有当企业也能够意识到这些单个客户时，这种关系才是存在的。第二，关系是由互动行为驱动的。当双方进行互动时，他们会交换信息，而这种信息的交换就是建立关系的发动机，每一次的互动行为，都有可能会在客户与企业已经建立起来的关系基础上，增加总的信息量。第三，关系具有在某段时期内的重复性。客户与企业关系的这种重复的本质属性具有一个特别的内涵，即当客户继续保

---

❶ 邓·皮泊斯，马沙·容斯. 客户关系管理：战略框架［M］. 郑志凌，等，译. 北京：中国金融出版社，2014.

持这种关系时，它就能够对客户产生一种方便的利益。第四，客户关系为双方提供持续的收益。关系建立的双方应该能够得到持续的收益来覆盖建立这种关系时所付出的成本，所以双方从保持这种关系的过程中期待的未来价值，能够很容易地抵补在纠正错误或解决问题时所花费的成本。第五，关系具有唯一性的特点。每一种关系都是由与不同的个体发展和形成的，由于不同客户的不同特征、不同背景，企业与不同客户的互动需要采取不同的行动和措施。第六，关系中最重要的要求和成果就是信任。如果客户和企业建立了一种关系，客户就倾向于相信企业会像自己所感兴趣的那样去采取行动。同时，企业要认识和利用这些因素赚取利润，企业就必须将自己的文化与行为同获得客户持续信任的需要保持一致。

（四）客户关系的生命周期

客户关系的生命周期是指从客户对企业进行了解开始或企业对客户建立联系开始，直到客户与企业的业务关系完全结束的这段时间，包括考察期、形成期、稳定期和退化期四个阶段。

第一，考察期是客户关系的探索和试验阶段。双方考察目标的相容性和对方的诚意等，评估对方的潜在价值和降低不确定性。企业需要按照一般的客户需求给客户提供一些有价值的服务，吸引客户做一些尝试性的交易，通过其行为挖掘客户的各种偏好和对企业的需求，并提高客户的满意水平。因该阶段企业会视某一特定区域内的所有客户均是潜在客户，故此时企业更多的是在投入客户关系成本，而客户尚未对企业做出大的贡献。

第二，形成期是客户关系的快速发展阶段。双方已经建立一定的相互信任和相互依赖，各自从关系中获得的回报日趋增多，交互依赖的范围和深度也日益增加，逐渐认识到对方有能力提供令自己满意的价值（或利益）和履行其在关系中担负的职责，因此双方愿意达成长期关系。企业也需进一步挖掘客户需求，并提供个性化增值服务，提高服务的个性化价值。企业继续投入的目的是进一步融洽与客户的关系，提高客户的满意度和忠诚度，同时从客户交易获得的收入已经大于投入。

第三，稳定期是客户关系发展的最高阶段。但企业需要保持客户关系，进一步挖掘客户价值，促使客户增加消费量，并适当缩减成本。在这一阶段，双方都满意于对方提供的价值并愿意长期维持稳定的关系，同时双方都做了大量有形和无形的投入，形成大量交易，使双方都处于较高的盈利时期。

第四，退化期是客户关系发生退化的阶段。引发关系退化的原因很多，如一方或双方经历了一些不满意或需求发生变化等，因此，在上述任何一个阶段客户关系都可能出现问题而引发退化。一旦企业发现客户关系发生退化应及时找到原因，并进行关系修补，尽可能重新恢复与客户的关系。

二、重视客户关系管理

（一）客户关系管理的意义

亚马逊公司的创始人杰夫·贝索斯（Jeff Bezos）坚信客户至上的原则：客户第一，只要你关注客户所需并与之建立联系，你就可以赚钱。这句话充分体现对客户关系进行管理的重要性。客户关系管理是指以维护客户群体稳定为任务，通过与客户充分的交互来了解及影响客户的行为，以提升客户的获取率、客户的留住率、客户的忠诚度以及客户的获利率的一种管理模式。20 世纪 50 年代开始，企业因奉行"一切为了客户""让客户满意"等经营理念而开始重视客户关系，但这种重视并未系统地落实到操作层面，主要停留在思想观念层面。直到 20 世纪 80 年代，当质量、价格、成本等竞争要素已经没有什么潜力可挖掘时，对于客户资源的价值挖掘开始成为关注的焦点。进入 20 世纪 90 年代，信息技术的普遍应用为企业经营管理提供先进的方法和手段，也令客户关系管理的理念借助于信息技术手段得以实现和应用，并就此飞速发展。

进行客户关系管理，第一，有利于提高客户的满意度和忠诚度。由于企业着眼于和客户发展长期互利关系，忠诚的客户愿意更多地购买企业的商品和服务，因此，客户关系管理可以保证与客户多渠道交流，减少时间或空间的限制，及时有效地为客户解决问题，也为客户提供更多选择，例如不同的购买方式、支付方式、服务方式等。

第二，客户关系管理也是降低企业运营成本的有效手段。吸引新客户需要大量的费用，例如各种广告投入、促销费用以及了解客户的时间成本等，但维持与现有客户长期关系的成本却逐年递减。虽然在建立关系的早期，客户可能会对企业提供的产品或服务有较多问题，但随着双方关系的进展，客户对企业的产品或服务越来越熟悉，企业也十分清楚客户的特殊需求，所需的关系维护费用就变得十分有限。提升客户满意度和忠诚度，可以减少客户流失，避免因开拓新客户而耗费的额外成本，提升成本收益上的经济性。

第三，客户关系管理也有利于协调企业内部各部门间的关系，例如，市场营销、客户服务等不同部门拥有统一的客户信息，可以减少部门之间的信息隔离、各自为政的现象，使企业内部能够更高效运转，提升客户服务的效率。通过对客户信息的分析，可以准确识别客户的价值和偏好，以利于为不同客户提供不同的个性服务。通过网络新媒体向客户发布新产品信息，不但提高对客户要求的响应速度，还可以降低新产品的营销推广、客户分析和追踪服务的成本。

第四，有效的客户关系管理还有助于企业把握商机，助力经营决策。由于增加了企业与客户的接触机会，扩大企业的经营活动范围，使企业获得更多的商业机会，占领更多的市场份额。客户是企业经营发展最重要的资源，研发、生产、销售、服务等活动都是围绕客户而展开的，市场竞争其实就是在争夺客户资源。在以客户为中心的管理思想下，客户资源除了带给企业销售利润，还通过购买、投诉、咨询等行为告知企业市场的发展趋势，为经营决策提供依据。

第五，良好的客户关系还会使企业与员工形成长期和谐的关系，从而间接提升员工的忠诚度。因为当企业拥有相当数量的稳定客户群时，在为那些满意和忠诚的客户提供服务的过程中，员工体会到自身价值的实现，而员工满意度的提高导致客户服务质量的提高，使客户满意度进一步提升，形成一个良性循环。

总之，一个有效的客户关系管理将帮助企业服务好现有的客户，挖掘潜在客户，获取最有价值的稳定的客户群体，进而为企业带来良好的品牌效应，为企业和客户创造价值。

（二）客户关系管理的策略

客户关系通过企业与客户的认知、态度、行动、评价等要素表现出来。而客户关系管理的主要任务就是发展客户、服务客户、稳定关系、留住客户。对此，企业可以采用各种不同策略。

第一，个性化服务策略是指根据客户个人情况和发展适合每位客户需要的个性化解决方案，以实现维护客户关系的目的。这种服务策略包括三种形式：大规模定制服务策略、一对一服务策略、对客户需求进行管理策略。大规模定制服务策略是以现在的信息技术为基础。在工业化时代，企业只能大量生产标准化的产品，少量生产定制化产品。如今，消费者可以通过网络下订单，订购自己所需规格的产品或服务，无论自己的工厂是集中的，还是分散在各地，都可以同步获得订单信息，即刻展开小量多样的弹性生产。一对一服务策略是企业为客户量身定做的服务，是企业建立客户忠诚度最重要的过程。一对一服务发生在企业与客户直接互动的时候，当客户告诉企业他需要什么时，在互动的基础上企业对该客户改变的行为称为"一对一"。该策略的重点并非是市场占有率，而是客户占有率。市场占有率是以产品为核心，希望将同一种产品卖给市场上更多的客户，而客户占有率则强调的是把更多的产品或服务设法卖给同一个客户。对客户需求进行管理，其实质就是发掘并预见性地满足客户的潜在需求。这种方式也是强化客户忠诚度、管理客户关系的一种有效策略，往往能给客户带来惊喜，增加企业的收入。

第二，人际关系沟通策略是指企业跟客户建立起稳定的沟通关系，通过沟通，给客户增加和提供一些附加性的消费者价值，让客户在接受服务的时候感受到意外惊喜，从而深化对品牌的印象，提高对企业的忠诚度，以长期维持跟企业的关系。这种策略包含了三个层次。第一层是保持与客户接触，建立起与客户稳定的人际沟通关系或者是媒介沟通关系，通过不同的方式保持与客户的沟通，是建立与客户良好关系的基础。第二层是通过个性化的关怀服务，即根据客户个人的背景经历、兴趣爱好、性格习惯提供有差异的服务，建立并巩固与客户忠诚持续的关系。第三层是帮助客户建立起客户群体间的人际交往关系。人们会有一种本能的寻求团体、进行社会交往的愿望，因此，企业可以在客户之间创造某种契机和条件，鼓励大家彼此联系，使社会地位相对一致的人员，建立起彼此的人际交往关系。对企业来说，这是一种投入有限的人力成本和财务成本，维护客户关系的有效方法。

第三，通过经济刺激将客户与企业联系在一起，也是一种常用的客户维系策略，包括采用销售累计奖励、捆绑交叉销售和稳定价格等手段。销售累计奖励是对长期购买产品的客户提供价格优惠的一种手段，也是争取忠诚客户、避免恶性价格竞争的重要营销手段。但是这种策略不能为企业带来长期竞争优势，也不能增加销售或使自己的品牌在市场当中脱颖而出，因为它很容易被竞争对手模仿，它只是一个基础性的客户关系工具。所谓捆绑和交叉销售是指向一位客户销售多种相关的产品或服务，这是为了增强消费者对累计消费的依赖性，强化客户对品牌的忠诚度。企业通过把相关服务和销售捆绑在一起，给客户形成利益和价值的累积。这是建立在双赢原则基础之上，客户因得到更多、更好符合需求的服务而获益，企业也因销售增长而获益。稳定的价格是对于长期客户的财务奖励策略，它是向企业最忠诚的客户提供稳定的价格保证或相对于新客户较低的价格增长，其实质是企业通过分享节省的费用的方式报答其忠诚客户。这种方式常见于周期长、价格不稳定的行业，例如，农产品行业的很多农产品加工企业与农户就是这种关系，这些农产品加工企业在年初就与长期供货的农户签订合同，明确收购农产品的价格，而不管农产品市场价格的波动。

第四，客户价值策略是建立在客户对企业提供的产品与服务做出是否物有所值的评价的基础上。社会的日益进步和科技的飞速发展，使客户对个性化需求的期望越来越高，企业只有在设计、生产、服务等各环节均以客户为导向，充分满足客户的个性化需求，并提供超越竞争对手的价值才能在激烈的市场竞争中不断提高客户的关系价值。这一策略的关键在于客户对利得与利失的感知，并与客户期望值进行对比，从而形成客户体验。任何客户都希望获得优质、可靠、便利、愉悦、被响应、被尊重、被理解、被关怀的感受和体验。因此，该策略要求企业能正确理解和感知客户的期望，将客户的期望转化为产品和服务的质量规范，向客户提供符合标准的产品和服务，与客户进行有效的沟通，及时回应和解决客户投诉，让客户获得满意的感受和体验等，从而在创造客户价值的增值中保持与客户的长期关系。

（三）客户关系管理的能力

客户关系管理的能力体现在客户洞察能力、客户关系维系能力、创造和传递客户价值的能力等方面。

客户洞察能力是指企业通过各种行为特征识别客户、分析客户偏好和行为习惯，并从中得到有价值的决策信息的能力。客户洞察过程涉及数据以及对数据的分析和对分析结果的理解，受到数据资源、数据分析能力和对分析结果理解力的影响。当前各类数据挖掘技术和统计分析工具的趋于成熟，复杂的数据统计分析工作可以借助于系统工具完成，故对于企业来说，关键在于理解和运用分析出来的结果。

客户关系管理的策略是投资于客户的忠诚，即不是以短期利润论成败，而是通过与客户保持稳定的关系使企业获得长期收益。因此，企业应具备良好的客户关系维系能力，包括与客户充分交流的能力、追踪客户的能力、提供个性化或情感化服务的能力等。

创造和传递客户价值的能力可以理解为在客户购买商品和接受服务的过程中，使客户价值和企业价值最大化的能力。无论是吸引客户的营销能力，还是生产和提供客户所需商品的能力，或是快速提供服务的能力都属于创造和传递客户价值能力的一部分。

三、客户关系的建立与维护

（一）客户识别与定位

客户开发的目标是如何使潜在客户发展成为正式客户。通常包含客户识别和客户定位两个关键环节。

　　企业在发展过程中，市场规模会不断扩大，所提供的商品和服务日益跨越更广泛的地域，突破更多的文化限制，使企业服务的群体对象越来越复杂，来源更加丰富，差异更加明显。这就需要进一步加强对客户的差异性研究，识别出不同客户的不同特征。所谓客户识别，就是企业对客户的特征作客观的分析，明确客户群体的类别特征并制定相应的管理策略，其本质是客户的分级分类。企业在进行客户识别时必须考虑以下问题：客户处于哪个消费区间？是价值客户还是潜力客户？客户有哪些显性需求与潜在需求？可以通过哪些渠道和以怎样的方式来满足客户的需求？企业有哪些资源能够让客户需求得到满足？驱动客户产生购买的因素有哪些？

　　客户管理要求企业必须把资源投入到最能产生价值的客户身上，不仅要进行客户识别，还要完成客户定位。客户定位是企业定位自己的客户对象，明确把自己的何种产品和服务以何种方式提供给最有价值的客户，关注的是企业与客户的"关系"层面问题。企业对于自己跟客户的关系作出明确的判断和选择，即区分目标客户并以最适当的方式向不同客户提供相应的产品和服务。其实质是企业在业务能力、竞争优势、经营效率等几个因素上找到与客户相处的平衡关系。客户定位的逻辑前提是，即使是同一家企业的客户群体，也存在客户特征及其需求的差异，这些差异是多方面的，包括价值取向差异、个体心理差异、实际需求差异、地域差异、个性差异、认知差异、行为差异、文化差异等。

　　企业在进行客户定位时，通常可选择不同的策略。这也决定企业将选择不同的客户群体为重点客户，①以赢利性为策略的企业，定位的是贡献盈利最大的客户群体，即找出那些给企业盈利贡献具有某些共同特征的人群，针对他们的实际需要提供相应的产品和服务。②以成长性为策略的企业，定位的是那些特点鲜明、成长性高的客户群体，例如，客户在年轻时购买力有限且价格敏感性高，但他们的成长性高，以适当的定价策略赢得他们的认同会有利于以后的客户关系发展。③以适合性为策略的企业，会选择最适合自己产品定位和服务模式的客户群体，这样形成的客户的稳定性很高。④以关系性为策略的企业，会定位于那些有特殊需要和特别影响力的客户群体，例如，航空公司主动给予那些经常需要乘坐飞机出行的成功人士以会员资格和优待服务，就是稳定客户群体来源的策略。

客户定位的目的是在客户群体源中找出那些自己有能力提供产品和服务，并因此获得盈利的客户群体，但市场环境瞬息万变，客户也不可能一成不变，企业必须用动态的、发展的眼光看待客户并随着客户的变化及时调整客户定位方案，例如，过去的优质客户可能流失，过去的普通客户也可能成长为新的优质客户。

（二）客户流失及原因

客户的变动意味着一个市场的变更和调整，企业管理者应高度关注这一问题，避免客户流失带来的不利影响。客户流失的原因有很多，企业的内部管理和客户的主观感知等是主要因素。

客户流失的最主要和最直接的原因就是客户不满意。不满意可能来自于：所售商品的质量问题、样式问题、价格问题、技术问题、品种问题等，或是所提供服务的流程问题、效率问题、秩序问题、环境及设施问题、收费问题等，或是服务人员的态度问题、仪表问题、言行问题、责任心问题、技术能力问题等，或是企业整体形象问题、广告宣传问题、投诉处理问题、产品形象、企业精神、企业信誉等。上述这些问题让客户形成较差的体验，达不到客户的预期时，心理就会不平衡并产生不满情绪，进而导致客户流失。当然，由于客户的多样化、多层次化，有些客户的期望本身是过高的，这也容易出现因客户不满意而流失的情况。总之，当客户对企业的信任和情感不够深，企业所获得的利益又较少甚至是负收益，只要客户转移成本较低，就会造成客户流失。

即使客户不存在不满意的情况，也有可能出现客户流失。例如，在企业内部，如果管理不规范，与客户缺乏沟通，跟客户之间的情感关系淡薄，即使所提供的商品或服务没什么过失，有些客户也会逐渐淡出，形成自然流失。对客户的服务承诺不能兑现，或者返利奖励等不能及时兑现，会影响企业的信誉，一旦企业有诚信问题出现，客户往往会选择离开。内部员工的离职跳槽，尤其是营销或服务人员，也有可能带走一些客户。

此外，还有一些外部因素也会导致客户流失。例如，一些政治、经济、文化、科技等方面因素对客户的购买心理与购买行为产生影响导致的客户流失；或者因企业的竞争对手给予客户更丰厚的利益导致的客户流失等。

（三）客户挽回与关系维护

客户流失会给企业带来较大的负面影响，不仅使企业失去这位客户带来的利润，还可能损失其身边客户的交易机会，因为他们可能会散布不利的言论，影响企业对新客户的开发。但客户流失现象又是难以避免的。客户流动就像一个新陈代谢的过程，在各种因素作用下客户流动的风险和代价越来越小，客户流动的可能性越来越大，客户关系在任何一个阶段、任何一个时间点都有可能出现倒退，不论是新客户还是老客户，都可能会流失。所以，企业应当冷静看待客户的流失，并积极挽回一些可能挽回的客户，确保客户流失率控制在一个较低水平。

对此，企业可以从两方面考虑减少或挽回客户流失。一方面是关注客户活跃度，对于不活跃甚至近乎静默的客户应主动联系，通过沟通了解客户的需求和不活跃的原因，以及他们对企业的看法等。即使有些客户已经流失，也可以进一步沟通，了解其流失的真正原因，同时综合所有流失客户的信息作深入分析，以判断哪些维度的客户更容易流失，以及如何优化客户关系的各个环节。另一方面可以考虑适度增加客户流失成本，这往往需要产品或服务有一定的客户黏性，减少"一次性"服务，增加产品使用频率和使用深度，以及延长服务周期或合同周期等，让客户有更长的时间周期来体验产品和服务，企业也有更长的时间来维系客户关系。

企业要想取得长期的竞争优势就要维系良好的客户关系，而这种与客户持续的良好关系也逐渐成为企业的核心竞争力。在衡量客户关系维系程度的过程中，可以从几个方面去判断。一是客户关系的长度，即企业维持客户关系的时间长短，要延长客户关系，可以通过培养客户忠诚、挽留有价值客户、减少客户流失等来提高客户关系生命周期平均长度，留住老客户。二是客户关系深度，即企业与客户双方关系的质量，通常可以用重复购买收入、交叉销售收入、增量销售收入、客户口碑与推荐等指标进行衡量。三是客户关系广度，即拥有客户关系的数量，包括获取新客户的数量、保留老客户的数量以及重新获得已流失的客户数量。此外，企业在加强客户关系的同时，不仅要关注关系的物质因素，还要考虑关系的另一个特点，即客户的感觉等其他非物质的情感因素，达到创造新客户、维持老客户、提高客户满意度与忠诚度，从而达到维系好客户关系的目的。

第7章
服务的评价

服务活动的一些特性决定了对其进行评价的难度和复杂性。评价动机的不同决定了服务评价也可以有多种类型。这其中，服务质量评价一直为大家关注，很多学者从事这方面的研究，但受到实用性要求和操作难度影响，服务质量评价一直很难在实践中推广，而常用的服务评价方法主要是客户满意度评价和服务管理体系认证评价。前者是以客户基于对服务的认知而形成的主观态度来评判服务活动的好和坏，后者是以企业的服务管理体系的完善程度来间接评判服务活动可能达到的水平。

第1节　服务评价的基础

一、评价活动原理

（一）什么是评价活动

评价是人类社会中一项经常性的，且极为重要的认识活动。凡是需要作出判断和决策的问题，都离不开评价的思想，例如判断哪件商品性价比高、比较哪家企业竞争力强等。评价可以被定义为，通过对照某些标准来判断观察结果，并赋予这些结果以一定的意义和价值的过程❶。现实生活中，人们随时都在进行各种选择和决策，因此，也随时都在进行各种评价活动。对一些简单直观的评价问题很容易进行判断，例如两个人谁高谁矮。对一些复杂问题，例如企业绩效、地区经济实力等，往往需要在合理的机理分析基础上建立评价指标体系，并选择合适的评价方法，才能进行科学合理的评价。

评价活动通常可以分为以下几类：一是对事物进行性质上的判别，例如判断某种行为的好坏，判断食物是否变质等。二是对事物在某项特性上的度量，例如测量人体的身高、测算服务的成本、计算项目所需的时间等。三是对事物在价值属性上的评判，即价值认识活动，例如投资中的价值评估等。这里的价值可以理解为存在于主客体之间的一种关系，评价是发现价值、揭示价值的一种根本途径。四是对事物在行为上是否合规进行判断，通常是先设立标准或规范要求，然后对事物及其发展过程逐一对照，评判其是否符合标准的要求，例如企业的质量认证等。

构成评价活动的六种基本要素主要有评价目的、评价主体、评价对象、评价指标、指标权重和评价方法等。评价目的，即明确为什么要进行评价，评价要解决什么问题，评价事物的哪一方面，评价的广度和深度要求如何等，这是评价工作的根本性指导方针。评价主体，是实施评价的各类机构和人员，是评价活动的组织者、参与者和管理者。评价对象是与评价主体相对的，是评价活动所要揭示和判断的对象，评价对象可以是同类事物或同一事物在不同时期的表现。评价指标是指用于表征评价对象某方面特性的数据项，而指标权重反映该指标在所有评价指标中的相对重要程度，或者反映评价者的价值取向。评价方法，是指评价指标的计算方法，反映评价的机理。

（二）评价活动的要求

评价工作是存在一定主观性的活动，科学合理的参照系统是保证其客观性的基础，也是评价结果有效性的基本保证。构成评价活动是由上述六种基本要

---

❶　郭亚军. 综合评价理论、方法及应用［M］. 北京：科学出版社，2007.

素构成的一个有机整体，每个要素都不能单独发挥作用，每个要素的确定以及作用的发挥都受其他要素影响。

评价活动中存在个体主观因素的影响，不同个体对同一事物的评价会有所差异。即使是同一个评价主体，在不同时间和空间对同一对象的评判也会有所差异。在评价活动中完全消除这种主观性是不可能的，也是没有意义的，关键是让这种主观特性能够在特定条件下具有一定的公允性特征，即评价活动应满足合理性要求，而不追求绝对的正确。

评价活动的合理性要求体现在目的明确、逻辑正确、尊重事实三个层次上。首先，评价目的要明确，任何评价都有其内在动机，不同的动机会影响后续评价指标的设计和评价方法的选择，例如，学生的考试就是一种评价，但升学考试的动机是遴选人才，所以考题通常会设置一定的难度，而专业课程考试是为了检查学生的学习情况，所以考题注重基本专业知识点的考查。其次，评价在整体逻辑上无矛盾性，评价没有绝对的好坏或对错，关键在于逻辑合理，具体包括评价动机和评价方法的一致性、评价主体与评价对象的关系无冲突、评价指标的设计相对于评价方法的适用性等。此外，评价过程中对事实的把握必须是真实和准确的，评价指标的设计应保证数据可采集，且尽可能是客观数据，以保证评价的客观性。

总之，评价本身具有主观属性，合乎公允价值的评价标准和服务于评价目的的方案设计，是评价合理的关键所在，对事物的认知本身就是多角度的，不同的结果只是反映认识价值的角度不同。

（三）评价活动的作用

第一，评价活动具有判断功能。通过对评价对象进行判断，对评价对象的归属类别进行区分，用以判定评价对象的某种属性对特定评价目标的从属程度，表现方式可以是评定、认定、鉴定、评语等。例如，对科研项目的评审、对科研成果的鉴定、对评价对象合格与否的判断、对被评对象在评价体系中的位置认定等，这些都是在事实判断基础上作出的判断。

第二，评价活动具有预测功能。评价是对评价对象相关属性的判断和过去各种表现、能力、价值的比较和综合分析，它既可以是对评价对象过往的肯定，也可以是对其未来趋势的一种合理预测。例如，对工程项目竞标者的评价和选择，是对中标者能力的承认和肯定，也是对中标者按标准要求完成项目的合理预期。在证券市场上，基于对上市企业和市场环境的评价判断，作出股票买卖决策，也是一种预测行为，是对未来盈利的预期。

第三，评价活动具有筛选功能。根据评价的综合标准和指标体系，来确定评价对象有无价值及价值大小，通过事物之间的对比，形成相对优劣程度的认识，进而选择价值最大的作为最优的选择对象，例如古代的科举制度，以及当下的高考都是评价的筛选功能最直接的体现。这种筛选有两种情况，一种是依照某一标准进行评价，达标的被选，而不达标的则落选，对于被选中的对象数量并无最低要求，完全以评价标准为准。另一种是对大量评价对象进行优劣程度的相对择优筛选，各评价对象处于竞争状态，供过于求时，择优才得以实现，但如果出现供不应求的情况，就可能失去评价的意义。

第四，评价活动具有激励功能。评价的筛选功能决定了评价主体必须对评价对象作出优劣认定，这样形成的定性与定量的评价结论是对评价对象实现目标程度的判定对比，既是对符合要求的评价对象的积极鼓励，又是对不符合要求的评价对象的有效鞭策，起到对不同层次群体的激励。在管理活动中，鼓励先进、鞭策后进是一种有效的管理手段，如政府、高校、机构等各个领域进行排名，企业发放年终奖励，军队进行立功受奖等，这些管理手段实施的基础是合理、有效的评价活动。

第五，评价活动还具有导向性。评价具有鲜明的导向作用。事前建立科学、合理的评价标准和指标体系，可以引导和鼓励评价对象向合乎目标的方向发展。通过对评价对象的评价，可以找出评价对象的不足之处，引导事物向有利于目标实现的方向发展，促使评价对象不断完善和提高。所以科学合理且符合组织目标的评价标准和指标体系，应该是对评价对象各方面的明确规定和合理指引，使组织形成良性、健康的发展。

二、评价体系设计

（一）评价性质的确定

根据评价方法的性质，评价活动可以分为定性评价和定量评价。定性评价主要用于评价对象的要素难以量化处理的情况，对评价对象的特性采用定性描述的方式作出判断，反映评价主体的价值认识。而定量评价是对评价对象的指标要素进行量化赋值，利用线性加权或结构化加权的方式计算得到量化的结果，能直观反映事物的状态。因此，建立的指标体系可能有些指标是定量的，有些指标是定性的，根据实际处理需要，可以对定性指标进行量化处理，根据不同性质程度赋予相应的量值，进而统一处理评价。

（二）评价的参照系

评价过程中，根据评价参照系的不同，可分为绝对评价和相对评价。绝对评价是在评价对象集合之外，设立一个标准，将评价对象各指标属性与标准作比较，判断评价对象达标程度。相对评价是在评价对象集合中选择其中一个对象作为参照标准，集合中其他对象以此为基准进行比较，得到相对优劣程度的对比。绝对评价采用集合外的评价准则，得到的评价结果是绝对值，在集合外也有意义；相对评价更能够依据集合内同类对象的特点得出评价结论，得到的评价结果是相对值，只在集合内有意义。

（三）评价指标的选择

指标的选择，建立在深入分析评价对象和准确理解评价目的的基础之上，选定的指标是为特定的评价目的服务的，要视具体问题而定。一般应把握兼顾针对性与完整性、互斥性与系统性、代表性与可比性等几组关系。

第一，评价指标应围绕评价目的，有针对性地进行构建，梳理影响评价结论的关键要素，指标的设置应体现评价重点。同时在针对性的基础上，对关键要素的覆盖范围要广，能够客观、全面、真实地反映评价对象在所要测度事项的情况，不能有所偏重或遗漏，即注重完整性。

第二，指标体系应层次分明，个体指标要内涵清晰、相互独立，同一层次的个体指标间不应出现过多的信息包容和概念涵盖，应尽力做到不相互重叠。同时，整个评价体系各层次内在联系，围绕着评价目的层层展开，构成一个有机整体，为实现评价意图服务。

第三，指标能够很好地反映评价对象某方面的特性，利用现行条件下的资料和数据，科学分析并选择具有代表性的主要因素，能够全面反映评价目标的属性特征。指标必须是可测度和可比较的，能够进行定量或定性的测量，在同类之间能够进行相互比较，符合客观实际水平，有稳定的数据来源，易于操作。

第四，指标体系不是越大越好，应做到宜简不宜繁。层次应清晰，指标应精练，在保证满足评价目的和评价质量的前提下，应尽量简化指标，使评价活动易于开展。

第五，指标体系的构建要与评价方法相一致，因为不同的评价方法可能对指标体系的要求存在一些差别，在实际构造指标体系时，有时需要先确定方法再构造指标。

（四）指标权重的分配

指标的权重反映指标的重要性程度，它的值虽然是具体和明确的，但并不是精确量，即使是通过复杂数学运算得出的，也是一种模糊量，因为重要性本身就是一个模糊的概念。指标体系中各指标之间存在权重差异主要有两个方面的原因：一是各指标间的客观差异，即在评价中所起的作用大小不同。二是评价者的主观差异，即对各指标的重视程度不同。所以，指标权重的确定也应从这两个方面来考虑。

定权的依据通常有以下几种：一是根据指标的相对重要程度，即从可靠性的角度进行的赋权，数据可靠性越高则所赋权重越大，例如，综艺节目中对选手进行评分会采用大众评审和专家评审，观众的一票可能是 1 分，而专家的一票可能是 50 分。二是从指标所包含的对各评价对象分辨信息量的多少区分定权，即指标在各评价对象间所表现的差异程度越大，说明该指标"分辨信息多"，赋权越大。三是因为评价指标值的变动会影响评价事物总变动，从影响程度大小的角度考虑，影响程度越大则赋权越大，这是从指标与评价事物总水平的关系来制订权数。此外，从评价者的角度认定指标的重要性程度，进而确定一种估计值，这种估价权数在日常评价实践中较常见，往往在估计的基础上加上数学运算，使赋权相对科学。

三、服务活动的特性

（一）服务的过程特性

服务是由一系列行为构成，体现为一个过程。这对于服务评价而言，带来很大的难度。服务活动的实现，必须经历一个服务提供方与服务接受方的行为互动过程。这种行为互动过程，既包括现实生活中服务提供方与服务接受方的面对面互动沟通，也包括在网络环境下的信息互动，而且互动过程具有复杂性和多样性。复杂性主要体现在一次服务从开始到结束的各个服务环节和交互细节上，尤其是不同领域的服务，它们的环节和细节是不同的。多样性主要体现在服务活动的产生动机可以来自服务提供方，也可以来自服务接受方。如果来自服务提供方，就意味着服务提供方针对他们的客户群体主动推送服务产品或相关宣传信息，以求客户接受。如果来自服务接受方，则意味着对服务产品有需求的客户会主动去找服务提供方。因此，要对服务做出较为科学合理的评价，是存在一定难度的，很多时候需要站在一个"过程视角"来充分理解服务，这是对其作出合理评价的前提。

（二）服务的价值特性

服务的价值是双向的。同一个服务过程，可以给服务双方同时带来价值，只不过双方价值的性质和意义各不相同，价值构成也有所不同。基于这种双向特征，服务价值还带有一定的主观性，因为不同客户对价值的感知不同。相同的服务对不同的客户而言，可能是锦上添花，也可能是雪中送炭，那么服务的价值也就各不相同。只有被客户所认同和接受的服务，才会被购买，才能体现出价值的真实存在，它是主观认定的结果，并且服务价值在不同的情景和消费阶段会表现出很大的差异性。❶

服务的价值还具有综合性特征，即服务行为可能同时为客户传递多种价值。例如，顾客去饭店就餐，品尝到美味的菜肴是饭店传递的效用价值；同时服务人员热情的态度、专业的技能以及饭店干净舒适的环境会给顾客一个良好的就餐体验，向顾客传递体验价值；服务人员通过与顾客交流，提供了关于营养健康的知识价值；以及饭店本身的品牌形象带来的价值认同，使客户形成对饭店的总体印象。正是这几种价值的融合，才凸显企业形象和文化，从而让客户对企业形成品牌认同和情感归属。

（三）服务的无形特性

服务产品与有形商品最显著的区别就是服务具有无形性的特征。服务的无形性主要表现在两个方面：一方面是服务中的一些无形要素，往往会被客户忽略或感觉不到它的存在。另一方面是客户即使接受了特定服务，也未必能感受到服务给自己带来的利益。❷ 而为客户创造价值或带来增值的，恰恰是服务中的无形要素。例如，同样的服务内容和服务形式，当服务提供方为客户提供了更为舒适的服务环境，虽然环境并不属于服务产品中的一部分，但也会影响着客户的感受。再如，在服务过程中服务提供方的语言表达方式也会对客户在此过程中的感受产生很大影响；服务提供方的行为细节也在不同程度地影响着客户感受，虽然行为是可以看到的，但它是在无意中流露出来的，从某种程度上可以当作是服务提供方态度的表达，所以我们可以将其理解为无形要素。无形因素是极其复杂的、难以预知和规范的，但它对价值创造具有很强的主导性，这也是服务这种很普遍但是又具有特殊性的行为活动的微妙之处。

---

❶ 施国洪，田艳艳，于成龙. 服务价值研究回顾与展望 [J]. 商业时代，2011（23）：18－19.
❷ 孙开功. 浅析服务的无形性特征与企业的营销对策 [J]. 商业时代，2009（36）：24－25.

因此，参与服务活动的双方的主观认知对服务产生的影响有利有弊，主要体现在主体在服务过程中的态度和行为表现上。如果双方对此次服务价值的主观认知较为一致，那么服务活动进行就会比较顺利；如果主观认知偏差较大，那么服务效果就会不尽人意。但是人的主观认知是无形的、抽象的，很难被有效捕捉和判断，这也给服务评价带来一定的难度。

（四）服务的质量特性

实体商品是一个结果，服务是一个过程，所以在衡量质量的时候，实体商品是对结果进行评判，而服务的质量应该是评判过程，服务质量标准不能绝对化。服务完成后并不产生实体化的结果，所以通过对服务效果的测度，也可以间接反映服务的质量，从而作为服务质量评判的方法，但服务效果不能精确预期。

在服务提供方看来，服务效果往往是他们所提供的服务内容和形式及服务提供的完整性等，不同服务提供方会有不同的评判指标，但是判断角度往往是站在他们利益视角的。对于客户来说，他们更为关注的是服务提供方提供的服务是否满足他们的预期，这个预期往往是根据他们个人的价值及对服务提供方提供服务产品的预认知而产生的。也就是说，两者之间的预期很难产生一致性，即使通过提前沟通，也很难同时满足双方利益，一般所谓的服务双方的"双赢"，也只是建立在双方都可接受的利益范围内所言。

四、服务评价的策略

（一）评价服务本身

对服务本身进行评价是一种策略性的选择，它分为对服务过程的评价和对服务结果的评价。

服务过程是指与服务生产、交易和消费有关的程序、操作方针、组织机制、人员配置的规则、对客户的指导等。在对服务过程作出评价的时候，应该对整个服务过程当中的各个环节都进行评价。任何一个环节出现问题，都会影响整个服务的最终效果，甚至会使服务无法继续进行下去。这就体现出对服务过程进行科学评价的重要性和现实意义。具体而言，首先，确定评价主体，不同的评价主体，对服务过程的评价会有不同的判断标准，评价结果就会有很大不同。其次，系统地了解所要评价的服务过程，其中包括哪些环节，这些环节是由谁来展开的，并且以什么形式展开，同时也要根据服务提供方所提供的信息对服务效果作出大致的预判，以此作为服务过程评价的参照指标。再次，在服务进行的过程中，实时对服务过程进行跟踪监控，了解服务进度和实现效果，注意服务提供方是否根据实际情况作出调整，也应该将这些调整考虑到评价范围。最终，结合科学合理的评价体系，对整个服务过程作出评价。

服务活动本身并不会形成实体化的结果，而是产生服务效果，所以对服务结果的评价通常被转换为对服务效果的评价，主要用来评判服务活动是否完成既定任务，是否解决了客户问题，是否满足了客户需求等。这是日常服务活动中，符合大多数人思维习惯的评价方式，也是比较简单、直接的评价方式，就像是在考试时做一道服务好与不好的判断题。但这种方式只是对客观事件作简单评判，无法进行更为深入的评价。

（二）评价服务条件

对服务条件进行评价是一种间接评价策略，通过对服务设施、服务环境等方面进行评价，以间接评判服务能力可能达到的水平。

服务设施主要分为服务设施和配套服务设施。主要服务设施是指企业为服务产品的生产和应用提供的平台，为服务活动提供技术支持的信息服务系统或其他软件设备，以及为服务工作有效开展准备的工具或设备等。配套服务设施是根据不同的服务内容和服务形式所要求的，配备与之对应或辅助的设施。例如，在餐饮服务领域，一般包括餐饮设施、网络设施以及咨询、预约、登记、结账等主要服务设施，而消防设施或其他相关服务设施属于配套设施。对服务设施进行评价是通过对实施服务所具备的条件进行评价，评判服务可能达到的水平。评价的要点在于，设施是否完备、设施使用情况如何、设施是否与服务需要匹配、设施建设成本、设施更新或维护频率及预算、设施对服务质量的影响程度等。当然，不同领域的服务设施要求不同，评价的内容和要求也不同，一些行业制定了相应的国家标准或行业标准，可将这些标准作为评价的依据，例如《百货店配套服务设施配置规范》（SB/T 11054—2013）等。对服务设施的评价，不仅有助于企业快速对自身服务效果作分析以提高服务质量，而且有助于企业合理利用服务资源，使其服务效益最大化。

服务环境与服务设施之间也有很多交叉相融之处，服务环境的布置和服务设施建设是紧密相关的。对服务环境进行评价，一般从服务环境的功能、安全性、环境氛围等多方面进行综合评价。环境的功能主要是为服务活动提供一个空间场所，使服务活动可以在服务提供方可控的前提下顺利进行以达到最终的服务效果。不同服务领域有不同的评价体系，例如要对一个语言培训服务环境进行评价，①功能要素主要包括：数量、面积等满足服务需求；按照服务需求划分为学习活动场所、咨询接待场所、其他场所等不同功能区域，各功能区域相对独立、互不干扰；学习活动场所的空间、座位、光线等设置体现语言学习活动特点；学习活动场所远离噪音与电磁干扰、隔音效果良好等。②环境的安全评价要素包括：服务场所内的门扇向疏散方向开启，开启后利于疏散通行；绿化植物无毒及其他安全隐患等。③环境评价要素包括：卫生、整洁，远离各种污染源；具有良好的采光和通风条件；配备必要的采暖或制冷设备。④环境的氛围方面，主要涉及环境形象建设，通过绿化、亮化、美化、彩化等装修和装饰方法的组合、设计和应用，营造美观、温馨、舒适的服务空间，使客户在接受服务的同时体验到轻松愉悦的精神享受。除此之外，还有很多环境细节部分，包括宣传橱窗、经营布局、灯光照明、信息广告、室内温度与湿度、室内空气质量等。

（三）评价情感关系

在服务过程中，服务双方所产生的情绪反应可以作为情感质量评价的基础，因为提供服务的和接受服务的都是有感情的人，他们在沟通交流的过程中自然会有情感的投入和情绪的反射。服务提供方与客户之间的情感质量，是可以直接用来判断服务质量、效果及服务产品持续性的重要指标。

对情感质量进行评价，实质上评价的是服务提供方对服务中产生的情感建设和维护情况，即服务双方的情感沟通和情感维系问题。沟通是服务双方交换信息、交流思想的过程，同时也是建立情感的过程。这种过程不仅包含口头语言和书面语言，也包含形体语言、个人的习气和方式、物质环境——赋予信息含义的任何东西。❶ 服务沟通是服务过程中必不可少的重要环节之一，有效的服务沟通是建立和维护良好服务关系的前提和基础。更重要的是，服务沟通如果存在障碍而导致额外成本或代价，那可能是服务过程中最大的成本。为减少沟通障碍，降低额外成本，往往需要从思想和情感层面强化沟通效果，使之成为信息沟通的润滑剂。因此，可以就服务双方沟通效果的角度进行服务情感性评价。

除了要考虑互动沟通对情绪产生的影响，还要结合心理学和客户行为学的知识对情感质量作出综合评价。服务提供方会通过什么方式去建立与客户之间的情感，使客户对服务产品、服务形式或服务过程中的某种细节产生好感，这就需要服务提供方将抽象的服务理念落到实处，在服务过程中将他们对客户的情感投入体现出来。后期的情感维护同样重要，如果服务做得不理想，很容易影响客户忠诚度，所以建立情感和维护情感只是在时间维度上有先后，但是在重要性上它们是同等重要的，没有主次之分。

(四) 评价客户态度

客户态度是指客户在接受服务的过程中或者服务结束后，对该服务产品、形式、细节等各个方面所表现出的情绪反应，包括积极态度、中立态度和消极态度。这也是对服务关系进行评价必不可少的一部分内容。

客户态度是对服务质量和服务效果的直观体现。服务就是用来帮助客户解决问题，满足客户需求，客户对服务过程和结果的态度最能够说明服务是否达到客户的预期，是否让客户满意。在实际服务过程中，客户态度有些很容易捕

❶ 桑德拉·黑贝尔斯，理查德·威沃尔二世. 有效沟通 [M]. 李业昆，译. 北京：华夏出版社，2005.

捉，而有些捕捉起来难度会很大。大多数情况客户对服务提供方的服务非常不满意，他们会有较为明显的表现，甚至会向经理投诉。但有些时候，客户并不会将其不满情绪表现在言语表达或肢体语言上，而是之后对企业服务产生诋毁或投诉。客户的反应很多时候是较为复杂的，在了解客户态度的时候，一定要从客户的角度出发，合理运用心理学和行为学理论指导对客户态度的解读。

（五）评价服务体系

对服务体系进行评价是一种管理性评价，可以从组织建设、服务系统的建设和服务系统的应用三个维度进行评价，涉及企业的服务运营、绩效和竞争力等方面，具体指标包括服务战略、企业文化、员工满意度、服务组织机构、服务人员、服务环境、产品与服务设计、服务制度、服务手段、服务信息管理系统的建设和应用、服务补救等。[1] 但这样的评价体系只衡量了企业服务运营管理的客观条件，而忽略了参与服务过程的客户所产生的影响作用。

因此，还可以从服务的能力水平方面进行评价，主要针对的是企业的服务运营能力，例如，针对电子商务环境下的物流服务能力进行的评价，可以从基础运作能力、客户服务质量、服务费用、服务时间、信息服务能力五个方面来评估物流服务水平[2]。也有从基础服务能力、信息服务能力、柔性服务能力和增值服务能力四个方面来评估企业的服务能力[3]。在这些评价中，除了服务运营的条件指标外，还很重视服务设施、服务行为中的能力指标。

当然，服务的管理绩效也是一种常见的管理性评价，并且有一些成熟的评价工具可以借用，例如"平衡计分卡""六西格玛"等。有人通过参考平衡计分卡模型，提出从财务和非财务两个维度评估企业服务绩效。其中，从财务维度分析研究企业近些年的财务表现，主要衡量竞争能力和财务状况两大类，具

[1] 刘英姿，胡青松. 基于灰聚类的企业服务运作管理评价模型及应用［J］. 厦门大学学报（自然科学版），2003，（B10）：41－45.
[2] 薛朝改. 电子商务环境下第三方物流企业服务能力的评价［J］. 物流技术，2013，32（5）：18－22.
[3] 薛朝改，杜瑞莉. 集群环境下第三方物流企业服务能力评价［J］. 物流技术，2013，32（1）：90－93.

体包括销售增长率、市场占有率、资产负债率、利润率、产权比率等指标。非财务维度在构建客户满意度层面，关注服务质量、灵活性、资源利用率和创新能力四个方面，具体包括二次消费率、会员数量、服务及时性、服务定制化、投入产出比、研发投入、员工培训投入、产品差异程度等衡量指标。也有使用六西格玛计分卡，确定服务企业的绩效评价指标体系，包括领导者与利润、员工与学习、财务表现、市场表现、营运执行、创新与改进、客户与服务等七大部分。❶

（六）评价服务价值

服务的价值可以是多方面的。根据对价值的不同定义，可以有不同的评价方法和评价体系，例如，把服务的价值体现为服务竞争力的话，可以将服务企业竞争力表征为资源要素、能力要素和绩效要素三个维度，评价体系包括人力资源、财力资源、物资资源、无形资源、组织与管理能力、服务接触能力、学习与创新能力、市场竞争绩效、财务绩效、社会责任绩效等十个方面的指标进行评价❷。也有从客户角度考虑服务价值问题的，可以从服务产品的五种价值要素进行评价，即效用价值、体验价值、知识价值、关系价值、品牌价值❸。其中，效用价值是基础和核心，可以从安全性、可靠性、可获得性三个方面进行评估；体验价值可以从参与性、娱乐性、独特性、难忘性四个方面进行评估；知识价值可以从有用性、针对性、及时性三个方面进行评估；关系价值可以从适度性、信任性、特别性、关联性四个方面进行评估；品牌价值可以从联想性、保证性、认同性和补偿性四个方面进行评估。

❶ 王欢. 基于六西格玛计分卡的第三方物流服务评价研究［D］. 北京：对外经济贸易大学，2013.

❷ 宋杰鲲，初春. 服务企业竞争力组合的评价模型构建［J］. 统计与决策，2011，（15）：177 - 179.

❸ 王竞. 企业服务的价值体系及其营销策略研究［D］. 北京：中国政法大学，2009.

第 2 节　服务质量评价

一、对服务质量的理解

（一）服务质量与客户感知

一般来说，服务质量应该是反映服务内容是否达标、衡量企业服务水平高低，以及能否满足客户期望的依据。但服务活动不同于实体商品，其质量标准难以明确规定，既不便于衡量，也难以保证，并且人们对服务质量的判断带有一定的主观性。所以在考虑服务质量问题时需要注意以下问题：服务质量应是对服务需求满足程度的度量；服务质量应与实物质量相区别；服务质量应反映服务的本质属性；服务质量会与客户的主观感受相联系；服务质量包含了服务提供者对服务的评价。

服务质量与客户的关系十分密切，因为服务质量很大程度上依赖于客户的感知，客户会将自己体验到的服务质量与其所期望的服务质量进行对比，以确定最终的总的感知服务质量。客户对服务质量的感知，主要是通过服务结果和服务过程两个方面来体验的。当客户对服务质量的真实体验达到或超过预期质量时，服务能够使客户满意，并获得较高的质量评价。反之，客户则会认为企业的服务质量较低。如果预期服务质量过高，即使实际提供了比较高的服务水平较高，客户仍然会作出较低的质量评价。

（二）服务质量的内涵

从企业角度来理解，服务质量主要包括技术质量、功能质量和企业形象质量。

技术质量是指服务过程的产出，即客户从服务中得到的东西，例如，在饰品店购买了各种生活饰品，这些饰品都属于技术质量，它们无疑是客户评价饰品店服务质量的一个因素。由于技术质量对很多人来说有较为统一的标准，所以容易评价。

功能质量是指客户是如何得到服务的，具体表现为在服务接触的过程中，服务人员的工作方式、工作效率、工作态度等给客户带来的利益和享受，这属于一种经历性产品，所以功能质量的重要性更加突出。由于功能质量完全取决于客户的主观感受，与客户自身的习惯、个性有关，所以不同的客户对同一服务的评价可能是不同的，因此难以进行量化。

企业形象质量是指企业在社会公众心目中的总体印象，它不仅影响客户的服务期望，也影响客户的服务感知。如果企业具有良好的形象质量，那么客户对于服务过程中的个别服务失误就比较容易谅解；倘若企业形象质量不佳，则任何微小的失误都会导致客户的不满意，所以人们把形象质量称为客户感知服务质量的"过滤器"，而客户感知的服务质量反过来又决定着企业的形象质量。

（三）服务质量的影响要素

首先，服务本身的品质是服务质量的关键要素之一，而品质来源于服务的专业性。因此，企业不仅要保证服务内容和服务方式符合专业要求，还要让客户感受到服务的专业性。企业应该充分利用与客户交流的机会，一方面充分了解客户的需求，另一方面向客户宣传和解释服务安排的合理性和专业性，以此建立良好的品质声誉。此外，企业还应该让员工了解企业的整体运作过程，以及他们各自的工作是如何影响企业运作的，在服务时应该尽可能减少差错，保证高水平服务。

其次，服务效率。它主要体现在以下四个方面：一是服务的及时性，尽量减少客户的等待时间，提升服务执行的速度。二是恪守服务承诺，按约定的时间履行承诺，既不推迟也不提前，因为有时候未经协商的提前会打乱客户的安排或增加客户的成本（如库存成本）等。三是服务流程的设计应该合理，减少冗余操作，没有拖沓、重复或浪费，让客户感到效率很高。四是考虑服务人员在服务活动执行过程中的便利性，需要注意的是，不应为了提高效率而过分强调企业自身的方便，否则可能影响客户的便利性，进而给客户带来负面的服务体验。

再次，服务精神。企业与客户进行服务互动时，服务人员的形象，如着装、健康、语言等，也会影响客户对该企业的印象。在向客户提供服务的同时，企业还应该向他们展示企业内部的团队协作精神，团队成员之间的相互协作、互相配合、交流沟通等，也是吸引客户的一大因素。企业应恪守对客户的承诺，因为客户只愿意与那些他们信赖的企业保持长期关系，应该尽量给客户留下值得信赖的感觉。当企业提供的服务不符合其对客户的承诺时，应该立即采取行动，纠正自己的行为。

最后，服务环境，分为实体环境和感知环境。干净、整洁、安全、有序的实体环境会使客户感觉舒适，企业应该竭力为客户提供这样的环境。企业的一线服务员工、后台支持员工以及企业的规章制度都是构成客户感知环境的重要影响因素。当然，在不同行业中企业关注的要素，甚至是同一企业在不同阶段关注的要素都可能不一样，例如，买快餐的顾客最关注的肯定是及时性，其次才是性价比、可获得性以及环境整洁度等，而高档餐馆就餐的顾客对餐食质量、用餐环境、服务态度、服务礼仪等要素更为重视。

二、服务质量评价要点

（一）服务质量绩效

服务质量绩效测量的是服务质量的结果，它取决于服务的内容、提供服务质量的水平和能力、客户对服务质量的需求与期望等，通常采用服务沟通质量、服务或商品提供准确率、收费合理程度等指标。服务沟通质量指客户与服务人员的接触过程中的感知质量的好坏程度，它将直接影响客户的满意程度。服务或商品提供准确率是指企业提供的与客户订单所要求的服务或商品数量和品种一致的程度，且没有受到其他人为或非人为的破坏。收费合理程度是指在提供相当服务水平的基础上与同行相比收费的合理性程度。

（二）服务质量过程

服务质量过程的评估应建立在服务流程分析的基础之上。由于各类服务的流程不完全一样，所以常用指标包括对服务的书面陈述、服务管理执行程度、服务管理控制程度、服务团队协作程度等。书面陈述实际上是对客户作的服务承诺，以便客户对照和检查服务执行情况。服务管理执行程度是指一线服务人员对服务任务的执行程度。服务管理控制程度是指服务管理人员对正在执行的服务过程的控制程度以及抵御突变能力的程度。服务团队协作程度是指服务人员在对外提供服务过程中的协作程度，以及上下级的信息交流程度和沟通程度。

（三）服务质量能力

服务质量能力指标主要包括服务人员素质、技术装备能力、与客户沟通能力等。服务人员素质是指服务人员的文化素质、专业水平及领导能力等表现出的综合能力。技术装备能力是指企业服务部门和服务人员所拥有的专业技术水平，以及必备的服务设备或工具的技术水平。与客户沟通能力是指服务人员在提供服务的整个过程中与客户沟通的程度，有问题解释、操作培训、服务承诺等多个方面。

（四）服务质量功能

由于服务的特殊性，对服务质量的评判不能不考虑客户的感受。客户感知的服务质量包括两个方面：服务结果的技术质量和服务过程的功能质量。服务结果的技术质量是指服务结果应具备的技术属性和质量，它是客户在服务过程中得到的实际内容，属于"硬"的方面，因此，这部分内容可以放在服务质量绩效里面考察。而对客户感知的服务而言，更重要的是服务过程的功能质量如何，即客户在接受服务的过程中所感知的质量，它与服务人员的态度和行为、衣着与仪表，以及服务人员与客户的相互作用等"软"因素密切相关。客户对服务过程的功能质量的评价是一种主观评价，会贯穿服务评价的全过程。此外，企业形象也对客户感知的全面质量有很大影响，在客户对服务质量感知的过程中起着"过滤器"的作用。但在客户感知服务质量评价时，需要注意不同客户对同样的服务表现会有不同的服务感知，从而形成不同的服务质量评价，即使客户对服务的感知相同，也会因为不同的服务预期形成不一致的服务质量评价。

三、服务质量评价模型

（一）感知服务质量模型

克里斯廷·格罗鲁斯在 1982 年首次提出了"客户感知服务质量"的概念，定义客户感知服务质量为比较客户对服务的期望与实际服务绩效，经验质量优于客户期望的，则感知服务质量良好；反之，则不好。1984 年，明确了客户感知服务质量模型，而后随着理论研究的深入和对以往研究成果的不断修正，在 2000 年最终形成如图 7 – 1 所示模型。❶

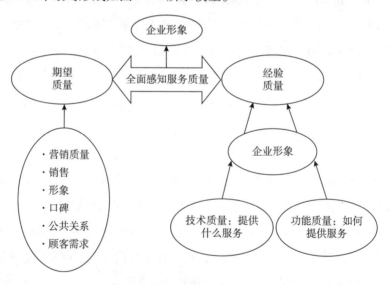

图 7 – 1　感知服务质量模型

该模型中的客户期望质量，就是客户在头脑中所想象的或期望的服务质量

---

❶　克里斯廷·格罗鲁斯. 服务管理与营销：基于顾客关系的管理策略：第 2 版 ［M］. 韩经纶，译. 北京：电子工业出版社，2002.

水平，它是多种因素综合形成的感知效果，即对广告宣传的感知、对企业形象的感知、对其他客户给予的评价的感知、对类似服务或经历的感知等。而客户的经验质量又从何而来呢？克里斯廷·格罗鲁斯将服务质量的基本要素划分为技术质量和功能质量。技术质量是在服务过程结束之后客户所得到的客观结果，强调的是客户实际得到的是什么。而功能质量是在服务生产过程中，客户所经历和所感受的东西，强调客户是如何得到这些服务结果的。于是经验质量就是指客户通过对服务的技术质量和功能质量的体验和评价而得到的印象。

该模型基于客户视角，通过客户的感受来对服务进行评价。因此，客户对服务的一些主观要素也会对评价产生影响，例如，客户对服务的需求越紧迫，对服务质量的期望值就越低。但克里斯廷·格罗鲁斯并没有对模型里的这些变量进行深入的探讨，例如，相对于技术质量，功能质量的度量更依赖于顾客的主观判断，功能质量和企业形象的过滤作用该如何衡量。此外，虽然阐述了影响期望的因素，但缺少对期望的具体说明。

（二）服务质量差距模型

美国市场营销学家 Parasuramn、Zeithaml 和 Berry（PZB）在 1985 年提出的服务质量差距模型，也称 5GAP 模型，如图 7-2 所示，其核心思想是服务质量取决客户所感知的服务水平与客户所期望的服务水平之间的差别程度，该模型可以用来分析企业服务质量问题的根源。[1]

其中，差距 1 是管理者不了解客户的期望；差距 2 是未选择正确的服务设计和标准；差距 3 是未按标准提供服务；差距 4 是服务传递与对外承诺不匹配；差距 5 是客户期望与客户感知之间的差距，它决定客户对服务质量的评价认知，是其他差距累积的结果，是差距模型的核心。

该模型将服务质量定义为服务提供者的一种能力，衡量服务提供者对于客户服务期望的满足程度，最直接的表述就是服务质量等于客户期望减去客户感知的差值。其中，客户的期望水平主要受到售前期望、售中体验以及售后感受

---

[1] PARASURAMAN A, ZEITHAML V A, BERRY L L. A Conceptual Model of Service Quality and its Implications for Future Research [J]. Journal of Marketing, 1985, 49 (4): 41-50.

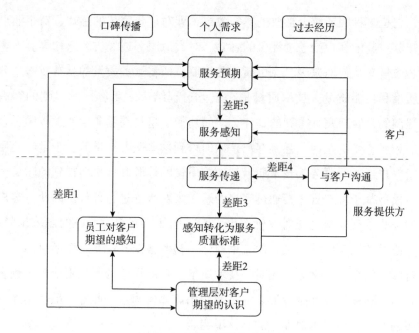

图 7 - 2   服务质量差距模型

三个因素的影响，这三个因素相乘所得就是客户的期望水平。在后来的研究中，该模型得到了进一步修正。期望服务被分解成理想服务和适当服务两部分，理想服务和适当服务之间的差距是客户的容忍区域。理想服务与感知质量的比较形成感知服务优异差距，适当服务与感知质量的比较形成感知服务适当差距。而对于影响服务期望的因素，被划分成企业可控因素和企业不可控因素，对于可控因素如服务承诺，企业可以进行有效的管理；对于不可控因素如客户个人需求，企业可以采取一些措施对其施加影响。❶

在使用服务质量差距模型时，为减少认知差距，应深入了解客户需求。为避免主观性判断的偏差，需要实际的调查，包括全面的客户跟踪调查、日常服务中的主动沟通、认真聆听客户的抱怨、主动分析客户的投诉内容等方式。为减少标准差距，可设定合理的服务规范，即服务质量标准应尽可能地体现出管理层对客户服务期望的认识。这就要求企业管理层重视并参与服务质量的建

---

❶ PARASURAMAN D B A, ZEITHAML V A, BERRY L L. The Nature and Determinants of Customer Expectations of Service ［J］. Journal of the Academy of Marketing Science, 1993, 21: 1 - 12.

设，愿意接受因提高服务质量而暂时出现的困难和增加的成本，并为一线的服务人员所感知。同时，服务规范要清晰具体，能让员工易于理解和接受该标准，且尽可能量化服务要求。一方面，为减少宣传差距，应坦诚进行服务沟通。夸大宣传只会提高客户的预期，虽然在初期可以吸引不少客户，但如果不能兑现，损害的是企业的信誉，这其中包括因企业内部沟通的失误而引起的对外宣传错误。另一方面，帮助客户理解其自身在接受优质服务中所承担的角色和责任，建议他们如何更好地得到服务。同时，也要听取客户抱怨，提供公平的解决方案，及时采取补救措施，快速解决问题，以弥补服务失误。

（三）服务质量指数模型

服务质量指数是服务质量评价的一种具体实践，例如，上海质量管理科学研究院编制的服务质量指数。它改变以往完全从客户的角度评价服务质量的做法，将对服务质量的测评和分析延伸到服务质量从形成到实现的全过程，分为服务质量能力、服务质量过程和服务质量绩效三个方面的综合考察。

服务质量能力指标体系的构建过程为：运用现代质量管理理论总结出组织的服务质量要素，作为服务能力评价的对象；归纳组织内与质量相关的职能部门，作为被评价的职能部门；依据质量管理成熟度模型对职能部门作质量意识状态的水平判断；对服务质量要素、服务质量职能部门、服务质量意识水平进行多维综合内部评价，通过比较目前状况与最优状态寻找差距，得到服务质量能力水平。为保证客观性和可靠性，对服务能力的度量借助专家评价，采用多重线性的数学模型合成指数。

服务质量过程指标体系的构建过程为：对服务流程进行过程分析，寻找关键服务接触点，以此作为服务过程评价的主客体，运用扩展、细化的服务质量差距模型，生成测评指标。过程评价导入企业内部，结合服务提供的流程，采用内部评价，由优序评价法得出结果。

服务质量绩效测量是根据经典的服务质量测评（SERVQUAL）模型，并结合具体测评行业特性和为客户提供的服务内容，设计相应的测评指标。客户在各个服务接触点上会产生对于服务质量的直观认识，因此对绩效的度量采用客户评价法。

最后可采用层次分析法，将服务质量能力指数、过程指数、绩效指数合成服务质量指数。

（四）服务质量测度工具

在使用服务质量差距模型时，需要用 SERVQUAL 量表来度量客户感知服务质量❶。该量表将服务质量分为五个维度：有形设施、可靠性、响应性、保证性、移情性，并由这五个维度确立相关的 22 个具体因素，如表 7 - 1 所示。

表 7 - 1 SERVQUAL 量表

维度	具体因素
有形设施	1. 有现代化的服务设施 2. 服务设施具有吸引力 3. 员工有整洁的服装和外套 4. 企业的设施与他们所提供的服务相匹配
可靠性	5. 企业向客户承诺的事情都能及时完成 6. 客户遇到困难时，能表现出关心并提供帮助 7. 企业是可靠的 8. 能准时地提供所承诺的服务 9. 正确记录相关的服务
响应性	10. 不能指望员工告诉客户提供服务的准确时间 11. 期望员工提供及时的服务是不现实的 12. 员工并不总是愿意帮助客户 13. 员工因为太忙以至于无法立即提供服务，满足客户的需求
保证性	14. 员工是值得信赖的 15. 在从事交易时，客户会感到放心 16. 员工是礼貌的 17. 员工可以从企业得到适当的支持，以提供更好的服务
移情性	18. 企业不会针对不同的客户提供个别的服务 19. 员工不会给予客户个别的关心 20. 不能期望员工了解客户的需求 21. 企业没有优先考虑客户的利益 22. 企业提供的服务时间不能符合所有客户的需求

❶ PARASURAMAN D B A, ZEITHAML V A, BERRY L L. SERVQUAL：A Multiple-item Scale For Measuring Consumer Perceptions of Service Quality [J]. Journal of Retailing, 1988, 64 (1)：12 - 40.

SERVQUAL 量表是建立在客户主观感知的基础之上，采用从完全同意到完全不同意的 7 级评价尺度，先用 22 个问项度量客户对服务的期望，然后度量客户实际感知，通过差异比较分析法对服务质量进行评价，即服务质量 = 客户感知 – 客户期望。

1991 年，SERVQUAL 量表被修正，响应性和移情性两个维度中的负面性问题全部改为正面性语句，以避免信度降低，并考虑五个维度在不同行业的重要性程度进行加权处理。1994 年又扩大了期望服务的概念，引入理想服务、适当服务、容忍区域概念，提出扩展的 SERVQUAL 模型。改进后的模型可以计算出客户主观意识认定的理想服务、适当服务（后来改称"最低服务"）和感知服务，并能精确计算客户的容忍区域，进而确定企业的服务质量水平所处位置和精确诊断服务缺陷。❶❷

SERVQUAL 方法是基于差异分析的，而克罗宁（Cronin）和泰勒（Taylor）认为在同一时刻对客户的期望和感知进行度量是不科学的，对客户感知服务质量的评价采用直接度量法更为有效。他们在 1992 年提出了绩效感知服务质量度量方法，即 SERVPERF 方法。SERVPERF 方法完全继承了 SERVQUAL 理论的测量维度和指标，但摒弃了差异比较法，仅考虑客户感知，不考虑期望，也不采用加权处理，即服务质量 = 客户对服务实绩的感知，使评价更简便和实用，信度和效度也较高❸。直接度量法只得到一个感知分数，把该数值与过去的数值或者与竞争对手的数值进行比较具有一定的意义，但单独解释该数值对企业不具有管理意义。总体而言，基于差异分析的 SERVQUAL 方法在诊断服务缺陷并创新改进措施方面具有优势，基于直接度量的 SERVPERF 方法在对企业服务质量的横向或纵向比较中更为简便有效。

---

❶ PARASURAMAN D B A, ZEITHAML V A, BERRY L L. Refinement and Reassessment of the SERVQUAL Scale [J]. Journal of Retailing, 1991, 64: 442 – 443.

❷ PARASURAMAN D B A, ZEITHAML V A, BERRY L L. Alternative Scales for Measuring Service Quality: A Comparative Assessment Based on Psychometric and Diagnostic Criteria [J]. Journal of Marketing, 1994, 70 (3): 201 – 230.

❸ CRONIN J J, TAYLOR S A. Measuring Service Quality: A Reexamination and Extension [J]. Journal of Marketing, 1992, 56 (3): 55 – 68.

此外，布朗 Brown 等认为，在 SERVQUAL 方法中分别测量期望和感知再进行差异比较来度量服务质量，会使客户将以往服务经历的影响带入期望，最好的办法是直接度量客户绩效感知和服务期望之间的差异，因此提出了非差异评价方法 Non-difference。他们仍采用 5 个维度和 22 个问项，但在测量内容上直接调查客户期望与客户感知的吻合程度，只涉及 22 个问项，相比扩展的 SERVQUAL 方法的 66 组问项而言，大大减少了数据量❶。

第 3 节　客户满意度评价

一、客户满意度原理

（一）让客户满意

客户满意是指通过对一个产品和服务的可感知效果与客户的期望值相比较后，所形成的愉悦或失望的感觉❷。客户满意对于商品的再次销售或服务的再次推广具有极其重要的意义，它能给企业带来较好的经营回报和发展前景。通常情况下，客户的这种比较会出现三种具体感受。

当感知接近期望时，会出现两种状态：一种是客户因实际情况与心理期望基本相符而表示"比较满意"；另一种是客户会因对整个过程没有留下什么特别印象而表示"一般"。处于这种感受状态的客户既有可能重复同样的购买经历，也有可能选择该企业竞争对手的产品或服务。

当感知高于期望时，客户就会体验到喜悦和满足，感觉是满意的，并且其满意程度可以从事后感知与事前期望之间的差异函数来测量。感知超过期望的越多，客户的满意程度就越高，较高的客户满意度易使客户产生认可、高兴、

❶ BROWN T J, CHURCHILL G A, PETER J P. Improving the Measurement of Service Quality ［J］. Journal of Retailing, 1993, 69（1）: 127 – 139.

❷ 张中科. 消费者行为学 ［M］. 北京：中国人民大学出版社，2011.

愉悦等正面情感，在此类情感的促使下，客户将产生正向行为，如再次购买、推荐购买等。

当感知远远超过期望时，满意就演变成忠诚。客户满意不等同于客户忠诚，而是进行某种消费后的心理状态，客户忠诚则是一种购买行为，代表企业的盈利能力。

当感知低于期望时，客户会感到失望和不满意，较低的客户满意度易使客户产生失望、后悔、容忍等负面情感，进而使客户产生投诉、转换产品等行为。但企业如果对客户的抱怨采取积极措施并妥善解决，就有可能使客户的不满意转化为满意，甚至成为忠诚的客户。

由此可以看出，客户满意的概念带有一定的主观性，需要由用户根据对具体问题的侧重点不同加以确定；同时也带有一定的多重性，一个问题可能存在多个满意标准，对于不同的标准而言，满意度可能不同；并且对一个独立解，其满意度是没有意义的，只有讨论两个或两个以上解时，满意度才有意义。

（二）客户满意问题的研究

对客户满意问题的研究兴起于 20 世纪 60 年代。1965 年，卡多佐（Cardozo）用一个圆珠笔实验证明了客户满意程度受其投入成本，以及其对产品的期望的影响。❶ 此后，客户满意度问题的研究不断发展，大量摄取社会学、心理学及认知科学方面的内容，形成相对成熟的理论体系。例如，差距模型实证研究了客户期望与感知质量之间的差距对满意度有影响，且感知质量直接对满意度有显著影响，这奠定了客户满意度原因变量的理论研究基础。另外，客户满意度提高的直接结果是减少客户抱怨，增加客户忠诚度，这奠定了客户满意度结果变量的理论研究基础。❷ 而西蒙（Herbert A. Simon）提出的用令人满意准则代替最优化准则，成为将客户满意原理应用于客户服务评价的重要依据。客户服务是主体与客体之间复杂关系的活动，而满意度原理所具有的普遍性、

---

❶　RICHARD N C. An Experimental Study of Customer Effort, Expectation, and Satisfaction [J]. Journal of Marketing Research, 1965, 2 (3): 244 – 249.

❷　刘维. 顾客满意度指数模型研究评述 [J]. 经营管理者, 2011 (1): 54 – 54.

模糊性、智能性、相对性等特点更能反映人类的人性化本质。因此，用"令人满意解"来代替传统意义的最优解，非常符合解决服务中的复杂问题的要求。

（三）从优化理论到满意理论

在人类遇到实际问题进行决策的时候，通常有两种思路，一种是寻求最优解，另一种是获得满意解。然而绝大多数的现实问题都是复杂问题，常用的效用及优化理论的基本假设无法得到满足，以最优准则、优化模型、优化算法分析为核心的优化理论和技术面对许多问题也是无能为力的。虽然在理论上和逻辑上，最优型决策是成立的，但受人类行为的非理性方面的限制，或者受信息条件不能完全满足的限制，或者受复杂问题中决策成本的限制，最优决策是难以实现的。于是，寻求令人满意解就成为解决复杂问题时候的主要思路。美国决策管理大师赫伯特·西蒙（Herbert A. Simon）在 1947 年发表的《管理行为》中提出了用满意决策代替最优决策的思想，然后又把满意解的寻求过程命名为"satisficing"，提出了令人满意准则。最初的满意概念是针对优化概念提出的，如能得到最优解，则没有人会去追求满意解。但是从实际应用角度讲，不是所有的问题都能求得最优解，由于系统、现象、过程等的不确定性、复杂性和矛盾性，人们不得不接受满意解。

二、满意度调查

（一）满意度调查的目的

企业开展客户满意度调查的主要目的有以下几方面：一是了解并测定当前客户对产品或服务的满意水平；二是确定影响客户满意态度的关键因素是什么；三是发现提升产品或服务的机会；四是从客户的意见和建议中寻找解决客户不满的方法，为管理者提供建议；五是可以起到宣传企业和提高企业的知名度的效果。

（二）满意度调查的类型

早期的满意度调查常以规范性检查来代替，即通过服务规范的落实检查，将调查数据作为通报或考核的依据，从而传递服务压力，督促员工落实服务标准，规范员工行为，培养员工良好的服务习惯。本质上是一种服务落实度调查，主要采用两种方式。

一种是向客户调查，例如发放问卷、拦截访问、电话调查等，让客户确认之前工作人员是否按规范操作；另一种是直接对服务场所和服务人员进行调查，以直接获得服务体验和服务情况的证据。

第一，满意度既然反映的是客户的态度，那么自然需要搞清楚客户为什么满意，或者为什么不满意，因此有客户"不满意度调查"和"高满意度调查"两种。前者是强调对不满意客户的分析，了解、感知、分析客户不满意的原因，因为不满意的客户，若问题得到圆满解决，其忠诚度反而比从不抱怨的一般满意客户高。而高满意度调查是基于卓越服务理念，是为了让客户非常满意，提供高水准、超出一般水平的服务，要把客户群体塑造成高满意群体，即把一般满意的客户提升为高度满意的客户，因此，需要分析在服务的哪些环节或哪些要素上，应该如何去做才能获得客户的高满意度。

第二，考虑到服务质量评价的难度较大，所以借助客户满意度评价来代替服务质量评价，这种满意度调查侧重对客户感知质量的调查。感知质量调查不是向客户询问确认服务人员做了什么，而是直接询问客户的被服务感受或满意程度，关注的是客户的实际感受，以及由这种感受带来的服务效果。这种方法的好处在于，解决了企业给不同客户提供差异化服务时，对服务质量的统一评判问题。通过服务差异化的满意度分析，主要分析客户的不同背景、不同消费行为和不同态度对服务感知的差异性，找出导致差异的关键影响因素，为实施差异化服务提供必要的基础。因为客户体验是一种主观感受，它强调塑造和传播口碑，注重服务细节和服务创新，提供令人印象深刻的，容易描述和传播的体验。

从企业整体考虑，为反映企业的客户满意度的总体情况，将结构方程和满意度形成相结合，构造基于综合指数的新型满意度模型，该模型与企业服务的差异性无关，因此，满意度指数调查具有跨行业、跨企业可比的特点，适用于国家、行业层面的满意度调查。从战略层面考虑，可进行基于资源优化配置的满意度分析，例如，日本学者狩野纪昭（Noriaki Kano）于1979年推出卡诺（KANO）分析模型，把各服务要素分为三类，明确三类要素的意义及目前所处的位置，优化资源配置的策略，确定资源投入的边界，解决管理者上述的问题，实现更精细的资源优化配置。

（三）满意度调查的程序

识别有效客户是开展客户满意度调查的基础。一般来说，实施客户关系管理的企业这方面基础较好，它们大多拥有详尽的客户信息数据库，可以较为方便地进行各种查询。如果客户信息不完善，应对其先进行完善。通过对客户资料作必要的分析，挑选合适的客户并形成可调查客户名单。

满意度调查的方式主要是电话访问和问卷发放。这两种方式各有其优缺点，选择时应考虑到客户的特征、商品或服务的类型、调查的时间和预算等具体情况作出选择，也可以两种方式协同使用。①在反馈速度方面，电话访问的信息反馈速度较快，问卷调查受往返过程的限制而影响速度，即使通过网络进行问卷调查也并非实时的。②在回收率方面，通常电话访问遭到回绝的概率远低于拒绝邮件回复问卷调查的比率，有些方法可提高问卷回收率，如承诺抽奖、随问卷附送小礼物等。③在信息量方面，电话访问的问题量要逊于问卷调查，因为客户通常不喜欢接受长时间的电话访问，而问卷调查可以较为从容地将足量信息呈现在客户面前。但电话访问在获得答案的信息量上占有优势，因为电话中可以更多地使用开放性问题，而问卷调查中的开放性问题通常得不到回答。④对调查人员的素质要求方面，电话访谈要求访问者具有较高的语言沟通能力和准确记录口语信息的能力，否则可能造成访问失败率提高或不能正确反映客户观点等问题。

确定了调查方式后，应根据不同方式的要求组织安排调查内容以及提问的方式。在内容安排上，首先，内容应是客户认为重要的，因为这样客户的感知性才会比较高，能更真实地反映客户关注的焦点。其次，满意度调查会使客户产生新的期望，促使企业采取改进措施，如果企业在某一方面还无条件或无能力采取行动加以改进，可以暂不采用这方面的指标。再次，指标应该是可测量的，设定的指标必须是可以进行统计、计算和分析的，以便产生容易量化统计的满意度值。最后，问题的设计应注意三个方面：一是问题的单一性，即每道问题只能涉及一个指标，以便客户进行判断回答，避免出现涉及两个指标内容的问题，例如"客户服务人员是否有礼貌且精通业务"，这其中就包含了服务态度和业务水平两方面的要求。二是指标的可度量性，为了量化客户满意度，备选答案应设置测量标度。三是开放性问题与封闭性问题的平衡，访谈通常可能设计较多的开放性问题，这有助于收集更多的客户意见，而问卷中开放性问题的比例就不能太大。

实施调查并收到调查结果之后应作相应的分析。对封闭性问题，采取分级处理的方法很容易进行统计分析。对于开放性问题，因包含的信息量较大、内容分散，通常采取归纳的方法进行定性分析，即从大量回答中总结出典型问题，以概括性的文字归纳成条目，通过统计某条目出现的频率或比例，形成有指导意义的调研结果。通过满意度调研及分析，企业可以得到客户对于服务是否满意的信息，这些信息应及时汇报给企业的领导层和反馈给相应的服务部门，以充分发挥其作用，使其真正成为推动客户服务工作的驱动力。

三、满意度模型

(一) 西蒙满意度模型

西蒙的令人满意准则是指人们做实际决策时，是以满意度最高的方案为准。在考察理性决策、追求最大化和最优化的决策模式后，西蒙提出，由于人的观念、智慧、认知力、知识、技能、精力、时间等方面是有限的，不可能总是把所有的问题都考虑到，从而找到最佳目标和最佳方法，获得最优化结果。由于信息、认知、机遇、思考能力、未知的变化，甚至一念之差，人们并不知道是不是当时的最优，其选择也不可能是已有条件下的最优，甚至对自己的偏好都不知道。因此，决策的依据依赖于他当时的满意度，只要对决策的目标和执行的手段基本满意，他们就会做出决定并开始行动。后来也有学者研究了许多企业的决策过程，用经验性的数据证实了这个模式的存在。客户满意度模型正是基于这一法则形成的，它所强调的是为客户提供的服务无法追求最优的结果，即使能够在当时的条件下做到相对最优，也可能受客户的认知水平所限而不能完全理解，因此，对于服务而言，追求令人满意解比追求最优解更为合理。

（二）卡诺模型

卡诺模型是日本学者狩野纪昭研究得出的，如图 7-3 所示，它是对用户需求分类和优先排序的工具，以分析用户需求对用户满意的影响为基础，体现产品性能和用户满意之间的非线性关系。因此，它实质上是一种剖析客户满意态度背后影响因素的分析模型，主要通过度量五种需求被满足与否对满意或不满意度产生的影响。这一模型可用于确认服务的优先级，通过划分需求的类型，形成"基本型需求 > 期望型需求 > 魅力型需求"的优先顺序模式。根据不同类型的质量特性与客户满意度之间的关系，产品服务的质量特性分为五类。基本（必备）型需求：当优化此需求时，用户满意度不会提升，当不提供此需求时，用户满意度会大幅降低；期望（意愿）型需求：当提供此需求时，用户满意度会提升，当不提供此需求时，用户满意度会降低；兴奋（魅力）型需求：用户意想不到的，如果不提供此需求，用户满意度不会降低，但当提供此需求时，用户满意度会有很大提升；无差异型需求：无论提供与否此需求，用户满意度都不会有改变，用户根本不在意；反向（逆向）型需求：用户根本没有此需求，提供后用户满意度反而会下降。

对此，卡诺模型定义了三个层次的客户需求：基本型需求、期望型需求和兴奋型需求。

第一，基本型需求是对企业提供的产品或服务要素的基本要求，也是客户认为"必须有"的需求。当其不能满足要求时，客户会很不满意，但当其供

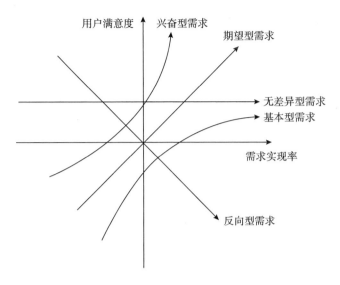

图7-3　卡诺模型

应充分时，客户不会因此而表现出积极的满意态度。也就是说，所提供产品或服务即使超过客户的期望，客户也不会对此表现出更多的好感；但反之，只要稍有一些疏忽而未达到客户的期望，满意度将一落千丈。例如，夏天的时候，家庭使用空调，空调正常运行时客户不会为此而对空调质量感到满意，一旦空调出现问题，无法制冷，那么客户对该品牌空调的满意水平明显下降，投诉、抱怨随之而来。

第二，期望型需求是指客户的满意状况与需求的满足程度成比例关系的需求。这类需求没有基本型需求那样苛刻，其要求提供的产品或服务比较优秀，但这些优秀特性并不是"必须"的或"强制"的。正因如此，这些非必需的优秀品质很容易超出客户的期望，从而使客户的满意度显著提高。例如，有些服务人员在工作中精益求精，服务质量或服务水平不仅远超服务的基本要求，也超过客户的心理预期，这种工匠精神的体现也是提升客户满意度的重要因素。

第三，兴奋型需求是指不会被客户过分期望的需求，一旦得到满足，客户表现出的满意状况也是非常高的。如果没有得到满足，客户也不会表现出明显的不满意。这要求企业提供给客户一些出乎意料的产品或服务行为，令其产生惊喜。例如，有经验的服务人员经常会在服务过程中，赠送一些精美的小礼品给客户，就是期望给客户带来额外的惊喜，从而提升客户满意度。或者是一些客户虽然没有明确表达出来的需求，但是企业主动提供了相应的产品或服务，例如，一些企业能够主动进行产品的质量跟踪和回访，定向推送最新的产品信息和促销内容。

（三）满意度指数模型

瑞典顾客满意度指数（SCSB）模型是最早的满意度指数模型。该模型由五个潜在变量（客户期望、感知绩效、客户满意、客户抱怨、客户忠诚）和六个关系构成。①客户期望是预期将会得到何种质量的产品或服务，是"将会的预期"而不是"应当的预期"，对感知绩效和客户满意均有正向作用，以客户的总体期望作为标识变量。②感知绩效又称感知价值，是质量与价格相比在客户心中的感知定位，与客户满意正相关，以该质量下的总体价格评价和该价格下的总体质量评价作为标识变量。③客户满意以总体满意度、同理想产品或服务的比较、与期望的差距作为标识变量。④客户抱怨是客户满意的结果变量，满意度的提高会直接减少抱怨，客户表达不满的渠道有停止购买或向企业表达抱怨。由抱怨转化为忠诚表明客户抱怨处理系统的工作成果，以特定时间段内客户投诉比例作为标识变量。⑤客户忠诚作为最终的结果变量，以重购可能性、价格承受力作为标识变量。

SCSB 模型具有很大的影响力，在这之后建立的指数模型，都是以此为基础进行改进建立的。20 世纪 90 年代中期，Fornell 教授与其团队在继承和发展SCSB 模型的基础上深化客户满意度指数模型的研究，提出了美国顾客满意度指数（ACSI）模型。相较于 SCSB 模型，ACSI 模型统计得更为合理，因为ACSI 模型是在分析客户购买消费过程的基础上设计的，并增加了感知质量这一潜在变量。不仅能客观地反映客户对服务质量的评价，而且能真实地反映客户的满意态度，同时，管理者可以更好地把握客户是出于何种原因作出满意的评价，从而根据客户的反应作出相应的措施。欧洲客户满意指数（ECSI）模型是在 SCSB 模型和 ACSI 模型的基础上，根据欧洲各国家和地区的具体情况，对相关变量和相关关系作出了相应的修改。ECSI 模型去掉了客户抱怨这个结果变量，因为欧洲各国家和地区的客户抱怨系统已经完备，抱怨处理对客户的满意和忠诚已经没有显著的影响。同时，ECSI 模型在原因变量中增加了品牌形象，欧洲的大多数国家和地区认为，企业品牌形象一般会被客户纳入考虑范围之列，因此，品牌形象被认为是影响客户满意度的一个重要因素。

中国顾客满意度指数（CCSI）模型是由清华大学、中国质量管理协会等多家机构对顾客满意度指数进行系统的研究与分析提出的，CCSI 模型结合了ACSI 模型和 ECSI 模型的优点，并以中国消费者的实际消费行为为根据，选择了六个潜在变量：预期质量、品牌形象、感知质量、感知价值、顾客满意度、顾客忠诚，并构建了 11 个关系。该模型将 ECSI 模型中的硬件感知质量和软件感知质量合并为感知质量，研究还发现品牌形象不仅对顾客满意度产生影响，还对预期质量、感知质量、感知价值有直接的影响。因此，该模型将品牌形象这一潜在变量作为预期质量、感知质量、感知价值的前因变量。❶

四、满意度评价的改进

（一）面临的问题

已有的满意度理论和调查方法显现出不同程度的局限性，尤其是在具体行业、企业层面上，如何真正有效地运用满意度管理工具的问题愈发突出。一方面，在满意度理论中，质量概念被分为感知质量和客观质量两种，满意度调查中更多的是关注客户的感知质量。客观质量与客户满意是高度相关的，感知质量可以作为两者之间的一个"桥梁"，但它并不能完全等效地反映客观质量。因此，在满意度调查中，应该加入对客观质量的考察，以完善满意度理论，丰富满意度的调查方法。另一方面，现在的满意度调查大多基于后评价的原理，即服务过后评价客户对于服务的结果是否满意。这种做法只测度了服务的结

---

❶ 余旋，徐琳. 经典满意度指数模型的分析与比较［J］. 经营管理者，2013（30）：122.

果，但实际上，客户在被服务过程中是否满意的主观态度是时刻存在，并且会根据服务的情况随时发生变化，这在一些过程时间较长的服务活动中尤为明显。

（二）过程改进思想

过程改进思想源于软件行业，由于传统互联网技术（IT）企业过分重视技术，盲目扩大开发队伍，不断压缩管理成本，导致项目的开发处于无序状态。而过程改进使人员、技术和工具在企业内部得到合理的分配和利用，充分发挥它们的整体优势，使整个开发过程中处于可监控的状态下，不断调整不合理的部分。

过程改进应基于很多小的、不断进化的步骤，而不是革命性的创新。美国卡内基梅隆大学软件工程研究所曾开发过一个用于评价软件开发组织的软件过程能力成熟度模型（Capability Maturity Model，CMM），它提供了一个框架，将这些进化步骤组织成五个成熟度等级，它为过程改进奠定了循序渐进的基础。而客户的满意度是随着服务进程逐渐变化的，如果在服务过程中不加以控制，那么到服务结束时，客户的满意度可能会发生实质性的改变。

现有很多企业采用的客户满意度调查方法是在几个固定的时间点上对客户进行回访，并以此来检验员工的服务质量。由于是固定的时间点，所以一旦出现问题并不能马上发现，等到发现问题时，客户的满意度已经出现实质性下降。因此，引入实时监控、过程改进的思想将较好地解决此类问题，对完善满意度评价方法更具有现实意义。

（三）创新与融合

对过程改进和质量管理理论来说，两者之间具有天然的联系。质量的不断提升，需要在实践中发现存在的问题，找出解决问题的方法，并且在实施后检查效果，进而制订下一个等级的目标，这与过程改进的思想是比较吻合的。

过程改进与满意度理论的结合点在于对客户需求的个性化把握，这是一个循序渐进、不断加深的过程，因此，需要运用过程改进的思想和方法来不断加深对客户个性化需求的掌握程度，从而不断提升客户服务满意度。

客户的满意度与服务质量之间存在必然的联系。客户对于企业服务的任何不满意，都可以归结到某个具体的服务质量问题；反之，只有服务质量的不断提升，才能够从根本上提高客户服务满意度，从而树立企业的服务品牌和口碑。因此，两者之间的结合是采用满意度调查方法的初衷和根本目的。

可以借助于过程改进的思想，将客户满意度的事后评价方法创新为过程评价方法体系，即构建基于过程改进的服务满意度监控体系，以建立主观化、个性化、动态化测量客户服务满意度水平的调查方法，形成持续改进的服务满意度测评体系。

五、客户满意过程监控

（一）特点与创新

构建基于过程改进的客户满意度监控体系，其满意度调查应该准确、客观地反映客户的真实感受，能够通过满意度调查及时发现服务过程中存在的具体问题，及时掌握客户的服务需求和期望值，满意度调查结果可以为员工绩效考核提供有力的参考，激励员工的服务进取心，促进服务质量提升。

基于过程改进的服务满意度监控体系不同于传统的满意度测评体系，它包含了以下特点、理论突破和创新性思想：①由单纯的测度体系，变成了监控体系；②由强调调研结果的客户满意与否，变成了强调服务过程的满意与否；③由注重客户的总体满意水平，变成了注重单个客户的具体满意态度；④由统一的满意度测量指标，变成了个性化的满意度测量指标；⑤由注重感知服务质量，变成了同时注重客观服务质量；⑥由服务管理的辅助性措施，变成了服务管理的基础性设施；⑦满意度调查由原先的以问卷为核心，变成了以服务数据模型为核心。

（二）体系架构描述

从功能上讲，监控体系中包含了两个部分，一个是企业本身的业务活动，另一个是满意度监控活动。业务活动中，我们以"客户服务过程"为业务核心，其他相关部门（包括代理和外协部门）的活动（如研发、设计、生产、经营等）视为客户服务的支撑性活动。满意度监控活动中，设计"服务信息模型""分析与控制模型""管理分析报告"等模块。

在此架构中，服务业务流程是整个监控系统的根本立足点和出发点，服务信息模型是整个监控系统的核心，而满意度分析与监控系统是功能实现的主体。服务业务流程与各个业务部门衔接，为服务信息模型获取数据提供基础支持，而服务信息模型通过业务流程获得各项所需数据，进而描述不断变化的客户满意度状态的数据结构。满意度分析与监控系统根据服务信息模型提供的结果对客户满意度进行实时监控，并且在必要的时候，通过服务业务流程对各部门的相关业务进行调整。这样就形成了一个基于整个服务过程的、持续改进的满意度监控系统。

（三）服务信息模型

服务信息模型（Service Information Model，SIM）不仅是一个服务数据存储器，而且是一个面向功能的数据结构集，可根据功能要求设计相应的数据结构。它以各项相关数据作为模型的基础，进行服务模型的建立。

首先，该模型能够实时从业务流程中获取数据，然后对这些数据进行必要的处理。及时获取可能会影响到客户满意度的相关因素，及时发现问题，并且找出解决问题的办法。

其次，该模型中对针对服务满意问题的数据结构设定是动态的，对整个服务周期进行更加细致的划分。服务信息模型随着服务阶段的不断变化，相应调整内部所包含的各项影响因素，从而能够更加科学、准确地描述不同阶段客户满意度的不同状态。

再次，模型中既有主观因素，也有客观因素。从实际操作以及企业成本控制等方面考虑，需要包括与服务质量相关的各项客观因素，同时，为了能够让企业持续提升服务口碑，也要兼顾客户的主观感受等非客观因素，便于企业更加科学、准确地来判断客户的服务满意度状态。

最后，这个模型能够进行不断的自我调节和持续改进。模型需要和分析与监控模型相互配合，根据实际监控过程中反馈的误差信息，对模型内部各项因素的构成以及彼此之间的数学关系进行不断的调整和修正。这样，模型就能够在应用的过程中持续改进，从而提升对满意度判断的准确性。

（四）分析与监控模型

分析与监控模型（Analysis and Control Modeling，AACM），是通过对服务信息模型提供的数据进行分析，判断客户服务满意度的变化情况和趋势，及时进行预警，指出影响客户满意度的主要因素，并且通过业务流程层向相关业务部门下达指令，进而修正客户服务满意度，实现满意度的监控与过程改进，使其保持在一个稳定的水平上。

首先，在一个新项目开始时，AACM 会根据相关调查结果，为客户设定一个初始的满意度水平。在项目不断推进的过程中，AACM 会根据服务信息模型提供的数据，分析影响客户满意度的因素以及客户满意度的变化趋势。当客户的满意度下降至某一特定水平时，AACM 会提出预警，同时根据模型提供的数据来分析产生问题的主要原因，并且将这些问题以及解决措施反馈给相关部门和人员。通过这种方式，系统可以将客户满意度重新调整到接近于初始状态的水平。

其次，由于服务信息模型在不同阶段的数据结构会发生变化，因此，在每一个阶段结束的时候，系统会根据这一阶段的整体情况生成一份阶段性服务质量诊断报告，在报告中指出这一阶段总体的服务水平，包括曾经出现过的一些主要问题及解决情况等。这份报告可以作为员工绩效薪酬评定的部分参考。

最后，在整个服务活动结束时，系统会根据服务全过程的情况出具两份报告：一份报告是针对企业内部管理用的服务质量诊断报告；另一份报告是对外进行服务口碑传播使用的服务满意度报告。第二份报告主要从客户主观感受的角度去评价该项目在多大程度上让客户感到满意，这既是对企业服务口碑的一种传播方式，同时也是让企业对提升客户满意度的能力进行持续改进的一项工具。

（五）过程改进的机理

基于过程改进的满意度监控体系中满意度变动与过程改进的机理包括三个

方面。

首先，满意度的初始值设定。在项目开始时，监控系统会根据客户的具体情况为其设定一个满意度基准值，这个基准值就作为以后分析与监控模型的监控标准，同时也会设定满意度下降的预警值。

其次，进行满意度监控与改进，在服务过程中分析与监控模型会根据服务信息模型采集的数据对客户满意度进行实时监控，并且实时反映客户的满意度变动情况。当出现问题时，系统会自动显示满意度值在下降，当下降到预警值时系统会自动预警并分析原因。服务管理部门根据系统预警情况，安排有关责任人进行服务补救，改进服务措施，以及时挽回满意度水平，让其重新回到正常的区域中。这是一个持续循环的过程，通过不断的发现问题和改进问题，将客户满意度保持在一个可以接受的范围之内。

最后，在监控和改进的基础上，应该实施自我修正。为了保证该监控系统的科学性和准确性，可以设定阶段性的"自我总结"，即在每一次服务过程结束时，系统会对客户的满意度标准进行一次修正。在实时监控和分阶段调整的共同作用下，监控系统不仅可以保持客户满意度的稳定，提升服务质量，而且能够不断对自身进行改进和调整，以便更加精确地度量客户服务满意度水平。服务完成之后，系统会生成相应的报告，以全面反映该服务过程的实际情况，服务管理部门也可以根据这些报告来综合改进服务流程，提升服务水平。

第4节　服务管理的认证

一、服务管理的基本要求

（一）合理的组织架构

客户服务体系必须有完善的组织架构来保障，对它的评价可以从两个方面来考虑。一是考察服务部门和服务岗位的设置，为了提高客户服务的满意度，需要有专门的客户服务部门来提供专业的服务业务，根据服务的内容和重点设置与之相对应的各种岗位，并且这些部门和岗位的设置要合理，以便信息的纵向或横向沟通。二是对各类服务角色的职责权利应界定清楚，这有助于各个部门和岗位依据自身的职责权利去开展业务，也有助于充分地利用已有的客户服务部门和各种客户服务岗位，各谋其事、各司其职才能避免客户服务的形式化，而且这种职责权利的界定是动态发展的，可以根据实际发展情况灵活调整。

（二）有效的资源配置

为了保障服务工作的有效展开，企业需要对客户服务所需的各种资源予以配置，主要体现在人员配置、资金配置、实体设施配置三个方面。①人员配置不仅是数量上的满足，而且是质量上的保证。客户服务的易变性和不可分离性说明了服务人员对于客户服务水平的影响，因而人员的配置对于客户服务的评价是非常重要的，服务人员数量充足，能够满足基本需求是基础，如果说人员的数量决定客户服务的底线，那么人员的素质就决定客户服务的高度。②资金配置是客户服务的物质保障，这就要求企业提供充足的经费保障，并能提前准备应对特定问题的专项经费。客户服务工作中需要经费保障的地方众多，客户服务部门日常的运行维护不可避免的需要一定的资金支持，计算机、互联网技术的革新需要相应的经费保证，在遇到客户服务投诉，赔偿客户服务时更需要有相应的资金保障。③实体设施配置是应对客户服务提供的必要保障条件，包括必需的场所、设施、工具、网络信息设备等，这是客户服务工作开展的基础。

（三）规范的服务流程

客户服务具有过程性，并且客户是在服务的全过程中完成对服务的体验，因此，服务流程的规范性也是非常重要的。合理规范的服务流程可以让客户对于服务的认知建立参考和依据的准则，客户服务人员在服务过程中也就有章可循，从而按照标准化的要求提供客户服务。

具体而言，首先，服务质量目标化，明确的服务质量目标对于企业开展客户服务具有重要的指导作用，可以使客户服务的开展更具有导向性。其次，服务方法规范化，服务的易变性使得客户服务质量参差不齐，规范的服务方法可以最大限度地降低服务质量的差异性，保持服务质量的一致性。最后，服务过程的程序化，程序化的服务过程使服务的各个环节按照既定的规则运行，环环相扣使客户服务成为一个有序运作的过程。这三个方面并不是相互独立、相互割裂的，而是相互影响、相辅相成的，且流程规范具有一定的行业特性，要结合该行业的特点合理地设计服务流程和服务规范，从而为客户服务的开展提供有力的保障。

（四）协同的服务文化

为了更好地服务客户，企业内部各个部门之间应相互协作、相互服务，形成协同有效的服务文化。这是以提高服务效率为目的的一种内部服务活动，是客户服务在企业内部的延伸，对于提高客户服务水平有着重要影响，是外部客户服务的重要保障。客户服务内容有明确的服务规范和流程，每一个环节都有不同的部门参与进来，需要各个部门之间的相互协作、相互配合。这时，各个部门之间就存在一种服务与被服务关系，如果这种关系顺畅融洽，那么整个客户服务体系就会流畅高效，外部客户服务就有很好的服务基础。服务文化便是能起到这样作用的一种软力量，它虽然没有强制执行力，但是在潜移默化中就可以实现对企业内部员工的宣传教育作用。良好的服务文化能作用于企业内部员工，同时也通过员工尤其是客户服务人员的精神面貌、沟通方式、知识能力和服务态度等方面传递给客户，从而引起客户的情感共鸣，提高客户的忠诚度。

（五）鲜明的服务特色

创建服务特色，既是服务本身的需要，也是客户的需要，更是企业提升服务竞争力的需要。首先，服务应该是便捷的，服务流程设计顺畅快捷，客户体验好，对于客户而言，获取服务的方式是便捷的，获取成本是低的。其次，提升服务的可定制化水平，以满足客户的个性化需求。这要求企业既要充分了解大多数客户的服务需求，提供充足的服务组合，也要允许客户在这些服务中选择自己所需的，包括区别于其他客户需求的定制服务，从而让客户在享受自己所需服务同时，不受其他多余服务的打扰。再次，可以提高服务的自助化程度，即由客户自行操作服务设备，形成自我服务，以提升客户在服务过程中的独立性和效率，例如，互联网服务渠道的门户网站、自助服务终端、移动客户端都是由客户自行操作实现服务需求。最后，还可以提升服务社交化水平，即客户能够通过社交网络获得所需的客户服务。跟以往需要打客服电话、写投诉邮件相比，通过微信、微博等社交软件向企业索取所需的客户服务，不但客户成本降低，而且更加透明。这些服务特色可以塑造企业形象，留给客户专业良好的印象，有助于在客户心中塑造与时俱进、积极创新的企业形象，从而使企业的品牌更加明显。

二、服务管理的规范要求

(一) 对服务工作的要求

服务工作所涉及的规范化要求有以下几个方面。

第一，针对商品本身的安装调试、维修检测等方面的要求。很多耐用消费品或工业机电设备，从出厂、出库到运抵客户现场后，企业应提供安装调试服务，以及使用过程中的检测维修服务，这些工作需要制订相应的规范化要求，包括测量、设计、运输、安装、调试、检测、维修、备品备件、工具管理等具体环节。这些环节均与商品本身的技术特性有关，所以其规范化要求也主要是从技术角度来制订，其目的在于确保商品的质量和服务效率。

第二，解决商品的调换及退货等方面问题的服务要求。为充分保证客户的合法权益，当企业将不符合标准或规定质量要求的商品出售后，生产厂家有责任负责调换或退货。对此，企业要制订相应的产品调换和退货标准，就厂家调换和退货的条件及操作程序进行详细规定，避免因没有规范流程而与客户发生纠纷。

第三，为客户提供培训和指导服务的规范要求。对于复杂的商品或设备，用户只凭借产品说明书是无法完全了解和掌握设备性能、运转情况及操作方法的。企业有必要制订专门的客户培训与指导规范，针对客户，特别是一线服务人员和管理者进行培训和指导，保证培训的质量和效率，增强客户对产品的适应性。

第四，要建立特殊事项服务标准，以满足客户的特殊质量要求，如功能、结构改进等，以及接待客户投诉，对因商品质量问题受到伤害的用户和客户提供支援，会同有关部门对事故原因进行调查，认定责任及处理赔偿事宜等。

（二）对服务人员的要求

首先，从服务人员的基本素质和工作能力方面进行要求，必须具备专业的产品知识和服务技能，以及优良的个人品质和素养，否则难以胜任客户服务的职责。这就需要建立员工的能力和素质标准，即岗位胜任素质模型。它是为完成某项工作，达成某一绩效目标所要求的一系列不同素质的组合，包括不同的动机表现、个性与品质要求、自我形象与社会角色特征，以及知识与能力、技能等因素的水平。对于服务人员来说，能力和素养是一个不断学习和提升的过程，对不同岗位的员工应建立起相对应的能力素质胜任模型。

其次，对服务人员的思想提出要求。服务行为是受企业服务理念和价值观的影响，虽然服务思想和价值理念等不能标准化，但可以统一，并将其作为全体服务人员服务行为规范化的基础。也就是说，要有一个统一的服务理念和价值观，把客户服务转化为一种自发的行为，落实到工作的各个方面，通过统一的服务价值体系，建立相应的奖惩考核体系，从而高度规范全体员工的服务行为。

最后，对服务人员如何理解服务提出要求。在现代企业经营管理中，各个企业都在强调服务的重要性，大多数企业的服务意识在逐步加强，但对服务的概念和真正的含义未必都清晰明了。如何理解服务的深层含义？可以用一句通俗的话来表达：服务就是将困难留给自己，将方便留给客户。也就是说，服务是站在客户的角度来帮助客户解决一切困难的问题，给客户提供更快捷、更舒适的服务。服务质量的高与低更多体现在是否让客户感觉舒适和宽心。由此形成的规范化的服务行为要求，使服务人员能够关注到客户的每一个细节，掌握客户心理需求，将服务工作做到无微不至，方能显示出企业服务的品质。

（三）对服务形象的要求

所谓企业形象，是企业在客户心中留下的印记，包括企业生产或经营场所的实体环境，员工的专业化程度和精神风貌，企业的广告、标识、口号以及产品外部包装等。企业外部的硬件条件以及内部的管理风格都在展示着企业的整体形象，因此，在建立客户服务体系的同时就必须对企业的形象进行评估、修正和规划，向外界展示出一个风格鲜明、积极向上的良好的企业形象。企业形象能让企业有别于其他同类企业，并与大多数客户的社会价值观相一致，易于得到客户的认同。企业良好形象的建立在于企业不间断地向客户宣导和全方位的推广，如大型的行业展销会、新品的推广会、产品广告等，对有悖于企业形象的行为必须及时制止。总之，企业的整体形象的塑造是一个长期而系统化的过程，某个不当行为都可能直接影响到企业的形象，即使这行为能在给企业带来阶段性的利益，也必须加以制止。

三、服务管理的标准化

（一）什么是服务标准化

标准化是为在一定范围内获得最佳秩序，对实际的或潜在的问题，制订共同的和重复使用的规则的活动。一般而言，企业对于生产活动的标准化要求比较严格，其实质是将生产活动科学化、规范化、经济化。但客户对于商品的需求是多方面的，不仅对商品本身的质量、设计、材质等方面有要求，而且对所接受的服务也会有相应的质量要求。随着企业对于标准化的理解逐渐加深，服务活动的标准化问题也日益受到重视。所谓服务标准化，就是通过对服务标准的制订和实施，以及对标准化原则和方法的运用，以达到服务质量目标化，服务方法规范化，服务过程程序化，从而获得优质服务的过程。

现代企业应将服务标准纳入其标准化体系之中，与生产标准、管理标准并重。一方面，通过对服务工作的行为统一规范化，使服务的方法、程序、功能等得以优化，降低服务成本，节省重复劳动，提高工作效率，最终有利于提升企业的盈利能力。另一方面，服务的标准化有利于客户对于企业提供服务的认知，便于企业与客户接触，并收集和分析客户对商品质量的反馈意见以及相关需求，这也是推动商品标准和质量动态改进、保持企业生命力的重要动力。

（二）服务质量与标准化的关系

企业需要将服务标准化，以保证和提高企业的服务质量，这是因为两者存在密切的关系。

一方面，标准是质量的基础。服务质量是指企业的客户服务工作做得好坏，具体反映的是服务内容的达标情况、服务水平的高低、需求的满足程度，以及客户的满意态度等。服务标准就是对服务的质量特性作出明确和具体的规定，质量与标准是密不可分的。服务标准是规范企业服务行为的执行文件和管理指南，而服务质量是由服务标准的内容及其执行状况决定的。可以说，标准是质量的依据，质量是执行标准的结果，标准化实际上是确保服务质量的过程。

另一方面，标准也是提高质量的保障。很多时候，服务质量是借助于客户是否满意来评判的，虽然客户满意可以间接反映服务质量水平，从评价的角度来说也是最佳选择，但由于客户满意度并不是衡量服务的本身，从企业管理的角度来说实践意义较弱。因此，对服务活动本身制订相应的质量标准是可以直接帮助企业提升服务水平的，服务标准化水平也就决定了服务质量的高低。没有服务的高标准，就没有高质量的服务，标准是质量的保障。

标准化是质量实现的基础和保障，有了标准才有质量可言，标准化的实施不仅能提升质量，也能在提升质量的时候降低成本。

（三）服务标准化体系

服务体系的建设应以"客户满意"为出发点，涉及服务组织、人员配置、资源配置、服务规范、监督改进、服务文化等方面的内容。服务体系是企业管理体系中的一个子系统，因此，企业的标准化管理体系中也应该包含客户服务体系的规范化要求。

从横向看，企业标准体系表分为技术标准子系统、管理标准子系统、工作标准子系统及服务标准子系统；从纵向看，企业标准体系表又分为基础标准、职能标准和个性标准。为突出服务活动在企业的重要地位，可考虑将服务类标准从管理标准中分离出来，建立服务标准子系统，即制订企业服务的基础标准，然后通过服务职能及其具体活动的定位，制订有关客户服务的职能标准。这些标准能够明确地告诉员工被期望做到的是什么，无须员工猜测。服务标准应直接谈及要点并详尽说明谁应该在何时做些什么，无须说明行动背后的原理。并且服务标准是可测定的，要求符合某一服务标准的行为都有具体的行为准则，是客观的、显而易见的，因此易于量化考核。

服务标准应建立在能够满足客户需求之上，而不仅仅建立在企业的标准之上，满足客户的期望是最基本的，甚至要超越客户的期望。好的服务标准是在管理者与员工在理解客户需求的基础上共同制订的。

四、服务体系的认证评价

（一）服务认证的动机

服务认证是基于顾客感知、关注组织质量管理和服务特性满足程度的一种新型认证制度。服务认证的定位是对服务质量的高品质认证，体现高标准、高技术、高品质。随着服务业占国民经济的比重逐步加大，服务行业必定会是优胜劣汰的过程，对提升优质服务供给、推动服务业高质量发展、增强我国服务国际竞争力发挥着越来越重要的作用。

在服务认证出现之前，企业缺乏一种规范性的、能够指导服务体系建设的系统方法。同时，客户对企业宣传的服务承诺难以认同，对企业服务品质的好坏，缺少值得信赖的权威性公证。外资进入中国市场后，提供服务的方式或要求跟国内企业并不完全相同。因此，通过对企业的服务体系进行认证，可以客观反映企业服务工作的现实状况，准确衡量企业服务的实际水平，促进企业服务工作的改进，提升企业的竞争能力，实现对企业服务工作的宏观指导。从更高的着眼点来说，可以把服务系统性认证作为参考，把我国推向服务标准化时代，从而提高全社会服务水平，逐步实现我国经济社会全面协调和可持续发展，是十分重要和有意义的。

在以国内大循环为主体、国内国际双循环相互促进新发展格局下，服务业经济规模和质量的提升为服务认证发展提供了更加广阔的市场，服务消费升级也会助推服务认证进一步加速发展。

（二）认证的基础

根据我国的《认证认可条例》规定，认证是指由第三方机构证明企业符合标准规范的公正性和公示性活动。能通过国家批准的认证，就表明企业的产品或者服务达到了某一水平，可以满足生产或服务要求，实现对客户的保障，常见的"3C认证""QS认证"等莫不如此。这些针对产品的认证在我国已开展多年，企业和市场都很熟悉，但对于企业服务方面的认证则是近十年才兴起的。

2007年，北京五洲天宇认证中心开始启动第三方"商品售后服务评价体系认证"工作。而开展这项工作的基础是相关标准的颁布实施，2006年，商务部颁布了由中国商业联合会提出并牵头起草的贸易标准《商品售后服务评价体系》（SB/T 10401—2006）。2011年，由北京五洲天宇认证中心根据认证工作实践，牵头将该行业标准修订升级为国家标准《商品售后服务评价体系》（GB/T 27922—2011），使之成为全国各类商品的生产企业、销售企业，以及服务型企业的售后服务体系达标认证的依据。商品售后服务评价体系的国标认证工作于2012年正式开展，为推动全国各行业售后服务制度的规范化和有序发展起到了至关重要的作用。

目前，国内企业的服务体系建设还存在参差不齐的问题，缺乏规范化指导是原因之一。中小企业出于运营成本考虑，过于注重实际存在的服务业务活动，容易忽视体系建设。而大企业服务体系相对完善，但由于服务具有差别性和跨行业性，即使是大企业也存在执行情况不一的现象。因此，需要有相应的管理标准作为企业服务体系建设的指导性文件，以及企业服务体系第三方认证的依据，《商品售后服务评价体系》（GB/T 27922—2011）正是这样一部规范性文件。以这部标准为基础，商务部组织制定并颁布了多个行业的服务规范，例如《珠宝饰品行业经营服务规范》《酒类行业流通服务规范》《家居行业经营服务规范》《零售商供应商公平交易行为规范》《商务策划评价规范》《进口葡萄酒经营服务规范》等行业标准，以及《定制商品服务规范》等团体标准，这些标准对于规范各行业的服务行为以及企业服务体系建设起到了重要的指导作用。

（三）评价模型

《商品售后服务评价体系》（GB/T 27922—2011）标准的结构是按照"评价要求—管理方式—评价指标"三合一来编制的，可用于企业内部和外部，包括第三方机构对企业售后服务体系的评价和认证。

根据国内外服务评价理论和实践经验，首先设计了一个服务评价模型，如图7–4所示。

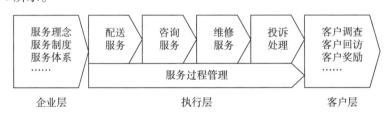

图7–4 服务评价模型

在这个模型中，把对企业售后服务的评价范畴划分了三个层次，即企业内部条件层次、服务执行层次和客户跟进层次。

第一，对企业内部条件的评价，主要从服务文化、服务制度、服务体系、服务投入等方面进行考查。主要评价其制度是否完善，投入是否合理，基础是否牢固。

第二，对服务执行的评价，主要根据售后服务的流程，从包装送货，到产品或技术咨询，再到维修服务，以及投诉处理等方面，同时还有贯穿该过程的服务管理，进行综合考查。主要评价其售后服务面、服务效果、服务深度等。

第三，对客户跟进的评价，主要从客户调查、客户回访、各种针对客户的服务活动等方面进行考查。主要评价其对客户是否具备更深程度的"客户关怀"，是否能更积极主动的完善服务措施，提高服务水平。

（四）服务评价体系

根据图 7-4 的服务评价模型，本着科学性、实用性、适度性、准确性等基本原则，提出了三层评价机制，设计了相应的评价体系框架，并采用层次划分的方式对售后服务评价指标进行初步设计，如图 7-5 所示。

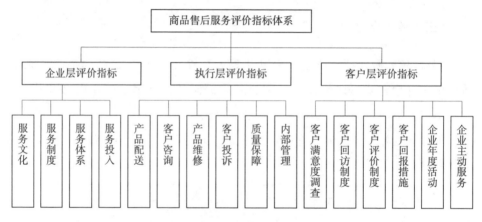

图 7-5　商品售后服务评价体系框架

所谓的"三层评价机制"，就是分别对应服务评价模型中的企业层、执行层和客户层，对各阶段中的要素进行分层评价，所以评价指标相应地分为三类：针对服务体的评价指标、针对服务执行的评价指标和针对客户关系的评价指标。服务体系的指标，强调企业在售后服务的组织、管理、资源等基础条件方面所做出的努力；服务执行的指标，强调对企业在围绕"商品"所开展的有关服务活动和服务行为的规范；客户关系的指标，强调对企业在与客户的交往过程中应注重的服务问题和服务行为的规定。当然，具体指标存在可操作性问题，需要做适当处理。

第 **8** 章
现代服务的创新

　　服务创新为企业的产品更新、持续发展提供了条件，是企业运营管理中的重要内容。它是应用新思想和新技术来改善或变革现有服务流程和服务产品，提高服务质量和服务效率，扩大服务范围，更新服务内容，增加新的服务项目，为客户创造新的价值的活动过程。服务创新是一个持续不断的过程，创新的过程和结果是要基于当前社会、经济、技术、文化等诸多基础性要素的水平。工业时代的服务创新主要是以企业为主导的技术性改进创新，这种创新是单一的、严谨的，具有严格的创新体系和管理模式。而信息社会模式下，创新成为社会协同性的活动，服务创新打破了以企业为单位的边界，所以更容易出现颠覆性的创新成果。

第 1 节　服务创新的基础

一、创新理论与思想

（一）熊彼特的创新理论

　　现代创新概念和创新理论的提出者是约瑟夫·熊彼特（Joseph Alois Schumpeter），他先后在《经济发展概论》等著作中阐述了"创新"的概念，并形成了独特的创新理论体系。他认为，创新就是要"建立一种新的生产函数"，要把一种从未出现的关于生产要素和生产条件的"新组合"引进生产体系中去，而所谓的经济发展，就是不断地实现这种"新组合"。也就是说，创新是资本主义经济增长和发展的动力，经济发展就是这种不断创新的结果。

熊彼特阐述了创新概念的五个主要内涵，即引入新产品、采用新的生产方法、开辟新市场、获得原料或半成品的新供给来源、建立新的企业组织形式。同时也阐明了创新理论的几个基本观点：第一，创新是生产过程中内生的，外部投入的生产要素虽然能带来一定的经济变化，但根本上还是从体系内部发生的变化。第二，创新是一种"革命性"变化，充分强调创新的突发性和间断性的特点，主张对经济发展进行"动态"性分析研究。第三，创新同时意味着毁灭，在竞争性的经济生活中，新组合意味着通过竞争消灭旧组织，尽管消灭的方式不同，而随着经济的发展和经济实体的扩大，创新更多地转化为一种经济实体内部的自我更新。第四，创新必须能够创造出新的价值，只要发明还没有得到实际上的应用，那么在经济上就是不起作用的。第五，创新是经济发展的本质规定，这里所谓的发展可以定义为执行新的组合，即创新打破了原有的经济循环流转过程。第六，创新的主体应该是企业家，企业家的核心职能不是经营或管理，而是看其是否能够执行这种"新组合"，只有当其实际上执行了某种"新组合"时才是一个名副其实的企业家。

（二）德鲁克的创新理论

对创新的研究是多视角的或多层面的。国家层面的创新研究和应用，可以帮助国家在国际政治、经济、文化、军事等方面获得优势地位，企业层面的创新研究和应用可以帮助企业在激烈的市场竞争中立于不败之地。熊彼特的创新理论强调"组合"的作用，而且着眼于经济的发展，属于明显的经济学视角。后来的学术界在熊彼特的创新理论基础上开展了进一步研究，使创新的经济学研究日益精致和专门化，例如，先后出现技术推动模型、需求拉动模型、相互作用模型、整合模型、系统整合网络模型等，形成关于创新理论的经济学理论体系。其中，管理学大师彼得·德鲁克在继承熊彼特创新理论的基础上，把创新发展成为大众可以学习和实践的工具，在其 1985 年出版的《创新与企业家精神》一书中阐明了"创新是创业家独有的工具，是一种赋予资源以新的创造财富能力的行为，即任何使现有资源的财富创造潜力发生改变的行为"的观点。德鲁克首次将创新与企业家精神视为可组织的且需要加以组织的、系统化的实践与训练，也视为经理人的工作与责任，强调企业唯有重视创新与企业家精神，才能再创企业生机，经济由"管理的经济"转变为"创新的经济"。归结起来，德鲁克对熊彼特创新理论的传承有两点不同，一是熊彼特强调创新是企业家的职能，而德鲁克强调的是企业家精神；二是德鲁克把熊彼特的创新中的"生产函数"说变为了"实践工具"说。

（三）创新思想的共享平台

随着科技进步、社会发展，对创新的认识也在不断演进，特别是知识社会的到来，创新模式被进一步研究和认识，例如协同创新模式、产业创新模式等。进入 21 世纪，信息技术推动知识社会的形成及其对创新的影响进一步被认识，科学界进一步反思对技术创新的认识，创新被认为是各创新主体、创新要素交互复杂作用下的一种复杂涌现现象，是创新生态下技术进步与应用创新的创新双螺旋结构共同演进的产物，关注价值实现，关注用户参与的、以人为本的"创新 2.0"模式也成为重新认识创新的探索和实践。同时，自由式创新学说提倡创新的平民化，系统地提倡一切有利于创新的方法，最大化激活整个人类社会的创新潜力。

在开放式创新时代，个体的知识储备越来越难以满足复杂性创新的需求，创新需要各种异质性知识和思想的碰撞与融合。社会网络不仅为各种类型的知识和信息的传递提供平台，而且是诸多创新主体发生思想碰撞和共享的平台。所谓社会网络，描述了社会中存在一张巨大的人际关系网络，由节点（行为主体）以及联结节点的社会关系构成。美国学者戴维·波普诺（David Popenoe）在其所著的《社会学》一书中阐释了"社群"的概念，即由多个拥有相同情感认知及想法构成的成员大聚合。《2016 年中国网络社群研究报告》关于社群的概念界定为：在一个团体内部的人具有共同的爱好需求、情感认同、生理追求的组织体，群体内部的成员间，既相互影响又相互满足。随着互联网应用的普及，越来越多依赖于网络社区运行而形成的网络化社群出现，一些传统的线下社群也会利用网络发展社群关系，即一种典型的网络化社群形态。

移动互联网和社会化媒体的叠加应用，大大拓展了人们的社会活动空间，降低了社交成本，使人与人之间的沟通交流更加频繁，同时也催生了许多网络社群的出现，如微信群、QQ群、豆瓣小组、兴趣部落等，整个社会的社群化特征凸显。这些社群主要有四个方面的特征：一是社群成员是由于拥有共同的目标和兴趣而聚集的，他们所共有的价值观和行为在一定程度上会影响到企业产品和服务的传播、推广、营销等活动；二是在线社群存在于虚拟空间，社群成员之间无须面对面直接交流；三是社群拥有高效率的协同工具，为成员开展社群活动提供了可能；四是社群成员行为一致，成员之间容易相互影响。

二、技术驱动创新

（一）5G技术带来更丰富的应用

从17世纪的产业革命以来，每一个新的产业都是在技术革命或技术扩张的基础上形成的。可以说，知识的积累和技术的创新孕育了新的产业。当前社会创新的基础性技术力量就来自5G通信技术。与之前的几代通信技术相比，最大的不同在于5G不仅是移动通信技术，5G网络也不仅是一张移动通信网络，而是变成了支撑万物互联、智能互联的基础设施。知名产业调研公司IHS Markit在2017年初发布的《5G经济：5G技术将如何影响全球》中将5G看作是"下一个改变世界的技术""5G移动技术将使整个经济和社会受益"，支持"从零售到教育，从交通运输到娱乐以及其他所有行业"。中国信息通信研究院的《5G经济社会影响白皮书》也认为，5G将全面构筑经济社会数字化转型的关键基础设施，从线上到线下、从消费到生产、从平台到生态，推动中国数字经济发展迈向新台阶。华为在2017年发布的《5G时代十大应用场景白皮书》中列举了包括云VR/AR、车联网、智能制造、智慧能源、无线医疗、无线家庭娱乐、联网无人机等在内的 24 项 5G 应用。

人们之所以对 5G 的期待很高，主要在于它具有高速度、大容量、低延迟的优点。1G/S 的延迟可以在毫秒级，这对于无人驾驶技术的实现是非常必要的。在汽车时速为 80 公里时，延迟一秒就可以跑出去 22 米，这种情况下的安全隐患是极大的，如果延迟在毫秒级别，在同样时速时安全隐患可以缩到最小。在医学方面，医生们也可以进行远程操控手术，低延迟的远程操控手术可以应付很多突发情况，这对于医生和患者来说都是意义非凡的事情。在工业方面，低延迟可以固定流水线的限制，开始柔性定制服务，从云端直接控制每一个生产环节，进而大大减少人力劳动。同样，在客户服务方面，企业可以根据自己的运营模式和业务流程，进行客户服务方式上的创新，例如，现场维修技术人员、客户服务员工，甚至是数据可视化方面的员工都可以将 5G 应用在自己的工作场景中。

（二）大数据分析带来商业价值

大数据分析突破了传统信息管理的局限性，其意义不在于掌握庞大的数据信息，而在于对这些含有意义的数据进行专业化处理。大数据的商业价值主要有两个方面，一方面，手中握有数据的企业可以基于数据开展业务和交易，可创造更多的价值。另一方面，基于数据挖掘会有很多商业模式诞生，定位角度不同，或侧重数据分析，如帮企业做内部数据挖掘；或侧重优化，帮企业更精准发现客户，降低营销成本，提高企业销售率。但数据量大就是大数据，大数据的特征是数据量大、数据种类多、非标准化数据的价值最大化，其价值是通过数据共享、交叉复用后获取最大的数据价值。

大数据时代的到来，也给企业带来服务转型的机遇，管理者应该认识到信息技术的广泛影响和深刻含义，以及怎样利用信息技术来创造有力而持久的竞争优势。通过对海量用户数据的运算，对客户进行用户画像，意味着每个服务者能否精准获取到用户特征和潜在需求，进行定制化、个性化的服务。例如，利用大数据对销售数据进行预测，提醒商家充分备货，并在必要的路径预备充足配送人员以保障服务。

（三）万物互联的智慧应用

发展物联网的意义不仅在于实现对物品的智能化识别和管理，它所能实现的是信息空间与物理空间的融合，将一切事物数字化、网络化，在物与物之间、物与人之间、人与现实环境之间实现高效信息交互方式。一旦实现万物互联，社会生活的智能化方式便可能得以实现，在很多应用领域甚至颠覆了原有的生活方式。

万物互联对一个城市而言，可以形成智慧城市，实现城市运行的统一监控和数字化管理，为城市管理和建设者提供一种全新、直观、视听觉范围延伸的管理工具。对一个家庭而言，智慧家居开始被人们接受，将各种家庭设备，例如音视频设备、照明系统、窗帘控制、空调控制、安防系统、数字影院系统等，通过智能网联系统实现自动化运行和远程操控，不仅提供舒适宜人和高品位的家庭生活空间，实现更智能的家庭安防系统，而且将家居环境由原来的被动静止结构转变为具有能动智慧的工具，提供全方位的信息交互功能。对人们的出行而言，智能交通系统必不可少，例如，公交行业可以利用车载设备的无线视频监控和 GPS 定位功能，对公交运行状态进行实时监控，并与电子站牌进行数据交互，实现公交调度信息数据的发布和多媒体数据的发布功能等。对人的健康医疗而言，医疗系统借助简易实用的家庭医疗传感设备，对家中患者或老人的生理指标进行自测，并将生成的生理指标数据通过固定网络或无线网络传送到护理人或有关医疗单位。还可以实现智能居家养老，在居家养老设备中植入电子芯片装置，使用远程监控保障老年人日常生活的安全，让老年人在日常生活中可以不受时间和地理环境的束缚，在自己家中过上高质量、高享受的生活。总之，各类智能化生活方式不胜枚举。

（四）"互联网＋"催化创新

所谓"互联网＋"，是指以互联网为主的新一代信息技术（包括移动互联网、云计算、物联网、大数据等）在经济、社会生活各部门的扩散、应用与深度融合的过程❶，其中"＋"本身所代表的就是变革、跨界和融合，其本质是互联网和实体经济的双向融合。以"互联网＋"的模式来创造各种社会经济发展新业态的理念被快速推广。一方面，因为互联网已成为第三次工业革命的基础，它与传统产业相融合会推动传统产业的转型升级，这对社会经济的发展产生广泛而深刻的影响。另一方面，因为互联网、大数据、云计算等信息技术的发展为"互联网＋"战略的实施提供了技术条件，信息化建设、业务系统的架构都是"互联网＋"发展的推动因素。

"互联网＋"在宏观上是优化各种生产要素的配置，成为社会生产力的催化剂，促成整个社会经济的技术转变、思维转变和格局转变。在微观上是泛在联合，通过大数据、云计算、互联网等信息技术进行各行各业之间的数据交换和信息交流，形成传统产业线上线下联合发展的新态势，优化生产结构，促进产需平衡，形成新的业务内容和业务模式。例如，"互联网＋零售"促成了淘宝，"互联网＋出租"促成了滴滴，"互联网＋旅游"促成了携程，越来越多的行业领域正在利用互联网来改变行业发展趋势，形成各种新的服务产业形态和经济形态，通过共享、循环利用等方式来合理配置社会资源，提高资源的使用效率，实现资源利用最大化。

三、服务新理念

(一) 重视企业内部的服务

过去对企业经营活动的划分，对内主要是生产和管理活动，对外主要是销售和服务活动。其中，销售活动也被视为服务活动，分为售前服务、售中服务和售后服务，由于直接面向客户而被总称为"客户服务"。生产和管理活动看起来与客户服务活动是分离的，彼此没有关联。但实际上，所有的生产和管理活动最终都是为客户解决问题的，前者虽然不与客户直接接触，其实质仍可以

❶　宁家骏 . "互联网＋"行动计划的实施背景、内涵及主要内容［J］. 电子政务，2015（6）：32－38.

视为服务行为，因此，要重视企业内部的服务问题。

企业内部服务关系的最终目的是为保障外部客户服务质量，对企业创造附加价值、提高企业竞争力方面有着重要的意义。因为客户的价值靠企业的各项业务来实现，业务由流程和各个活动环节来体现，每个环节都由特定的员工承担。也就是说，客户价值最终由企业内部员工的互相配合、共同努力来创造。员工之间也有一个互为上下游、互为客户、相互服务的关系，只有员工之间的服务得到满意，员工的满意度和忠诚度的提高，才有整个流程的环环相扣、顺畅运作，最终实现客户的价值最大化。由于内部员工存在文化教育、个人阅历、价值观等方面的差异，内部客户对不能达到预期或不能保质保量的服务通常不予正面抗议，而是将责任或不便转嫁给企业之外的客户，导致客户服务质量低下。例如一个员工的服务质量只能做到99％，那么三个员工合作提供流水服务作业，则"服务效果"将在每个环节上被打折扣，传递到客户时只剩下97％。而如果是更大的分工流水服务工序，则这种递减将进一步扩大，这就形成了客户满意度递减。

要提升内部服务意识和水平，一是要优化组织结构，改善业务流程，为企业内部服务提供合适的、有效的组织平台；二是要加强内部协作，密切各部门或各团队间的联系，在合作中形成服务意识；三是提升内部员工关怀，满足内部员工的现实需要，帮助他们解决问题、克服困难，从而促进内部员工间的情感联系。

（二）由达标和满意到追求卓越

一直以来，对服务的要求有两点：一是达到服务工作的基本要求，即业务活动要求；二是能够让客户满意。前者是由各企业根据具体的岗位要求制订，后者是根据客户的感受来评判。对于服务人员来说，无论是工作要求，还是客户满意态度，都是来自外部的要求，这其中忽视了服务人员自身存在的主动性要素，即对美好事物的主动追求，具体落在服务活动上就是对卓越服务的追求。

卓越就是超出一般的意思，卓即高明，越即超越。卓越的服务，是指所提供的服务（包括其方式或效果）超出客户的预期，达到超乎满意的惊喜。在卓越服务的金字塔模型中，金字塔的顶层即为惊喜服务，其含义是提供远超期望的服务使客户感到惊喜和感动，企业通过"传递远远超出预期的卓越体验"来实现惊喜服务。卓越服务是提供比客户期望多一点的服务，是持续不断地满足并超越客户的期望，是指用一种不同寻常的方式把一件普普通通的事情做好。卓越服务可被理解为一种让客人产生愉悦感觉的服务，它的前提是读懂客人的心，懂得与客人沟通，并学会用客人的眼光看问题。卓越不是一个标准，而是一种境界。它在于将自身的优势、能力以及资源发挥到极致的一种状态，所以，优质可以要求，卓越只能追求。

（三）服务理念调整的方向

服务理念是随着社会经济的发展而发展的，现代服务理念跟过去相比已经有了很大进步，但它仍然会随着服务的发展而不断提升。它不仅要求服务人员使用文明语言、态度和蔼，而且深化了服务内涵，扩大了服务领域，拓展了服务功能，甚至是一种能够给企业带来利益的经营方式。对此，企业的服务理念的调整应该有两点，一是面向客户，二是面向竞争。

一方面是因为客户本身的变化。首先，客户的总体素质较以前有很大提高，客户消费观念的改变、品位的升级都向企业提出了更高的服务要求，他们也更加重视对企业服务的享受。其次，在快速发展的社会环境中，人们热爱"高速度"的生活节奏，这种喜好很容易被带入消费过程中，因此，企业必须能够提供更及时、高效的服务，以满足客户不断增长、不断多元化的需求。再次，现代社会追求个性，展示自我。客户更渴望个性化的服务，一成不变的服务模式很容易让客户感觉疲劳。最后，现代高新技术的发展给人们的生活方式带来了巨大变化，客户享受服务的方式也在发生变化，这也要求企业能够将自己提供的服务与现代服务载体结合起来。

另一方面是因为竞争的加剧。在竞争日趋激烈市场经济环境中，竞争越来越成为企业发展的焦点问题，企业开始逐步意识到，"服务"是一种新的竞争手段和竞争技巧。首先，企业的服务水平高，有助于其加深市场印象，提升其品牌竞争力。IBM 公司就是这方面的典型例子，它依靠其优秀的服务不断巩固其优势地位，其品牌形象更是有口皆碑。其次，将服务作为企业的竞争力之一，可以避免企业之间的直接交锋，最大限度地减少无谓的损失。与其打价格战，不如开展特色服务、优质服务，以此与对手竞争。这样做的结果，不仅使行业的发展更为健康，而且能有效提高企业的社会责任感。最后，服务理念是企业文化的主要内容之一，把竞争性的服务理念深入传达给企业的每一员工，将会在很大程度上把企业员工的思想以及整个企业的凝聚力和战斗力紧密联系，能够拉近企业与客户之间的距离，巩固企业的经营理念，从而增强企业自身的隐性力量。

当然，要实现企业服务理念的有效提升，最重要的是要将新的服务理念纳入企业战略发展规划中，即从思想上重视服务理念的确立。只有思想上重视了，才会有后续的计划去实现这个目标。

（四）服务创新的意义

通过创新解决服务问题。许多企业没有制定高服务标准的原因要么是提高客户服务的花费太高，要么是认为缺乏相应素质的员工，这些理由从另一侧面反映了企业缺乏运用创造性思考或尝试新方法来提高客户服务。第一，创新通常能在不增加成本甚至减少成本的同时提高客户满意，例如，许多超市提供带小孩座椅的推车，使带小孩的顾客可以从容购物。第二，运用新技术能简化并提高服务质量，重复的任务可以通过系统处理，从而解放人员来集中处理更多客户的需要和问题，例如，连锁超市可以用计算机系统来集中处理送货上门，设置专门的人员接听订货电话记录客户的要求和送货地点，然后订单通过计算机传递到离客户最近的超市。因此，制订服务标准时，应该积极地寻求新方法和新技术来保证高水准服务的实现。

第 2 节　新型客户关系

一、客户需求改变

（一）客户需求的结构

要做到以客户为中心，首先要理解客户需求的结构。一般来说，客户对于服务的需求分为功能需求和心理需求，其中，功能需求主要针对商品和服务，心理需求又可以细分为体验需求、关系需求和成功需求。如果以层次划分，这些客户需求的变化从低到高依次是商品需求、服务需求、体验需求、关系需求、成功需求。

商品需求是客户的基本需求，包括商品的功能、性能、质量以及产品的价格等，这类需求相对容易满足，只要有相应的生产力就行。服务需求是客户基于产品需求之上的高一层次的需求，即客户还需要关注跟商品相关的服务问题，如送货、安装、调试、维修等服务。当上述需求满足后，客户在心理层面的作用开始显现，情感因素在购买决策中的权重越来越大，从而导致感性消费的动力，客户不再被动地接受广告宣传，而是希望先对商品做一番体验，如试用、品尝等。客户在每一次服务接触中都会形成一定的体验感受，例如，在购买了称心如意的商品、享受了舒适的服务、得到了愉快体验之后，又会进一步产生社交需求，即结交朋友、扩大社会关系网，其价值在于：①获得社会的信任、尊重、认同，有一种情感上的满足感；②在需要或面临困难时，会得到朋友的帮助和关怀；③可以与朋友共同分享和交换信息、知识、资源、思想、关系、快乐等；④关系的建立一般会经历较长时间的接触和交流、资源的投入、共同的目标、彼此尊重、相互信任、相互关爱、相互理解、相互依赖、信守诺言等过程或要素。最高层面的需求是客户对于"成功"的渴望，客户购买一个商品，看似他的需求是这个商品，实际上更深层的需求是要用这个商品解决某个问题或达到某个目标，即所谓的成功。

不同的行业、不同的企业，客户的购买力、购买行为可能不尽相同，但都不同程度地存在上述几个层次的需求变化特征。很多时候客户并不十分清楚或不能清晰地表述自己的问题或需求，这就需要服务提供方能够帮助客户真正解决问题，有针对性地规划、实施有关的产品策略和服务策略等。

（二）需求变化的环境

要想理解客户需求的特征，必须放在特定的环境下。当前的环境是以泛在网络条件为基础的，其主要特征有三点：一是去中心化，由于互联网所采用的架构模式是没有绝对中心的，每一个互联网节点都可以被视为信息的生产者、传播者和接受者，无论是企业的管理人员、服务人员，还是市场客户，他们在接受外界信息的同时都在创造信息，实现多节点、全方位、不间断的信息传播；二是去中介化，正是由于互联网的去中心化，使企业和客户、客户和客户之间的沟通交流可以直接通过网络平台解决，缓解了传统商业模式中的信息不对称现象，从而减少对传播中介的需求；三是碎片化，包括时间碎片化和行为碎片化，互联网的普及性、无边界性和快速响应性质使人们可以利用很多琐碎的时间来完成一些日常活动，如等车时刷新闻、休息时下订单，无需再为此留出完整的时间段，呈现时间碎片化特征。而行为碎片化主要是因为电脑、手机的屏幕显示方式均允许多项任务并行开展，容易造成操作者注意力不集中的现象，多项任务在完成过程中存在断层交叉，导致行为碎片化。

正是上述这些特征，使每位客户都可以作为一个平等自由的主体而存在，其信息来源不仅局限于企业的宣传报道，而且可以来自网页消息、微博、微信朋友圈，以及相关评论等。在此情况下，一方面，客户可以接触到大量商品和服务信息，在同样需求下，客户购买的可选择范围扩大，且可以通过对不同品牌的比较而做出更好选择。另一方面，与商品和服务相关的用户评论可在短时间内进行更为广泛的传播，受众群体的购买倾向在一定程度上将受其影响，例如，在各种网络购物平台上，用户评论成为经营者最看重的内容，差评的出现将影响其日后销量。因此，对于企业而言，可以借助大数据技术，收集客户的消费习惯和消费偏好等微观信息，通过统计分析客户数据制订引导产品制造、服务策略和服务方案，通过应用网络信息技术提升客户服务的速度和效率。

（三）个性化要求突出

过去，客户更多的是注重商品本身，如内在质量、材质用料、外形款式等。随着消费观念的进步，服务要素越来越被重视，这源于人们的需求不仅有物质方面的，更有精神层面的。技术进步可以使企业的生产效率极大提高，使商品极大丰富，但带给服务的影响不是量的提高，而是内涵的丰富，以满足客户需求的多样化要求和个性化要求。当传统服务模式已经完全不能适应现代市场需求时，可以利用现代新技术发展服务新业态，拓展服务新方式，不仅要求企业为客户提供多个服务项目和多种服务功能，而且还要求为客户提供多种服务渠道或服务方式。

但服务的多样化要求只是基础，客户实质上是对服务个性化提出更高的要求。它包括对商品的个性化要求和对服务的个性化要求。对商品的个性化要求主要是企业在对商品的功能、外观等要素进行设计时，利用各种信息渠道尽可能多地收集客户的需求和偏好信息，从而定制出适合客户偏好的个性化产品。在此过程中，还可以建立引导客户参与产品设计的机制，包括参与讨论、提供建议、试用改进等。而对服务的个性化要求主要是精确把握客户的个性需求，从开始销售时便提供针对性的服务，包括包装设计、推广言辞、传递信息、个性化咨询等具有双向性和互动性的服务方式，这有利于节省中间环节，提高客户满意度和忠诚度。

个性化要求打破了传统的被动服务模式，提倡主动开展以满足用户个性化需求为目的的全方位服务。与之相对的是服务的标准化要求。所谓标准化服务，指客户接受的服务经过标准限制和制订，不同客户在实际体验上没有差别。这对企业来说很大程度地降低了采购、人力、服务等管理成本，但弊端在于企业把所有客户同质化，当客户发现有其他可以满足自己需求的服务时，客户很容易就流失了。

（四）客户参与创新

在开放、自由、共享的网络环境中，分散在全球各地、具有不同生活背景的客户都可以成为创新主体。由此引发的集体协作、共享价值、开放创新为传统企业的创新模式带来冲击，企业如果仅依靠内部资源开展高成本的服务创新活动，将难以适应日益激烈的企业竞争和快速发展的市场需求。企业要集合外部创意，吸收外部精华，将供应商、客户、合作者整合为内化资源，使"开放式创新"逐渐成为企业服务创新的主导模式。

客户是企业产品价值链的终端用户，是企业最重要的外部资源，实现客户参与企业创新，对于企业和客户而言，是一项双赢的措施。

首先，对于企业来说，客户参与产品创新将为企业提供更多的创新来源。客户需要商品和服务来满足消费需求，他们具有较大的创新动力，拥有更多的创造想法。更为重要的是，客户参与产品创新还有利于企业更好地把握客户消费需求，降低新产品或服务的开发风险。传统的客户需求调研是一个花费较大、时效性差的方式，且由于信息黏性的存在，客户不能准确地将需求信息传递给企业，企业就无法获得完整准确的需求信息。而客户通过参与企业创新，将减少需求信息来回传递的次数，在融入创新合作过程中，使企业能够更为清晰地把握客户需求，更具有针对性地开发新产品或服务，为客户提供可以满足其个性化、多样化需求的产品，提供更高质量的客户服务。

其次，对于客户来说，每位客户的知识背景、社会背景、生活背景不尽相同，由此所产生的需求具有明显差异，而追求个性化、差异化已成为客户满足自我精神需求的有效手段，如果客户可以参与企业服务创新，则可以将自己的个性化需求融入其中，设计出更加符合自己要求的产品和服务。客户在对企业所提供的产品或服务的实际使用过程中，积累了相关的知识和能力，对于企业而言也极具参考价值，从而带来直接或间接的经济利益。

（五）核心是情感关系

客户关系是企业为达到经营目标而主动与客户建立起的联系。这种联系可能是单纯的交易关系，可能是通信联系，也可能是为客户提供一种特殊的接触机会。它不仅可以为交易提供方便，节约交易成本，而且可以为企业深入理解客户的需求和交流双方信息提供许多机会。客户关系中最为核心的就是情感关系，客户在与企业的接触过程中，其行为有理性的一面，也有感性的一面，企业应该把客户的情感差异和需求作为服务的关键，即提升服务中的情感因素，并跟客户建立服务情感关系。

信息社会的一大特征就是改变了人与人的交往模式。在服务过程中，服务方与被服务方的关系也从单纯的线性关系逐渐演变成由企业和客户共同创造价值的服务生态体系。在技术、产品趋同的现代市场竞争条件下，企业越来越多地通过服务中的互动来建立跟客户之间的情感关系。

传统的产品经济时代，质量好、价格实惠、环保等属性是产品的核心，但在互联网经济时代，这类属性只是产品的基础要求，真正重要的是在与客户打交道的过程中所形成的客户情感关系。企业可以借助于品牌塑造，在品牌中植入具有情感价值的要素，形成情感广告、情感商标、情感设计等品牌呈现方式，既满足客户的功能性需求，又满足心理需求的精神属性。即倡导服务过程中的人性化、情感化，以情揽客、以情暖人，如"待客人如亲人""宾至如归""顾客是亲人"等，让客户在平凡的服务过程中获得亲情式体验。其中，文化情感是情感型服务理念中的重要方面，它是以突出服务中的文化关怀和文化品位，使客户获得情感满足。

二、注重客户体验

（一）体验经济的崛起

美国著名未来学家阿尔文·托夫勒（Alvin Toffler）所著的《未来的冲击》❶ 一书中提到，在经历了农业经济、工业经济和服务经济的发展后，体验

---

❶　阿尔文·托夫勒. 未来的冲击 ［M］. 黄明坚，译. 北京：中信出版社，2018.

经济将是新的发展浪潮。"体验经济"提出之后，企业开始关注服务中的客户体验问题。

客户体验是指客户在参与服务事件或过程中所形成的期待的、美妙的、难忘的感性和理性感受。客户体验属于主观认知，虽然也有人将其类比为适应消费水平提高和消费结构优化而产生的"经济消费物"，但其更加专注消费前的殷切期待、消费中的美妙享受和消费后的难以忘怀的主观感觉。当客户通过体验产生心理认同，进而发生消费行为，构成了体验经济的基本流程，其所追求的是一种精神体验和自我消费价值，体现了一种感性消费观，当商品或服务留给客户的正向情绪越多，其所包含的体验价值就越大。体验需求正逐步超越物质需求而成为主导型需求。客户在做出购买决策时，不仅依据功能上的需求满足，更重视购买或接受服务过程中所能获得的、符合自己心理需要和情趣偏好的特定感受。

体验式服务区别于传统服务，包括以下两类要素：一类是保健因素，即产品、服务、环境、价格等物质层面的要素；另一类是激励因素，即个性化、参与式、体验感等精神层面的要素。因此，建构体验营销组合新模式，关键是要合理增加和配置保健因素与激励因素，有效保障保健因素，减少或消除客户的体验不满意感。重点增加激励因素，提高或增强客户的体验满意感。

(二) 提升客户体验的措施

首先，应考虑利用信息技术给客户带来新型服务体验。客户体验可以分为三个层面，分别是功能体验、服务体验和平台体验。相较于功能体验，服务体验和平台体验更能打动客户，从客户第一次接触产品信息，到咨询、购买、支付、使用、评论、售后等整个交互过程的完成，客户所期望的是获得一次完美的体验，在整个体验过程中，服务发挥着至关重要的作用。因此，在客户服务方面，企业可以利用信息技术来提供更多信息化体验方式，包括使用图片、视频等载体展现产品的基本信息，提供方便快捷的咨询渠道、支付渠道，建设客户呼叫中心和客户知识库等方式。

其次，应建立线下体验店，给予客户直观的功能性体验。电子商务的发展为客户提供便捷的购物渠道，节约购物时间和消费成本。但是随着客户对于自身体验和产品质量的追求，只通过网站对产品进行展示无法满足客户的需求，越来越多的品牌经营者选择建立线下体验店，将"互联网＋"与零售业相结合，为客户提供更为真实的产品体验和客户服务，以促成客户购买行为，实现"线下体验线上交易"。产品线下体验店的设立是增强客户体验的有效途径，是企业发展体验经济的一个重要举措。

再次，应简化操作流程，提供极简体验。简单便利、易于操作是高质量客户服务的另外一个衡量指标。在产品或服务的研发制造阶段，其所运用的技术原理或许是很复杂、很全面的，但是最终为客户呈现的应该是最简单的形式，使客户在简单的操作中即可完成体验过程。同时，极简体验设计也是产品自我保护和持续发展的一种手段，正如微信创始人张小龙所言，"最简化的功能是没有对手可以模仿或者超越的"❶。

最后，可以实施体验式营销策略。该策略希望客户通过首次体验后，能够进一步了解企业的商品信息、服务信息，进而产生消费意向，是一种通过活动开展传播的广义式广告。实施体验营销，包括以下三项工作：一是建立恰当的体验主题和体验品牌，所有的体验活动都是从该主题出发并围绕主题展开，主题的确定需根据企业的发展定位和需求以及相关产品发布进度。二是成功设计体验式的产品和服务，在设计时要充分考虑客户的消费行为和价值观念，将它们与企业的品牌、产品功能等要素相结合，制订合适的体验产品和服务。同时要利用互联网渠道，对企业的体验式营销进行宣传分享，为更多客户所知晓。三是建立体验式营销队伍，培养营销人员开拓创新的思维意识。在海量信息的互联网时代，通过实施富有创新特点的体验活动来提高人们对本企业所提供产品和服务的注意力。

（三）提升客户体验的着眼点

第一，满意，是一种心理状态。现在普遍使用"满意"来衡量服务的效

---

❶ 姜洪军，贺树龙，冯秀民．张小龙：微信再掀江湖风云［J］．企业研究，2014（11）：28－39．

果，因为它反映了客户的需求被满足后的愉悦感，是客户对产品或服务的事前期望与实际使用产品或服务后所得到实际感受的相对关系。对于传统的服务任务（如送货、安装、维修等）需要不断改进完善，不仅要强调这些任务的完成，而且要强调在此过程中客户感受到的令人满意的感觉，即对满意度的追求。因此，要想提升客户的满意程度，一定要在服务的"体验"上下功夫。在这方面，需要注意服务的意识、产品的试用、包装的细节、配送的时效、货物的跟踪、售后的关怀等要素。

第二，随着以信息化为基础的新兴业态不断出现，企业服务还需要提供更多的信息化的体验，例如，交互界面的友好和美观，交流渠道的有效和速率，功能设计更贴合用户操作习惯和需求，客服响应速度及态度、信息提供的丰富性等，其中，信息提供的丰富性包括企业或商品品牌、产品基本信息、用户口碑、图片摄影等。在此过程中，客户可以增强实体性感受，通过感觉体验来感知产品的真实性和价值，从而建立起因亲身体验产生的信赖。例如，2014 年11 月，淘宝线下第一家会员体验厅在广州南站开业，设有品牌交互区、互动体验区、餐食体验区、时空穿梭区及会员休闲区，提供免费 WIFI、体感游戏、沙发躺椅等服务设施。这个"会员体验厅"计划的重点在于体验而不是售卖，选址于高铁候车站，便于会员利用闲暇（候车）时间进行体验，而且可以享受专属休息和候车提醒等服务。

第三，减少或消除客户服务差距。服务差距是客户期望值与客户感知之间的差距，包括"认知差距、设计差距、传递差距、内部沟通差距、感知差距、解释差距"❶，这六种差距的最终综合结果为服务差距。服务差距贯穿于客户服务的整个流程，出现在从服务认知到服务完成的不同阶段，服务差距越小，客户满意度越高。认知差距，是企业所认为的客户期望与客户实际期望之间的差距，在"互联网＋"背景下，客户的消费需求变化速度加快，因为大量的主动信息和被动信息会使客户不断产生新的个性化需求，客户群体分类也更为明显。在快速迭代的消费需求下，企业的客户需求调研应采用"快速度、小

---

❶ 蔺雷，吴贵生. 服务管理［M］. 北京：清华大学出版社，2009.

批量、多品种"的方法，先将小批量的产品投入市场，根据用户对该产品的反馈来进行调整，以及时获得更具针对性的客户需求。设计差距，是由企业所使用的客户服务质量标准体系与目前客户服务质量需求不匹配所导致的。企业在客户服务质量标准体系的设计中，需融入"互联网＋"社会客户对于个性化服务、体验式服务、售后服务等需求的考虑，形成适用于"互联网＋"时代的服务质量评价体系。传递差距和内部沟通差距，是由于企业内部标准执行不到位、信息沟通不畅所导致，属于企业管理问题。传统的企业管理体系属于层级森严的垂直管理体制。在"互联网＋"时代，信息传播速度不断加快，各种技术创新、需求创新层出不穷，企业要想在"互联网＋"经济中占有一席之地，就需从根本上改变自身的管理模式，向扁平化对等模式方向发展，发挥员工的主观能动性，加强员工与管理者之间、员工之间以及员工与客户之间的沟通交流。对于感知差距和解释差距，则需通过后期的服务补救方式来减少或消除，具体措施有解释、道歉、赔偿、帮助等。

（四）培养客户的创新参与感

企业所拥有的客户大致可以分为三种类型——潜在客户、普通客户和领导客户。潜在客户即尚未购买企业的产品或服务，将来有购买可能性的客户。普通客户指的是其与企业之间所存在的关系仅为简单的交易行为，在一次消费的交易完成后，除了售后服务方面的问题，该类客户不会再与企业产生过多的交流。领导客户则是参与企业创新的主要客户，此类客户具有三个特征：一是领导客户对企业产品服务相关领域具有浓厚的兴趣，并且拥有一些与该领域相关的专业知识和创造技能，这类客户对于产品新功能开发拥有强烈需求；二是领导客户可以主动提出能够满足自己需求的解决方案，且愿意与企业进行沟通交流；三是领导客户具有超前性和预见性，能够预见市场上将产生的新需求。企业加强与领导客户的创新合作，使他们参与企业创新，获得外部创新资源，了解客户消费需求，研发更具独特价值、更小风险投入的新产品。同时，企业也可以通过领导客户对该企业产品或服务的评价来获得改进建议，全面改善产品，提高服务质量。

要想实现有效的客户参与企业创新，就必须为客户提供一定的途径和平台。每个企业的经营管理制度和产品开发流程有所不同，对于客户创新的开放程度也并不完全一样。因此，企业需根据自身的实际情况，为客户提供有效的创新平台，该平台应包括人性化的管理制度、标准化的开发设计工具、无障碍的沟通交流渠道以及良好迅速的意见反馈机制。通过该创新平台，客户可以参加到企业的研发过程中，亲自动手参与产品的研发和设计，从细微的修改到重大的创新，都可以由客户自己完成。有效的创新平台最大的优势是既保证了企业标准化的设计流程和操作程序，又可以调动客户的主动性，有效参与企业创新。在如今的"互联网＋"环境中，网络技术的发展和信息技术的应用为搭建客户参与企业创新的有效平台提供技术支持。

此外，企业的传统创新模式是以企业的技术人员、设计人员为主，现有的绩效评价体系往往是建立在这一观念基础之上，客户只是员工提供服务的对象。当企业实现客户参与产品创新后，客户对产品或服务的一些观点、建议都应是企业员工关注的对象，予以员工处理客户关系的更大自主权，密切关注客户的行为，以推动客户参与企业创新。

三、社群化客户关系

（一）客户关系范式的转变

社群化客户关系就是将企业服务的客户团体以社群的形式组织起来，从而高效地建立客户关系，实现客户价值最大化。

在消费者行为学领域，AIDMA 模型表明，客户从最开始的产品接触到最终的购买行为完成需经历五个阶段，分别是 A（Attention）引起注意、I（Interest）激发兴趣、D（Desire）产生欲望、M（Memory）形成记忆、A（Action）购买产品❶。但在互联网时代，客户的消费行为和消费模式发生了改变，

---

❶ 杨继瑞，薛晓，汪锐. "互联网＋"背景下消费模式转型的思考 [J]. 消费经济，2015（6）：3－7.

互联网的应用使消费行为更具有分享性，日本电通公司据此提出了互联网背景下的 AISAS 消费者行为模式，将 D（Desire）产生欲望变成 S（Search）进行搜寻，M（Memory）形成记忆变成 A（Action）购买产品，A（Action）购买产品变成 S（Share）主动分享。在 AISAS 消费模式中，第三阶段为客户主动搜寻产品服务的相关信息，最后一个阶段为客户通过各种途径对所接受的产品或服务进行主动分享，在搜寻和分享的过程中，拥有共同消费经历和相似消费需求的客户将因此形成一个团体，逐渐扩大后形成在线社群，促进在线社群化的发展。

这种变化对客户关系管理提出了新要求，不仅是收集客户信息、建立客户信息数据库这么简单，而且要结合客户社群化特征，对客户进行社群化管理。企业提供服务时可以通过社群化这种方式提供个性化、定制化服务，从而使服务方式更具多样化，服务内容更有针对性，服务效果更加有效。因为客户对产品和服务的需要和认可才会走进同一个社群，但这种需要和认可一般都是潜在的。也就是说，客户可以通过别的方法满足自己对产品的需求，想要让这些潜在的东西变得牢固，首先要保持产品的高质量和人性化，让用户感到产品用起来更方便也更耐用。

以产品质量为核心，以用户体验为第一服务标准，会让留存下来的用户更加信赖产品，从而出现品牌效应。现在很多商家都在做这样的尝试，就是以一个或几个产品为切入点，在获得客户的认可之后，开始做衍生产品，形成一个完整的属于品牌的生态圈，例如，手机生产商也会做手机配件、家电等，这都是用户社群化运营之后的商业变现。在完成初步的用户社群化运营之后，就可以做一些增值服务，例如，商家可以与一些企业合作，做一些教育培训、旅游等服务，既为用户提供更多的体验服务，又可以实现商业变现，可以说是一举两得。

（二）客户关系社群的构建

能加入客户关系社群的通常是客户或潜在客户，他们有共同的需求和一些相似的特征，因此，在构建客户关系社群时可依据这些因素。①以地理位置相近为原则，因为地理位置给客户提供了较强的归属感，这样归集起来形成的社群更有凝聚力，它决定了社群的发展或者是更强关系的构建。②以兴趣相近为原则，大家拥有共同的兴趣是用户关注和他自己相关的问题，而不是企业的问题。③以身份相近为原则，即以年龄、职业、学历等身份特征，这些身份特征可以让社群内部形成更多的共识和相互认同。④以相互满足需要为原则，例如，社群里有供应商，也有采购商，他们之间是彼此需要的，这对于业务要求较为专注的客户而言，是一种更为高效和稳固的社群，即社群用户不仅会被企业吸引进来还会被那个相反的条件所吸引。

社群建立的基础是价值认同。所有加入社群的客户其潜在需求都是要达到某种价值实现的目的，获得更多更好的信息和服务是最为直接的价值，但也有需要获得社交价值、自我提升价值的目的等。因此，持续输出价值是非常重要的，是长久维系活力与凝聚力的关键。客户社群的价值观念应当在建立社群时就予以明确，设定什么样的纲领，打造什么样的社群文化，需要企业在开始提供服务时就要定位清楚，选择一个自己擅长的、力所能及的价值点，只有从一个稳定的价值点切入，才能建立持续性。共同的文化和价值观往往带有宏观含义，具体到实际运作中，还需要更加清晰、更加接地气、更加可视化的表达价值诉求，这也是给客户一个加入社群的充分的理由。

（三）客户关系社群化管理

首先，客户社群运营的整体规划。由于企业产品和服务处于不断更新换代的过程，由此而建立的企业客户社群也存在动态管理的问题。在一个客户社群运营之初，企业就需根据产品和服务的发展情况预计该社群的正常运营时间和客户转移方向。微观层面规划是指客户社群正常运营期间的活动策划、信息发布、客户管理、对外推广等问题，也包括社群管理的具体规则，即客户社群正常运营的标准和原则，是有效维护社群的保障。

其次，维系好客户的社群关系，需要有专门的运营管理团队。建立统一的客户社群管理团队，企业在进行人员选择时，需综合考量员工的各项素质，选择合适的人员并加以培训，从事客户社群管理的人员需直接同客户进行沟通交流，且能够有效调动客户的活动参与积极性，做好各个社群资源的统筹协调。在客户社群管理过程中也需合理分工，涉及多项不同的工作，在对工作进行分配时需考虑到任务强度及各项任务之间的协调配合程度。

最后，运营客户社群关系时需要增强互动性，提高客户参与感。社群成员之间的沟通互动是维持社群活力的重要因素，也是社群经济发展的首要环节。企业在对客户进行社群化管理时，要经常性地、不定期地发起线上互动活动，活动的形式可包括产品限时特价、设计信息征集、共同话题讨论等。在活动过程中，鼓励社群成员积极参与，发表各自的想法与建议，一方面可以增强客户的参与感，提高社群的互动性和活跃度；另一方面可将社群成员对所参与活动的评价或宣传转化成社群的外部宣传资本，促进社群稳定发展。在与客户互动过程中，需及时收集客户的建议、需求等相关信息，为企业进行产品和服务的设计与推广提供有效依据。

第 3 节　新兴服务模式

一、遵循商业逻辑变化

（一）服务商品化

企业给客户提供的商品实际包含有形的实体和无形的服务两个部分，但在不同的发展阶段，两个部分的内容所占的比重是不同的。这既跟客户的需求及认知有关，也跟社会生产力水平有关。在社会生产力水平相对较低的阶段，人们以满足基本的生活需要为目的，对于商品主要强调其物质实体所发挥的作用，对其相关的服务属性并不在意，甚至自己去履行相应的服务职能。在生产力水平的中级阶段，人们虽然开始意识到对于服务的需要，但是更多地强调商品的实体化特性，即以商品的实物本身及其功能需求为主，而相关的服务活动只能作为实现商品功能的补充。所以服务仍然被视为商品的衍生或者附属，正所谓"大商品、小服务"。随着社会生产力水平的进一步提高，让人们越来越重视商品内涵中的服务要素，"小商品、大服务"的特征日益显著，即服务居于核心地位，而实体商品成为服务的附属或补充。这是因为人们认识到，服务也是为了满足需求而发生的活动，相对于单纯的有形商品而言，他们更需要与实体商品相关的增值服务，甚至有形商品本身可能只是作为传送服务的媒介或平台而已。从价值创造的角度来说，服务要素所创造的价值高于实体商品的价值，在很多生产制造型企业的收入结构中，服务业务的收入已经超过商品本身的销售收入。因此，再去定义商品时，会围绕着服务这部分活动去构建商品的"形象"，这种现象便是服务的商品化过程。

服务商品化带来的直接影响就是企业竞争焦点和竞争方式的变化。服务商品化为企业拓展了新的利润源和市场空间，避开针对有形产品的价格竞争。并且服务本身难以全面模仿，故有利于企业保持竞争优势。因为提供服务的过程通常需要与客户深度沟通，甚至深入客户生活场景或运营体系中，这就容易形成较为稳定的服务关系。深度的服务也延伸了企业的产品责任，打破了传统买卖关系确定的生产者责任边界，将生产者的责任向下游延伸至产品生命周期全过程，例如要求企业在产品设计阶段就要考虑产品的回收、再利用等服务性问题。

服务商品化还可以促进企业的经营策略转变。在传统的商业模式中，经营收入取决于有形产品的销售量，销售量越大，收入就越高。企业通常会采取批量折扣，甚至设计包装规格让客户在使用中更容易造成浪费等手段诱使客户增加购买量，而客户希望以最少的有形产品完成期望功能，所以买卖双方的目标是相互冲突的。但在服务模式下，有形产品叠加增值服务形成一体化功能包，再交给客户并获得收入。这一转变解决了买卖双方的目标冲突，有利于减少客户的有形产品和材料的消耗，这也是近年来服务业快速发展的重要原因。❶

❶ 何勇. 现代服务业/制造业的发展与产品服务化的关系 [J]. 商业研究，2006 (21)：150 - 154.

（二）虚实一体化

20 世纪 90 年代，电子商务活动在互联网发展的背景下，由于解决了订单、交货、付款等活动中的信息传递问题得以发展。国内第一波电子商务热潮出现在 1997～2000 年，先后涌现出阿里巴巴、当当、易趣等知名电子商务网站，其创业动机是想借助互联网对商贸信息进行交流和传播，以提高经营效率和扩大经营范围。但随后由于互联网泡沫的破灭，电子商务的发展也不可避免地遭受了严重的打击。该阶段的电商发展受阻，表面上看是受互联网泡沫的影响，实质上是跟其没有建立有效的商业模式有关。在当时的理念看，电子商务只是利用互联网提高传统商贸活动效率，也就是说，单纯地靠"虚"（线上活动）是不行的。

随着互联网技术和应用的普及，"在线购买 + 送货到家"的购物模式日益引发消费者的关注和兴趣，但消费者也普遍担心商品质量达不到预期、物流配送差错或不及时、售后服务主体不明等问题。在这样的背景下，实体产业及其实体店面开始向在线经营方向发展，例如，2013 年苏宁易购提出了"电商 + 店商 + 零售服务商"的新云商战略：在线上线下两大平台融合的 O2O 模式下，从过去线上线下两套体系、两个品牌运作的模式转向一个公司两个窗口的模式；无论是线上还是线下，同一种商品实行统一价格。在这种虚实结合的 O2O 体系中，实体店的作用有四点：一是消费者对所购买服务的品牌承载体，弥补了品牌影响力弱的不足；二是由实体店作为售后服务的主要承担者，化解了消费者对品牌的各种担心与不满；三是将实体店作为电商新品、新服务的展示与体验中心；四是实体店也承担着由线下向线上引流的作用❶。这种虚实结合的发展模式使资源分配更为合理，完善了最初电子商务和实体店面临的资源抢夺问题，也使销售商实现了线上线下的共同销售，这对经营者来说无疑是打开了新的销售渠道，其销售效率也得到有效提升，也给客户购物带来更多便捷，节省大量的购物时间。

---

❶ 刘静. 实体店与网店结合是最现实的途径：评《线上线下，让营销互动起来》［J］. 中国药店，2015（11）：14.

（三）经营生态化

市场生态化强调组织、个人之间的相互作用，以形成经济联合体，这些联合体又进而形成了商业世界有机体。也可以将市场生态化理解为以相互作用的组织或个体为基础的经济群落，在社会环境不断发展变化的背景下，各个主体发挥各自的功能及作用，在行动中围绕一个或多个中心引导的方向促进自己发展。市场生态系统主要有企业、客户、市场中间媒介（包括商业代理、服务供应商、分销商、相应提供互补产品与服务的商家）等，企业及其延伸主体、相关社会组织等构成市场生态系统的中心，制造企业、生产方属于供给者，为客户提供产品和服务，供应商、竞争者、客户等则是市场生态系统当中的获利者和参与者。❶

市场生态系统一直处于不断变化的过程，并在这一过程中依据市场关系、市场环境和市场生态内部系统之间的互动发生着改变，市场生态系统中的内部结构也在不断进行调整并形成新的动态平衡。

企业及系统中的各个成员所处系统环境相对复杂。在市场结构、生态系统、外部商业环境出现改变的情况下，处于系统之中的行动者其行动策略、管理模式也会发生改变。因此，市场生态系统是一个典型的适应系统，具有自组织、适应性、协同进化等特征。基于这些特征，市场生态系统也形成了一套动态平衡模式，即系统的成熟程度直接对其稳定性和承载力造成影响，发展较为成熟的市场生态系统具有较强的稳定性和承载力，反之亦然。

市场生态系统与生物的生态系统类似，都具有集成化、系统进化、发展周期性、自组织、演化进程和一定的开放性等特征。第一，区别于生物的生态系统，市场生态系统的行动者由智慧生物组成，能够对系统未来进行规划，并根据当前系统发展逻辑采取行动策略。第二，市场生态系统之间存在共享性成员，当系统之间的目标出现差异时，行动者会对共享性成员开展争夺。第三，生存是自然生态系统的目标，而革新和发展则是市场生态系统的目标。

---

❶ 李晓霞. 零售业商业生态系统的动态平衡分析［J］. 商业经济研究，2018（22）：23-25.

（四）生存数字化

数字经济时代，企业面临的创新压力主要来自两方面。一是万物互联，人与人、人与机器、机器与机器都会实现相互连接，促使企业加快数字化转型的步伐。二是技术的迭代速度远快于工业化时代，并且很多技术具有相当的颠覆性，留给企业思考和调整的时间窗口越来越小。这也驱动企业形成数字化生存和发展的新逻辑：以数字化的知识和信息为重要生产要素，实现产品、业务、客户、员工等各方面的管理活动数字化；企业管理的目的变为"为客户价值而管理"，通过创新手段充分利用数据，并把数据下沉；企业需要重塑业务模式，创造客户和市场，为客户带来更多价值。经营目标不再是简单地卖"所有权"，而是看其是否能真正给客户带来价值；企业与企业之间的关系，也从工业化时代的排他竞争走向数字化时代的协同合作，打造新型商业生态。

二、服务模式发展趋势

（一）实体服务模式

实体服务模式是最早出现的客户服务模式。在自然经济时代表现为个体手工业者或商人在工作场所提供给客户的各种服务。到了工业经济时代，跨地区经营方式开始普及使经营者不得不在商品集中销售的地区设立实体门店为客户提供服务，即构建实体服务网点的服务模式。企业通过在不同地区设立相应的服务网点，由网点内的服务人员为客户提供服务，这是一种直接面对面交流的形式。例如，电信运营商在全国各个城乡设有营业厅，有专门的客服坐席人员面对面地为客户办理业务和提供相应服务。

这种服务模式的主要优点在于服务效果有保障。由于面对面交流简单直接，信息传达到位，不容易产生语言上的误解或交流上的不畅，能够最大限度地理解客户的真实意愿和实际需求，从而更准确地提供服务，也有利于塑造企业服务形象。但实体服务网点建设和运营成本较高，服务网点一般仅分布于客户密度较大的区域，对上门服务的范围也有一定要求，对客户密度小以及偏远地区无法及时提供服务。如果一个网点需要服务很大一块区域，则会加重了客户寻求服务的时间成本和交通成本，如何平衡网点数量与服务成本就成了企业需要考虑的问题。

实体服务模式的组织结构一般可以设置为三层。最高层是设在企业内部的服务管理部门，中间层是设在一些主要地区的服务分中心，最底层是设在各地区的服务终端网点。企业内部的服务管理部门从总体上负责服务的各项工作，包括服务政策制订、服务网络建立、服务网点管理、服务人员管理、服务质量监督等。地区服务中心是集服务管理、服务指导、推进服务战略、维护客户关系等多种职能于一身的中间管理层，起到联络上下级沟通、保证一线服务可执行性等作用。它能够深入了解该地区的市场竞争、客户服务等方面的具体情况，便于对客户在商品使用过程中出现的各种问题进行及时的跟踪服务与解决。服务终端网点是直接从事服务工作的一线机构，它的形式可以是多样的，由其主要职能决定，例如，可以是维修点、展示体验网点、零配件供应点，以及技术培训和服务网点等。

总之，服务网点的布局应考虑协调发展、结构合理的要求，立足于企业的全局经营与发展，充分考虑各地区的市场环境特点，形成总量适度、结构合理、形式多样的布局结构。

（二）呼叫中心模式

20 世纪中期，随着电子信息以及通信技术的迅速发展，家庭电话被不断普及，电话热线成为企业为客户提供服务的新渠道。1956 年，美国泛美航空公司开通了全球第一条电话服务热线，为旅客提供 24 小时的机票预订和航班查询服务，这标志着电话从此应用于客户服务领域。1973 年，罗克韦尔（Rockwell）发明自动呼叫分配（ACD）后，电话热线呼叫中心开始建立并迅速发展。随着信息通信技术的发展，促进了呼叫中心功能的不断完善，计算机电话集成（CTI）和智能路由器提供了客户分类和情景感知功能，互动式语音应答（IVR）的诞生以及客户关系管理（CRM）系统的接入，提高了客户服务的效率以及客户服务的针对性，从而形成呼叫中心服务模式。这使得一些规范化或者通用性很强的客户服务能够直接通过信息系统进行服务，在一定程度上解放了客户服务人员，同时也打破客户服务的时间限制，可以每时每刻提供客户服务。

在呼叫中心模式下，企业以自设或外包的呼叫中心，以及短信服务平台作为提供客户服务的途径，客户利用电话或者短信就可以同企业进行交流以获得所需的客户服务，不需要像实体服务模式一样到服务网点才能获取所需服务。这里的交流不再是面对面的形式，而是间接的语音信息交流或者文本信息交流。由于客户可以不到实体服务网点，只需一个电话或短信就可以解决问题，也就不用为所在地区是否有实体网点而担心了。企业只要建立了呼叫中心或者短信平台，无论客户身在何处，都可以通过电信网络获取所需服务，实体服务模式的地域限制被解除。

呼叫中心的成立减少了企业建立服务网点所需的人力资源、财力资源、设备资源以及土地资源等种种成本。同时将原来分散混乱不可控的客户服务集成统一于客户呼叫中心，通过更专业的职能分工，为不同的客户提供相应的服务，极大提高了服务质量。但是随着多媒体技术的迅速发展，客户对于服务形式要求变得多样化，呼叫中心模式信息形式过于单一的问题凸显，这也成为制约其发展的重要因素。

（三）在线服务模式

20 世纪 90 年代互联网兴起后，大批企业网站迅速建立，成为企业的网上名片。这类网站在塑造企业形象、宣传产品服务的同时也提供部分客户服务。客户浏览企业网站，了解企业概况和经营信息，并且尝试通过网站获取一些服务。这可以算是互联网同企业客户服务相结合的最初形式，但受限于当时的互联网技术发展刚起步，企业网站还无法实现一些功能复杂的服务内容。

一方面，进入 21 世纪，新一代通信技术、智能手机、社交媒体等新事物快速普及将人们带入了移动互联网时代，各种应用层出不穷，客户服务的沟通渠道更加丰富，人们的交流方式和生活习惯也发生了很大的变化，智能手机等移动终端也越来越受欢迎。另一方面，社交媒体开始发挥巨大影响，用户数量不断增多，成为众多互联网应用中一支不可忽视的力量。在这种背景下，企业也开始建立基于互联网以及移动互联网的客户服务平台，构建适用于新环境下的客户服务模式，借助各种应用平台将客户服务提供给潜在的需求者。它不仅是一种应用，而且是多种应用平台的全方位覆盖，既包括传统的企业网站，网络互助论坛、在线客服，也包括微信、微博、企业 App 等各种平台，除了实现文本、语音等信息的传递，还可以实现图片、视频等多媒体信息的交流，是顺应时代发展的新型客户服务阶段。

这种在线服务模式的特点主要表现在以下三个方面：一是信息服务发挥重要作用。信息传递不但突破时间和地域限制，而且在信息形式上除了原有的文本、语音信息可以方便快捷地为用户提供服务，信息形式的多样化也给客户带来更多选择的权利，丰富了企业客户服务的内容层次。在线服务模式将原来通过文本或语音形式难以充分展现的服务内容，通过图片、视频等多媒体充分展示。二是企业的服务成本更低，用户获取服务成本也更低。企业通过建立网络客户服务渠道的成本要低于建立实体服务网点以及呼叫中心的成本，而且随着技术的不断进步，建立的成本会越来越低，功能会越来越丰富。客户也不需要跑到实体营业门店，只需通过互联网，各种客户服务都可以随时随地获得，降低客户获取服务的成本。三是实现了基于开放平台的服务集成。互联网是一个开放的平台，各种工具、系统经过合理的设计组合都可以很好地结合到一起，具有很强的兼容性和集成性。不但自身系统可以兼容集成，也可以在其他互联网企业的业务平台提供辅助服务，例如，在微信上建立企业客户服务官方公众号，或者在微博上建立官方客户服务微博。

（四）O2O 服务模式

O2O 模式的核心是把线上的客户带到现实的商店中去——在线支付购买线下的商品和服务，再到线下去享受服务❶。这是在线服务模式的升级，它可

---

❶ 曹磊，陈灿，郭勤贵，等. 互联网＋：跨界与融合［M］. 北京：机械工业出版社，2015.

以使客户同时获得线上的价格优势和线下的服务优势，为客户带来更完善的消费体验，提升消费质量。O2O 模式的优势尤其体现在经济价值方面，降低企业与客户之间的沟通成本和交易成本，增加企业的盈利空间，减少客户的消费支出。同时也降低了营销成本，加快产品和服务的流转速度，减少产品资源、服务资源的闲置和浪费，推动资源要素的合理配置。

企业在开展 O2O 模式时，首先，建立线上线下统一服务体系，这里的统一是指质量标准统一和价格水平统一，因为这两方面是客户在进行消费时所考虑的首要因素。其次，企业需对线上资源和线下资源进行有效整合，避免出现线下资源不足、线上平台超载的现象，以提高运营效率。最后，注重区域消费特征，有效分配整合区域资源，由于消费人群分布在特定区域范围之内，要合理布局线下实体中心的位置，最大限度满足客户的需求和企业发展的需要。同时要充分考虑不同区域的消费环境和人群结构，可以利用大数据技术采集、分析客户的消费信息和消费轨迹，以调整不同区域线下实体中心的产品和服务种类、营销策略、人员配备，实现区域资源的有效分配与整合。

（五）智能互联趋势

社会正在进入万物互联时代。万物互联催化了数据爆炸，加上计算能力提升、机器学习算法突破，人工智能开始进入加速发展阶段，由此带来的企业变革和产业重构已经拉开帷幕。智能互联技术改变了企业外部环境和内部结构，推动企业向智能企业方向演进，使企业与用户之间的关系发生重构，服务关系变得长期化和多维度。

国务院发展研究中心企业研究所所长马骏曾表示，在智能互联趋势下，企业应该关注四个方面的发展方向：第一个是产品从硬件为主转变为软硬并重；第二个是企业与用户的关系从一次性交易转变为长期服务；第三个是大数据成为企业核心资产；第四个是企业之间的竞争演变为产业生态圈的竞争。其含义是，未来用户关心的是服务，而不是产品本身；企业会从售卖产品向售卖服务转变；服务的竞争力在于为客户创造多少价值；除了基本的服务之外，还能拓展什么样的增值服务等。所以企业向用户提供价值的方式发生变化，不再提供单一的产品，而是更多地向"产品＋服务"，甚至"产品即服务"转型。同时，企业与用户的联系纽带更加紧密且多元化，所提供的服务会在产品上不断叠加，最终使产品成为服务集成或整合的载体。

智能时代的到来，重塑了产业导向和商业生态。在智能互联和跨界融合的趋势下，企业服务模式的演变正"以产品为中心"向"以用户为中心"转变，创新形式从瀑布式创新向迭代式创新转变。抓住智能时代的趋势，才是企业发展的正确选择。

三、平台化服务模式

（一）企业服务链模式

在日趋激烈的竞争环境下，单一的竞争手段已经难以满足企业发展的要求。除了价格竞争、技术竞争、人才竞争等常用的竞争手段外，服务竞争日益受到重视，不仅成为企业参与市场竞争的重要手段，而且使得服务成为企业发展的价值链。企业服务链之所以存在，是因为企业服务活动的形式多样、内容丰富，且各项服务都不是完全独立的，彼此之间都有一定的内在联系。

通常认为，企业服务的目标是外部客户，但服务活动的起点却由企业内部开始。企业内部的各部门、各职级、职能、工序和流程间同样存在提供服务的行为，其相互之间也形成了一定的"服务"关系。随着企业将"客户服务"的观念、态度及机制引入企业内部运作中，内部工作流程中的部门或员工都成了"内部客户"，接受着其他相关部门或员工为其提供的服务。内部服务价值链由此形成，即企业通过宣传引导，培养员工服务的观念与态度，在工作中为下一工作站或其他部门提供服务，使各工作流程阶段、各部门之间达到无障碍沟通与合作，实现企业的共同目标，最终为企业创造更大的价值。当然，完整的企业服务链应该包括内部服务与外部服务两个部分。

企业服务链也是其利润生成的链条。1994年，哈佛大学商学院的5位教授就提出了"服务利润链"的概念。他们把"服务利润链"形象地理解为一条将盈利能力、客户忠诚度、员工满意度和忠诚度与生产力之间联系起来的纽带，是一条循环作用的闭合链，其中每一个环节的实施质量都将直接影响其后的环节，最终目标是使企业盈利。"服务利润链"思想的核心内容是客户价值等式，即客户价值 = （为客户创造服务的效用 + 服务过程质量）/ （服务的价格 + 获得服务的成本）。在该等式中，内部员工和外部客户都是重要因素。服务利润链可以构成以下四个循环：员工能力循环、员工满意度循环、客户忠诚度循环和企业盈利循环。以企业盈利循环为主线，四个循环之间相互作用，可以找到以下逻辑：内部高质量的服务可以产生满意、忠诚的员工，员工通过对外提供高质量的服务，为客户提供较大的服务价值，接受服务的客户由于满意而保持忠诚，忠诚的客户为企业带来了丰厚的服务利润。可以看出，服务利润链明确指出了客户忠诚与企业盈利能力之间的关系。

理解了企业服务链，就能充分认识到内部服务的重要性，建立为客户提供服务的全局视野。企业让自己的员工知道自己该做什么，而且还要向他们充分授权，让他们自己做出对企业和客户都有利的决定，即让员工成为"客户的代言人"，这就意味着让员工尽自己所能去满足客户的要求，解决他们的问题。

（二）服务的平台化思想

现代服务理念已经超越服务链思想，开始形成平台化服务理念。平台化思想源于软件开发领域，是指构造软件功能时尽量将相关数据、相关操作、相关数据处理等集中在一起，让操作者能够在一个界面上连接到丰富的信息，执行多样化的操作，最终完成业务目标。这种平台思想产生于 20 世纪末，其实质是定义和开发企业活动中的共享逻辑和结构，并发挥其杠杆作用，以创造多样性的过程。❶

随着平台思想向企业经营的各个领域渗透，形成了品牌平台、过程平台、全球平台、客户平台等多种不同的概念。①从技术角度理解，平台主要指以快速开发为目的，可生成业务逻辑组件，并实现业务组件逻辑复用和业务应用拓

---

❶　SAMHNEY M. Leveraged High-variety Strategies：from Portfolio Thinking to Platform Thinking ［J］. Journal of Academy of Marketing Science, 1998, 26 （1）：54 –61.

展的系统。②从经济学角度理解，平台是一种交易空间或场所（可以存在于现实世界中，也可以存在于虚拟网络空间），该空间引导或促成双方或多方客户之间的交易，并且通过收取恰当的费用而努力吸引交易各方使用该空间或场所，最终追求收益最大化❶。③从管理学角度理解，平台是指一系列商业能力，这些能力可以建立、连接、扩展其他能力，通过这种方式来满足客户的需求以及与各种需求关系进行匹配❷。综合而言，平台化是通过整合或者借助关联要素组成一个新的系统，从而达到提升自身竞争力的目的，合作各方均衡地享有新系统带来增值利益。它所带来的，不仅仅是新的企业组织形态、新的产业结构形态，更是新的商业思维模式和新的经济哲学。

（三）服务的平台化需求

服务领域也有一些平台化的研究，由于服务无形性、组合式服务创新的特点，可以应用平台方法建立企业客户服务平台以支持服务创新，例如，应用平台方法与平台构建原则，分析某保险公司的服务平台，提出支持服务创新的服务平台的构建步骤和难点。❸

通俗地说，服务平台化就是将一系列的服务能力，通过平台的方式来满足客户的需求以及与各种需求关系进行匹配，它意味着资源的开放、利益的共享、各方的协作、角色的再塑、价值的重估。统一的服务平台可以起到一个中介的作用，为平台成员建立了一个桥梁，通过这个桥梁使得各方能够方便快捷的联系起来。这样就打破了原有的信息壁垒以及现有的服务体系，简化服务的流程与成本，实现供需双方的直接交流。服务平台的精髓，在于建立一个完善的、有强大成长潜能的生态圈。它拥有独树一帜的精密规范和机制系统，能有效激励双方及多方群体之间互动，达成平台化服务的愿景。这种平台通常包括生产企业、专门服务商、客户、合作机构等，它们可以在这个平台上行使自己

❶ 徐晋. 平台经济学：平台竞争的理论与实践［M］. 上海：上海交通大学出版社，2007.
❷ 琳达·S. 桑福德，戴夫·泰勒. 开放性成长：商业大趋势：从价值链到价值网络［M］. 刘曦，译. 北京：东方出版社，2008.
❸ MEYER M H，LEHNERD A P. The Power of Product Platforms：Building Value and Cost Leadership［M］. New York：The Free Press，1997.

的职责和义务，不仅能提供消费者各类增值服务，例如免费咨询、投诉受理、资讯信息、常识查询、品牌信息查询等智能化服务，而且还能提供行业、人力资源等信息的共享，安排论坛服务、培训会议、交流活动等，为平台成员的共同成长和发展搭建了一个公平竞争、相互交流及学习的平台。

（四）服务平台的形式

服务平台按照不同的标准可以分为不同的形式。从服务的流向来说，平台可以分为促进服务提供者向服务接受者提供服务的纵向平台和促进服务接受者之间交流的横向平台❶。为了顺应网络技术的迅速发展以及去中心化的浪潮，应兼顾纵向平台和横向平台，两者相互配合，相辅相成。具体到应用上，服务平台可以结合所要提供的服务内容的特点，合理地选择建立官方网站、App、微博、微信等形式，也可以多种形式相结合。从平台提供服务的开放性视角来看，平台可以分为内部封闭平台、有偿开放平台和无偿开放平台。面向客户的服务平台应该具有开放性，考虑客户的类型和状态，可分为有偿开放平台和无偿开放平台，或者两者相结合，基础服务无偿开放，增值服务及额外服务有偿提供。

第 4 节　服务创新的关键

一、信息社会之大背景

（一）知识信息成为社会发展的基础资源

人类社会的发展从原始的狩猎社会发展到农业社会，再发展为工业社会，而现在步入了新兴的信息社会。一方面，在不同的社会形态中，核心的生产要

---

❶　徐晋. 平台竞争战略［M］. 上海：上海交通大学出版社，2013.

素是不同的。在农业社会，土地、牲畜、农具等是核心生产要素；在工业社会，能源、矿产等是核心生产要素；而当前的信息社会中，信息成为社会发展的核心要素，也是各个国家和地区努力试图掌控的重要战略性资源。另一方面，不同时代的生产力也是不同的。农业社会以人力为主，虽然也有一些手工生产工具，但不能从根本上实现解放劳动者的问题，还是得靠付诸体力才能完成。在工业社会以机器为主，大规模机器化生产成为现实，劳动者借助机器完成劳动，比拼的是运用机器的能力。信息社会以信息为主，通过先进的信息技术和数字化的应用，进一步解放人类劳动者，劳动者要考虑的是如何设计更为自动化的生产工具，以及如何利用信息数据实现更为精确的生产劳动，真正比的是智力。甚至现在有人提出"Society 5.0"概念，即通过融合数字技术和人们多彩多样的想象力、创造力，来解决社会课题，创造价值的社会形态。

总之，信息经过采集、整理、传递及利用等一系列活动，成为能带来使用价值的生产要素，所以其具有明显的资源特性。随着社会信息化程度提高，信息要素变得越来越重要，逐渐被视为和物质资源、能源资源并列的社会经济三大基础资源之一。信息社会更强调以"信息资源"为社会发展的决定性力量，对信息的充分开发与利用，能够大大提高各种物质资源与能量资源的利用效率与效能，无论是经济的增长还是技术的革新都离不开信息。

（二）信息科技成为技术进步的基础手段

信息社会是工业社会之后，以信息科技的发展和应用为核心的高科技社会，是信息、知识起主导作用的知识经济社会。信息技术的高速发展并普及应用极大地提高了社会生产力水平和劳动生产率，对原有的工业社会结构进行重建或"再结构"，形成全新的社会形态。信息科技已经成为社会赖以存在和发展的基本技术支撑，成为社会自我组织、自我结构、自我发展，甚至变革社会的基本动力。

事实上，信息科技所推动技术进步的速度远比我们想象的要快，而且不断更新迭代的领先信息技术自身发展的同时，在不同的领域被大胆地尝试和应用。例如，在云计算的技术背景下，很多大型的互联网公司为用户提供了诸如网络云盘的云服务，帮助用户解决大量数据无处存放的问题；很多大型的医疗机构也开发了在云计算环境下的医院信息化建设，使医疗机构的工作更为高效；物联网的应用给现代服务业的商业模式找到创新灵感，推动现代服务业产业升级；人工智能技术的开发和应用同样给现代服务业带来巨大的影响，它为现代服务业提供可靠、稳定的数据基础，促进现代服务业企业盈利模式的革新，还为现代服务业的互联互通建立便捷的渠道。可见，信息科技在科研教育、医疗保健、企业和政府管理以及家庭生活中的广泛应用，对经济和社会发展产生了巨大而深刻的影响。

在数字化发展的背景下，人工智能又得到进一步发展，将数据信息获取、数据运算处理和数据挖掘运用紧密结合起来，依托特定设备和算法，实现的"类人脑"运算处理和功能呈现。通过运用数字信息技术，使人们用自身体力来操作生产工具的劳动方式，发展为用自身脑力来间接操作生产工具。

（三）数字网络成为社会运行的基本方式

如果说自来水网、电网、煤气网是工业社会的基本特征之一，那么信息网络则是信息社会的基本特征之一。现代通信、计算机、信息资源等三方面结合起来，相互连结、融合形成全方位的数字化网络，这是信息社会得以运行的基本形态，是各种政治、社会、经济、文化等业务活动的信息平台，也是最重要的社会基础设施。

数字网络首先需要解决普遍连接的问题，包括人与人之间的数字化连接，智能设备与智能设备等物与物之间的数字化连接，以及依托数字化而实现的人、物、智能设备相互之间的连接和贯通。任何一个具体的人、物或电脑、智能设备、服务器等，都作为数字化网络上的"连接点"而存在，于是依托数字化所带来的虚拟化的独有便利，革命性地解决了跨越地域空间限制而实现有效连接的问题。通过信息网络与信息技术，人们可以建立虚拟企业组织生产经营活动，通过电子商务将产品配送到客户手中；可以在家网上订餐，然后通过物流配送系统送到家里；可以通过视频通话软件，与来自世界各地的人们进行沟通交流；可以建立虚拟课堂，集聚世界最优秀的老师进行教书活动，实现远程教育；在 5G 时代，甚至可以通过人工智能技术，实现生产的远程操控与智能化操作，极大地提高生产力和劳动生产率。

以信息网络为基本运行方式的信息社会，极大地改变了人们的生产方式、生活方式以及价值观念，重塑了社会结构，深刻地改变了人类的社会形态。网络空间其实就是一个信息数据不断生成、存储、流转和分享的特定空间，信息数据的流通和共享是其独有的优势所在。不仅人们彼此之间相互联通的方式变了，而且整个社会生活当中的经济运行、生产管理、服务提供、教育培训、文化创新、社会交往、休闲娱乐等方方面面的运行机制和呈现方式都发生了深刻的变化。

（四）信息服务成为产业经济的新兴力量

随着现代服务业的逐渐崛起，传统服务业受到巨大的冲击，社会发展也将进入由"服务经济"为主导向"现代服务业"为主导的新阶段。❶ 信息科技革命催生了电子信息产品制造业、软件业、通信业、金融保险业、信息服务业一大批新兴产业，并促使产业结构发生重大调整，形成新的社会产业结构。信息产业的迅速发展，使信息部门的产值在全社会的总产值中的比重迅速上升，信息服务产业成为信息社会的基本产业。因此，未来将会有越来越多的服务业利用数据与信息进行服务，同时，信息社会智能工具的广泛使用进一步提高了整个社会的劳动生产率，物质生产部门效率的提高进一步加快了整个产业结构向服务业的转型，从而带来信息服务业的高速发展，使信息服务业越来越发达。

二、现代服务的核心能力

（一）信息时代的竞争需要信息能力

竞争，是普遍存在于人类社会中的一种现象。在经济学视角中，竞争可以

---

❶ 安筱鹏. 现代服务业崛起：信息社会的重要标志［J］. 中国信息界，2008（9）：42–45.

简单地理解为一种利益争夺的过程，是经济主体在市场上为实现自身的经济利益和既定目标而不断进行的角逐过程。在哲学视角来看，竞争的本质是一种社会关系，强者得以保存和发展，弱者被淘汰和灭亡。在社会活动中，竞争是两方或多方的个人或集体为了获取各方共同需要但又不能同时都得到的东西，通过施展自己的能力，为达到各方的共同目的而各自做出努力展开的竞赛和争夺。而在信息社会的视角中，信息竞争是一种竞争思维的改变或竞争方式的提升，它是以一定的信息化发展水平为基础，综合信息人才、信息技术、信息经济、信息资源、信息管理、信息文化、信息服务等不同层次、不同角度的竞争形式，是一种综合性的竞争。这是因为，信息资源成为经济社会发展的战略性资源，信息或知识等创新要素代替了自然资源等成为财富创造和经济增长的主要源泉和动力。随着劳动、资本、土地等传统要素投入的驱动作用下降，以及资源环境约束增强，推动经济发展的驱动力离不开资源要素的创新，从传统要素主导发展向信息要素主导发展转变。因此，信息能力越来越成为现代企业服务的核心能力。

何为信息能力呢？宏观上是指企业架构信息战略，利用信息技术实现企业业务治理的能力，微观上是指企业能开发、收集、加工、整理、传递及应用各类信息资源，为生产、经营、管理、服务等活动提供解决方案或支持的各方面能力总称。对于个人来讲，信息能力主要包括两个方面：一方面是人们获取信息、识别理解信息、加工处理信息、吸收并创造新信息的能力；另一方面是人们进行信息交流的能力，也就是人们与外界做有意义的沟通的能力。对于整个现代服务业来讲，信息能力不仅包括其内部工作人员的信息能力，而且包括整个服务企业对外界信息资源的挖掘、吸收和消化能力，对内部信息资源的开发、融合和流通能力，做到内外协调，可持续发展。

信息能力直接决定现代企业利用信息的效用，决定其解决实际问题的能力，因此，也就决定了现代企业从事各种实践活动的绩效。因此，培育和提高以从社会信息资源中获取、处理、分析和利用信息为主要内容的信息能力，日渐成为现代企业赢得生存发展空间的重要途径。

（二）现代服务是以信息为基础的服务

社会信息化并不是单纯的计算机普及、网络普及，而是一个动态变化的过程，既包含信息技术的开发和应用过程，这是信息化建设的基础；也包含信息资源的开发和利用过程，这是信息化建设的核心与关键；还包含信息产品制造业不断发展的过程，这是信息化建设的重要支撑。因此，社会信息化对于客户服务的影响也是巨大的，从服务理念的提升到服务方式的创新，再到服务体系的变革。最为显著的特征体现在两个方面：一方面，传统服务的场景被新技术改造成新的服务模式，例如，餐饮服务提供的外卖服务，旅店住宿提供的手机或网络预订服务等，更确切地说，这些服务应该是现代服务与传统服务的融合产物，而不是由传统服务演变或发展来的现代服务。另一方面，以信息资源、信息技术及信息网络运行平台为主导要素，以网络第三方服务模式为主流服务模式的新兴服务，例如，提供电子商务服务的淘宝、京东等电商；提供出行便利服务的高德地图、共享单车等；提供休闲娱乐服务的视频软件等，它们所提供的服务都与信息资源、信息技术以及互联网密不可分。

对于企业的经营活动而言，信息竞争是在信息社会中呈现的一种新型竞争关系。在信息社会的环境下，信息已经成为企业经营中的关键要素，企业管理的各个环节也是以信息作为基础，各种经营活动都以信息作为前提条件，以实现企业销售产品、创造良好客户体验的最终目标。它对于企业的作用主要体现在以下五个方面：一是可以帮助企业正确选择目标市场，创建客户群体，实现企业可持续发展；二是通过对客户的需求信息、心理特点进行分析，可以帮助企业制订合理的经营决策，规避市场风险，吸引更多的客户；三是通过对企业信息进行开发管理，可以保证企业有不断发展的动力；四是通过分析市场信息变化，企业可以预测市场的发展趋势，为企业的经营策略提供参考；五是通过建立信息体系，可以使企业在激烈的市场竞争环境下，采用灵活的经营方式，根据对市场信息的动态分析，及时调整经营策略。

在以生产为核心业务的观念下，服务被视为只是围绕有形产品的需要而提供的附加活动，当有形产品在满足客户需求中的比重逐步下降，而服务的价值正变得越来越重要时，以服务为导向的经营和创新战略就成为现代企业的基本战略选择。只是在这个过程中，传统的服务内容和服务方式毕竟有限，企业即使想在服务上做文章，怕也是巧妇难为无米之炊。随着社会生活的信息化程度越来越高，日常工作方式、学习方式、生活方式、娱乐方式等各方面发生变革。于是，"基于信息的服务"成为企业服务战略的新选择，例如，过去对产品售后服务的关注点在于售后的维修，现在则可以向用户传递产品使用知识、维护保养常识等信息类服务内容，这些变化促使企业服务逐步向数据化、个性化的方向发展。

（三）以信息为基础的本质是以客户为中心

相较于传统服务的"以商品为核心"的经营理念，现代服务才是真正强调以人为本。过去，很多企业在服务过程中也会强调"以客户为中心""以人为本"，但是实质上所有的工作还是在围绕商品进行的，是一种以商品为核心的生产经营活动。首先是生产出商品，其次是寻找目标客户，宣传推广商品，最终销售出去，并提供一定的售后服务。这个过程即使再强调以客户为中心，其实际操作还是以实体商品为主线，最多是更为重视客户权益而已。

而以信息为基础的现代服务却可以解决这一问题。在现代服务中，更加强调个性化、定制化、智能化，传统服务已经很难适应客户新的需求。打个比方，卖咖啡或卖奶茶是一种服务活动，传统的服务经营模式是制作好奶茶，通过分发宣传单来做好宣传推广，然后将奶茶销售给客户。而现在，客户通过App 下单，企业通过信息系统来处理客户的订单，快速便捷地将奶茶送到客户手上。同时，企业通过 App 还能获取客户的销售数据，以进一步分析销售数据来对客户进行消费行为画像，从而实现更加高效快速的宣传推广。越来越多的企业强调"互联网＋"，越来越重视信息内容的创造与信息的流动，更多的企业实现了平台化经营，例如，美团也是通过一个能够持续性运行的平台，首先是获取用户的相关信息并进行分析处理，其次是处理商品和服务的问题，最终是向用户提供满意的产品或者服务。所以现代服务始终还是围绕着信息来实现的，这是与传统服务最根本的区别。

总之，现代服务强调的是以信息为核心，其背后更深层次的含义是以人为本，以客户为中心。人是信息的处理器，是产生信息的接受器，只有以信息为中心才能够真正实现以人为本，以人为中心的服务活动。

（四）塑造服务体系的信息能力

概括而言，现代企业服务活动不仅致力于解决实体商品的功能性问题，而且更重视信息要素在服务中的作用，通过融入更多的信息要素，使信息要素成为服务创新的关键。

首先，信息需要流动，并且强调要与服务的功能深入地融合，不只是向传统服务那样流于表面的宣传作用，而是通过与服务功能的深层次融合来获知用户的真正需求，满足用户的内在需求。例如，航空公司通过订阅信息的发布来对企业的活动进行营销，实现服务方式的创新，用微信公众号实现机票预订、办理登机牌、会员服务、订阅优惠票价、航班动态查询等功能，以及语言查询系统和人工客服。航空公司将客户群体分类分群后，又可针对性地进行业务推广和促销。客户在购买机票时可以灵活支付，除了传统的银行卡、信用卡方式，还可以选择使用支付宝、微信等第三方支付平台。由于信息的流转速度极高、复制成本极低，这种服务创新使服务流程大大加快，能够节约资源并提高整体效益。

其次，网络时代带来的范式转变。网络空间既超越现实空间，又主导现实空间，两种完全不同特性的空间具有不同的内在规律，也代表着工业时代和网络时代两种不同范式。传统范式下的服务发生在物理空间，通过现实接触来实现。而信息社会的新范式对应的是网络空间，使得现代企业的服务活动由物理空间不断向虚拟空间扩展。例如网上银行服务，银行利用互联网技术，通过互联网向客户提供查询、挂失、缴费、行内转账、跨行转账、投资理财等传统服务项目，客户足不出户就能够安全便捷地管理活期和定期存款、支票、缴费及个人投资等。这里的网上银行，既是一个是机构概念——通过信息网络开办业务的银行，也是一个业务概念——银行通过信息网络提供的金融服务，包括传统业务在信息网络空间的实现和因信息网络空间的特征而带来的新兴业务。现实空间和网络空间是相互作用的，所以两种范式不是非此即彼的关系，而是需要协同和融合。

最后，改变传统以实体物质为主体的基础设施，发展以信息网络技术为支撑的新兴基础设施。其核心是建立三个层次的网络联结，一是物理层面的数字联结，实现人、机、物之间的全时在线、全息感知，其实质是解决企业存量资源感知和统一管理问题，形成数据感知网络体系。二是整合物联数据，形成场景化数据融合，以数据服务包的形式对外提供应用服务，其实质是使数据共享交换起来、流动起来，信息之间的解耦和融合将极大丰富价值的交换和再生。三是认知层面的数字连接，即统一物理世界、信息世界、人脑世界的描述方法，使之成为有机的整体，通过人工智能的深度学习形成知识体系，洞察、判断、决策和行动过程向着深度智能体系化发展。新兴基础设施提供了一种能为新技术、新模式、新业态涌现而提供创新驱动的新生态体系，也是企业能把资源优势转化为创新动能，成为高质量发展的新引擎。

后　记

　　本书截稿之际虽有欣喜，但仍有很多遗憾。本书的撰写过程也是对企业服务问题的一次梳理，但这一领域涉及内容较广，几乎存在于所有的行业和企业，这些问题不仅庞杂而且散布在各个不同层面上，更重要的是，企业服务还不断发生着变化。同时，在可追溯和可参考的历史资料中，实践性的内容较多而理论性的内容偏少，撰写这本书的最大困难就是整体架构和内容均衡问题。写得太细但篇幅有限，写得概要却又怕难以达意，写得专、深则难以普及，过于通俗又怕流于平淡。几经琢磨，反复修正，最终还是明确了本书的定位，以通论形式进行体系化论述，而不被过多服务方面的细节问题所束缚。但这样一来，遗憾在所难免，好些内容不能充分阐述。

　　从事客户服务方面的研究源于著者 2005 年开始的行业标准《商品售后服务评价体系》（SB/T 10401—2006）的起草、制订工作，此后陆续又参与了多部不同行业的售后服务行业标准的起草、制订工作，以及国家标准《商品售后服务评价体系》（GB/T 27922—2011）和《商业企业品牌评价与企业文化建设指南》（GB/T 27925—2011）的起草、制订工作。同时，十多年售后服务管理师的培训授课工作也是我们坚持从事该领域研究的重要动力。这里要感谢中国商业联合会长期以来的鼎力支持，也感谢北京五洲天宇认证中心为我们的研究与教学工作提供了重要的项目机会和研究平台。

　　本书的最终出版，还要感谢中国人民大学提供的专项经费支持，以及中国人民大学信息分析研究中心各位同仁在平时工作中给予的帮助。在此，向支持过本项工作的各位领导、专家、朋友、同仁表示衷心的感谢！

2021 年 8 月